U0802133

教育是一束光

聚焦新时代校长领导力研究方略

马瑞娟/著

东北师范大学出版社
长 春

图书在版编目（CIP）数据

教育是一束光：聚焦新时代校长领导力研究方略 / 马瑞娟著. — 长春：东北师范大学出版社，2021.10
ISBN 978-7-5681-8465-6

Ⅰ. ①教… Ⅱ. ①马… Ⅲ. ①小学－校长－学校管理－研究 Ⅳ. ①G627.1

中国版本图书馆CIP数据核字（2021）第206280号

□责任编辑：石　斌　　　　□封面设计：言之凿
□责任校对：刘彦妮　张小娅　□责任印制：许　冰

东北师范大学出版社出版发行
长春净月经济开发区金宝街 118 号（邮政编码：130117）
电话：0431-84568115
网址：http：//www.nenup.com
北京言之凿文化发展有限公司设计部制版
北京政采印刷服务有限公司印装
北京市中关村科技园区通州园金桥科技产业基地环科中路 17 号（邮编：101102）
2021年10月第1版　2021年11月第1次印刷
幅面尺寸：170mm × 240mm　印张：17　字数：274千

定价：45.00元

序言
PREFACE

教育有光，充满希望

2020年底，一个名字在教育界被广为传颂，感动天地，涤荡人心，她就是云南省丽江市华坪女子高级中学党支部书记、校长张桂梅，中宣部授予她“时代楷模”称号。她40多年的无私坚守，照亮了1600多名贫困女孩的大学梦，也改变了她们所在家庭的命运。张桂梅老师用实际行动证明：教育是光，每个人都可以被照亮！她让学生看到远方有灯、脚下有路、眼前有光，在山沟沟里也能了解外面精彩的世界，感知美好的未来。

2020年是决战决胜脱贫攻坚、全面建成小康社会的收官之年。习近平总书记强调：“治贫先治愚。要把下一代的教育工作做好，特别是要注重山区贫困地区下一代的成长。下一代要过上好生活，首先要有文化，这样将来他们的发展就完全不同。”是的，无论是在大山深处，还是在繁华城市，每个人都有权利接受公平而有质量的教育。我们要用教育之光，照亮下一代前行之路，让他们在同一片蓝天之下，拥有为梦想奋斗的舞台和灿烂的前程，拥有改变命运的能力和触手可及的未来。

光是什么？光是知识。社会的发展，文明的进步，是通过知识的传播和传递才实现的，人类能够走出蒙昧，靠的就是知识。每一次人类历史的飞跃式进步，都是知识跨越式发展的结果。所以，基础教育必须夯实国家课程的学习，开齐、开足、开好，让学生掌握基本知识和基本技能，教会学生借助已有知识去获取知识，促进学生思考的积极性，使知识在运用中得到发展。

光是什么？光是正确的办学理念。党的十八大指出，教育的根本任务是立德树人，要把立德树人的成效作为检验学校一切工作的根本标准，真正做到以文化人、以德育人，不断提高学生思想水平、政治觉悟、道德品质、文化素养，做到明大德、守公德、严私德。理念文化是学校的灵魂和旗帜。我和老师们一起在办学历史与时代精神的追问中确立了“光润教育”的发展方向：“光”代表温暖、公平、引领；“润”指向自然、熏陶、陪伴。“光润教育”是引领未来，公平公正的教育；是温润心灵，自然生长的教育。在这一理念指引下，全体教师遵循儿童成长规律，关注每一个生命个体，给学生带去心灵的润泽、成长的温暖、生命的关怀。学校通过实施丰富的课程，激励学生树立远大志向，汲取丰富营养，勇于创新，绽放美好光彩。

光是什么？光是“正能量”。一所有光的学校，一定是温暖的、安全的、充满朝气的、彰显美好的学校。一位有光的教师，一定是具有正能量的教师，是自带光芒的教师，他能把人性的光、感性的光、理性的光、知识的光、智慧的光、和煦的光投射到学生身上，让每一个学生都能光芒万丈，照亮彼此，照亮未来。苏霍姆林斯基说：“一个好教师意味着什么？首先意味着他是个热爱孩子的人，感到跟孩子交往是一种乐趣，相信每个孩子都能成为一个好人，善于跟他们交朋友，关心孩子的快乐和悲伤，了解孩子的心灵，时刻都不忘记自己也曾是个孩子。”

光是什么？光是“为了一切学生”的公平公正。公正具有奇异的特性，它能打开儿童的心灵去感受美，它能使儿童的心灵变得高尚。我们接纳每一个特殊的孩子，关爱福利院的孩子，帮助身体有残疾的孩子，呵护心理有障碍的孩子，宽容暂时落后的孩子。有位智者曾经说过：根据人们如何对待其间最弱小的一员，我们可以评价一个社会。这个说法不也适用于一所学校吗？曾读过一个小故事：一个叫希瑞的孩子，天生残障，即将离世。希瑞的父亲带他去公园玩，里面有些男孩正在进行棒球比赛，希瑞特别希望能参加他们的比赛，男孩们居然答应了，而且在他们即将获胜的关键一局把球棒交给了希瑞，两队的球员都给了希瑞鼓励和支持，让希瑞圆了成功完成一场比赛的梦。希瑞走后，他的父亲说：“我相信，上帝让一个像希瑞这样有缺陷的孩子来到世界，不是因为创造的失误，而是为了提供一个使人类实现其高贵禀赋的机会，它表现在其他人如何对待这个弱者。”学校里每一个特殊儿童都是天使的化身，接纳他们，善待他们，让他们快乐地学习生活，这是教育的使命、教育者的情怀。

肖川教授在《什么是良好的教育》中说：“真正的教育存在于人与人心灵距离最短的时刻，存在于无言的感动之中。让年轻一代在人性的光辉里，拥有一个关怀的人生，这应是良好教育努力达成的一个目的。”回望几十年教育生涯，一直在坚持做这样的“真教育”。面向2035年远景目标，我想说——教育散发光芒，未来充满希望！

马瑞娟

2020年12月

目录
CONTENTS

第一章　理念之光　明润发展方向 …… 1

面向未来，教育闪耀光芒 …… 2

普爱于心　责任于行 …… 5

用整个的心做校长 …… 8

建设精致学校，成就儒雅师生 …… 11

做有灵魂的成功教育 …… 16

建设智慧校园，重构学习方式 …… 21

让师德在教育教学细节中熠熠生辉 …… 27

发展教师个性　成就职业幸福 …… 32

基于课程和课堂的习惯养成教育 …… 39

办一所有温度的学校　做一个有温情的校长 …… 44

凝神聚力，让光润教育熠熠生辉 …… 47

第二章　研究之光　潜润领导艺术 …… 55

新时代校长领导力提升的实践研究 …… 56

《易经》哲理在学校变革中的应用 …… 92

从人本思想谈人文关怀的行为 …… 99

平衡教育惩戒中的几种关系 …… 108

第三章　学习之光　沁润人文涵养 …… 111

磨难是福 …… 112

读《辩证法随谈》：求真求实 …… 114

开创面向未来的新时代 …… 119

变革学校管理模式 …… 122
让组织成为可以自我生长的机体 …… 123
不忘初心　方得始终 …… 126
好校长是“圣园”之魂 …… 131
学习　践行　发展 …… 135
思想的升华　行动的落地 …… 138
未来，我们已来 …… 141
新情境　新社群　新评价　新工具 …… 146
在行动中探索学校发展的新路径 …… 151
“大师”的真谛——谈教师素养 …… 156
狮城回归话教育　不忘初心创未来 …… 159

第四章　故事之光　丰润校园师生 …… 163

师生是学校故事的主人公 …… 164
每个人都拥有自己的故事 …… 166
学校最神圣的地方是课堂 …… 169
学校活动要为育人目标服务 …… 171
传承女排精神 …… 174
名师如何炼成 …… 176
在那个时刻等一等 …… 178
无体育，不教育 …… 180
班级长相 …… 182
追求主体的强大，赢得结果的精彩 …… 184
各美其美，美美与共 …… 187
认清教师的第一专业 …… 189
有效教学 …… 190
尊重与激活 …… 192
学习的学习 …… 194
每个人都是学校的形象大使 …… 196
主动把自己置于监督之下 …… 199

开放日，打开的是心胸，赢得的是信任 …… 201
聊聊复习 …… 204
廉颇老矣，尚能饭否 …… 206
让学习发生在足迹所至 …… 208
教孩子从“追求赢”到“学会输” …… 210
教师——实施素质教育的关键 …… 212
仪式感到底有多重要 …… 214
如何评价学生 …… 216
体育课也是进行德育教育的主阵地 …… 218
让每朵花都尽情绽放 …… 220

第五章　合作之光　温润万千家庭 …… 223

因孩子，携手；为孩子，成长 …… 224
培养有责任心的孩子 …… 232
培养“自我领导力”，实现“迭代自生长” …… 238
合理规划假期，努力跑出“加速度” …… 243
做孩子尊师的好榜样 …… 247
与孩子共沐校园书香 …… 251

参考文献 …… 256
后　记 …… 258

第一章

理念之光

明润发展方向

一所学校的办学理念要不断生长、传播，被认同、被遵守，形成共同的价值追求，成为滋养师生的积极文化。

面向未来，教育闪耀光芒

德国哲学家、教育家雅斯贝尔斯在《什么是教育》一书中指出："教育是人的灵魂的教育，而非理性知识和认识的堆积。教育本身就意味着：一棵树摇动另一棵树，一朵云推动另一朵云，一个灵魂唤醒另一个灵魂……如果一种教育未能触及人的灵魂，未能引起人的灵魂深处的变革，它就不成其为教育。"

教育最重要的价值就是散发灿烂的光芒，点燃教师，照亮学生，让他们幸福工作、快乐学习、健康生活。

拥有专业话语权，绽放教师自信之光

教育是一门科学，有其自身的规律。教育大计，教师为本。教师的专业发展是学校进步、学生成长的基石。

教师要增强立德树人、教书育人的荣誉感和责任感，以高尚的道德情操影响学生；教师要博览群书，做终身学习的身体力行者，用自身的厚重提升学生的精神海拔；教师要用研究的精神和实践的态度做好常规工作，提高研读教材的能力、读懂学生的能力、设计教学方案的能力、研发课程的能力，让学生喜欢课堂，享受学习的过程；教师要不断反思、总结，提炼自己的教育教学思想，形成自己的话语体系。此时，便可以自信地说："我是教师，我最懂孩子，我是教育专家。"

扣好人生第一粒扣子，点燃学生信仰之光

习总书记曾这样要求教师：要用堂堂正正的人格，让学生亲其师，信其道，"给学生心灵埋下真善美的种子，引导学生扣好人生第一粒扣子"。

教育的核心在于促成人们的信仰，教育者一定要给下一代安身立命之本和精神力量之源。教育要关注学生的成长和品德，而不仅仅是学生的成绩；要关注学生的学习方式和创新精神，而不仅仅是学会和接受；要关注学生的长远，而不仅仅是现在。学校要摒弃学习成绩是衡量学生唯一标准的评价方式，找准学生发展需要扣好的“第一粒扣子”：正确的人生观和价值观、健康的身心、创新的精神等。

学校要大力开展理想信念、社会主义核心价值观、中华优秀传统文化、生态文明和心理健康教育，要加强爱国主义、集体主义、社会主义教育，引导少年儿童听党话、跟党走。一个人只有具备健康的人格、坚定的信仰，才能具有使命感和正确的价值观，才能使智慧、知识发挥合力。

培养未来生长力，散发课程魅力之光

杜威曾说：“今天的学生和老师不生活在未来，未来的老师和学生将生活在过去。”

今天和未来的学校发展，课程建设是今天和未来学校发展的灵魂和核心，它需要更前瞻的价值选择和更专业的课程引导。课程目标要立足于培养学生在未来社会中学会生存、学会学习、学会创造。因此，课程建设必须立足现在、面向未来，以未来社会发展态势给学校、学生和学习带来的全新挑战为出发点，创造适宜学生的“未来生长力”的课程体系。这样的课程可选择、更开放、重综合，更加注重发展学生的自主学习能力、创生性学习能力和问题解决能力，激发和保护学生的内在驱动力，点燃学生心中的火焰，帮助学生找到自我，培养学生主动探究未来世界的好奇心、想象力、韧性和自我管理能力，最终达到学习的最佳状态。

打开校门敞胸怀，彰显家校和谐之光

家庭、学校、社区在教育中扮演着不同角色，对学生成长发展来说，都至关重要。因为“孩子”这个纽带，家长应该是学校教育天然的“同盟军”和能量源，“团结、协作、沟通、共赢”应是最完美的家校关系。

因此，一所面向未来的学校应有长远的眼光，打开大门，敞开胸怀，与家校相融共生。学校要主动作为，智慧地让社区资源与家长参与学校建设，成立家校共同发展委员会，通过“家庭教育大讲堂”“家长志愿者”“家长讲师团”“学校开放日”等平台架起一座家庭、学校共同学习、相互交流、促进理解的桥梁，营造一种和谐的教育大生态，为教育教学和学生成长创造良好的软环境。

教育是一束光，是师生前进的方向和对未来的向往。

普爱于心　责任于行

教育是爱的事业，需要责任担当。多年来，学校坚持：为教师服务，助教师成长；为学生一生着想，促学生成才；用我们不一样的付出，去创造不一样的精彩……将学校推向一个又一个崭新的高度。

一、踏实奋进，让教师享受教育的幸福

“善之本在教，教之本在师。”发展学校的关键是教师队伍建设。学校始终关注教师的职业幸福感，以专业的指导引领教师成长。

1. 名师成长俱乐部——在团队中共生共长

由我校教科研牵头组织的16人团队组成名师成长俱乐部，每周一固定60分钟活动时间，每次活动主题早确定、早准备。没有轰轰烈烈，只是脚踏实地，盯准一处深打井。多项省市级课题研究稳步推进，多种先进的教育理念进入课堂，名师正从这里孕育、生长。

2. 教学节——让教师持守生长的姿态

教师是需要不断充电、提高的职业，我们每年举办教学节系列活动，不同层次的讲课、磨课、基本功比赛促进教师不断研究课堂教学艺术，打造高效课堂。读书论坛、经验交流让教师更新观念、相互学习；请进名师、外出培训使教师经常吸收源头活水。举办教学节，以赛促练。同时，我们如果发现优秀苗子，就提供各种机会，扶植他们，宣传他们，把他们值得肯定的做法放大再放大，让他们引领着青年教师群体不断前进。

3. 百师讲堂——学校的文化靠教师来传播

我校一直坚持“成功教育”的理念。为使这一理念落地生根，我们向全体教师提出“我出彩，我们出众”的努力目标，重新设定30多个奖项让教师自主申报，每单周“百师讲堂”开讲，两个年级组各有四位教师分别讲述

个人和团队的精彩故事。一讲激起千层浪，教师们个人奋斗的历程、教育教学的苦辣酸甜、团队协作的感动、集体教研的头脑风暴镜头般展现在我们面前。管理学上有一句话，叫“把激励的任务外包给更合适的人”，听到同事的认可和赞美，教师们或许会别有一番喜悦在心头。

4. 微镜头——唤醒正能量

在校园里走动，常常会有一个个感人的小镜头映入眼帘，它散发出的或许只是点点星火，只是微能量，但聚集起来，可以燎原。我们结合群众路线教育，开展“聚焦微感动，放大真善美”活动，发动师生发现美、记录美、宣传美。许多教师的微感动被记录下来，一张张真实的照片、一句句朴实的颁奖词，让原本的微能量逐渐汇聚成一股正能量，不断喷薄、向前。

教师是最具良心感的职业，教师的工作是烦琐且辛苦的，我们要做美的发现者、传播者，就要引导教师关注身边的美，让教师走在幸福的春天里，成为学生成长路上的重要引路人。

二、着眼未来，让学生拥有快乐的童年

每天清晨，看着2000多名家长满怀期待地把孩子送进校园，看着一张张天真的笑脸，我们感受到的是肩头沉甸甸的责任。六年，我们要给予学生什么？领导班子和全体教师都有共识，那就是我们现在所做的一切都要为学生一生的成长奠基，所以我们所做的任何一项工作都是从学生成长出发。

1. 丰富学校课程

在上齐上好国家课程的同时，我们充分挖掘自身资源，发掘教师潜能，开发了两大主题六大领域的成功文化课程体系，包含剪纸、泥塑、国学、象棋、围棋等校本课程和入学、离校、社会实践等德育课程，成立了30多个社团，每周五活动，为学生成长提供多种营养。

2. 一个都不能少

这是我们开展所有活动的初衷，我们拒绝形式主义，抵制花架子。设计活动方案时，我们首先考虑怎样才能让每一个学生都参与，所以我们举办读书节、体育节、校园吉尼斯大赛、六一游园、爱心义卖、生存能力大赛等多项活动，让学生全员参与，使每个学生都能得到锻炼，收获成长。

3. 联合家长同盟军

我们打破了以往“5+2”的家校分离式教育模式，让家长参与到学校的管

理中。每周三的家长住校轮值、校门口执勤、校园巡视、随堂听课，不仅让家长零距离了解孩子的在校情况，更能让其作为一个管理者及时发现学校管理中的闪光点和需改进的地方，为学校出谋划策。家委会牵头，充分利用家长的社会资源，组织社会实践活动，开阔了学生视野，实现了家校合力的最大化。

4. 心理健康教育系统化

我校每周三特聘心理辅导教师对行为有偏差的学生进行针对性的辅导，定期组织心理健康团训课，特邀澳大利亚特殊教育家芭芭拉·鲍德温为家长和教师做“如何养育21世纪的孩子”的讲座，受到家长和教师们的一致好评。迄今我校有六位教师先后考取了心理咨询师证，成为我校心理健康教育的又一股新生力量。

普爱于心，责任于行。教育是一项事业，事业的意义在于奉献。我们会用自己对教育理想的那份热爱、那份眷恋、那份执着与坚守，踏踏实实地下功夫，默默地积攒力量，去书写理想教育的诗篇。

用整个的心做校长

在校长岗位上，我时刻感到压力和责任，我经常自问：“你依靠什么引领学校发展，用什么促进教师成长、学生成才？”著名教育家陶行知先生的话给我指点了迷津，他说：“国家把整个的学校交给你，要你用整个的心思去做整个的校长。”怀揣着这样的信念，我工作每一天，享受每一天。

教书者必先强己，育人者必先律己。我深深地懂得，做校长要能舍得——舍得机会、权力和荣誉；要有耐心——教育有自身规律，需要时间验证，不能急功近利；要有好形象——正直、敬业、包容、大气等；要有好习惯——勤学习、广读书、交高人、善反思、重实践。于是，我时时处处以身作则，每天在校园里走动，和学生交流，倾听他们的心声；走进教师的课堂，感受他们的敬业与辛劳；到办公室小坐，了解教师的需求；晚上，伴一盏明灯、一摞书籍，学习先进学校的经验，思考本校的发展方向，常常一看就是几个小时。

舟大者任重，马骏者远驰。米卢的那句“态度决定一切”实在是至理名言，因此我认为：只要校长有真诚的爱心与强烈的责任心，能够团结依靠每一位教职工，愿意做好每一件细小、平凡、简单的事，知道对自身的发展、师生的成长、家长的信任负责，能够不断学习，克服自身不足，使团队的力量不断提升（有这样的态度），事情就一定能好办，学校的发展也会越来越好。

在校长岗位上，我致力于团结学校领导班子，统筹谋划，倾情付出，提升办学水平。

完成规定任务。德城区区委区政府提出的建设教育名城战略为教育指明了发展方向，我们认真落实各级各部门的重大部署，使之成为推动学校前进的动力源泉。在准备迎接德城区学校标准化验收的过程中，我们克服资金紧张的困难，购置图书、多媒体设备、音体美教学仪器，更换了学生桌凳，增加了舞蹈室、学生阅览室等专业教室，更新了学生用计算机，使学校的软硬件建设都基本达标。同时，结合学校实际开展扎实有效的活动，让文明走进学生心中，成为他们自觉的行为。党的群众路线教育实践活动是一次心灵的洗涤、自我的反思，我们高度重视这项工作，前期广泛调研，查摆问题，严肃认真地制定实施方案，组织全体教师学习规定内容，观看影片，撰写笔记，进行自我剖析，让教师们以更强的责任感、更高的使命感、更务实的态度投入工作中。

营造文化雅园。我们注重对管理层的培训，追求“精细化、零缺陷”，人文管理与制度管理相结合；我们加强教师队伍培养，通过专家引路、读书论坛、高效课堂建设、集体备课、课题研究等多种方式丰厚教师底蕴，提高教育教学水平；我们打造团队文化特色，按年级组进行团队组合，成员各有分工，各负其责；我们成立“百师讲堂”，教师分别讲述个人和团队的精彩故事，让学校文化在教师口中传播。

建设多彩乐园。课程是落实学生核心素养的重要载体。我们在保证上好国家课程的基础上，依据学生培养目标，调研学生需求，构建学校“尚美”课程体系。该体系包括必修课程和选修课程，包括艺术、体育、科技、文学等多个领域，为学生健康成长提供均衡营养。“一个都不能少”是我们开展所有活动的初衷。大型活动全员参加，竞赛活动按学号随机抽取，重视活动前期的准备，以赛促练，以展促练，我们让每个学生都有机会站在舞台的中央，为童年留下最美好的记忆。

构筑平安校园。安全是学校永恒的主题，我们在两校区和操场安装了监控，实现无缝覆盖。暑期我们对教学楼内所有电线、网线、广播线、应急照明、疏散标志进行更换整理，操场四周原来的水泥地面全部铺设塑胶，消除了外在的安全隐患。

学期末静心反思，我觉得自己对教育理论的学习不够深入，不能高屋建瓴地构建学校发展的整体框架，而且，简单的思考总结多，系统的整合少，以至于有些工作不能持续长久，这些都需要利用假期予以改进。

现在的我，生命早已和学校发展水乳交融，今后的我也注定要为教育事业耕耘一生。我常常想：校长，只是一个岗位；做人，才是一切。人生的意义在平凡之中，做校长的快乐在于成就教师、造就学生的同时成就了自己。在每天的忙碌中，我体味到了平凡的充实，听到了自己的心声：有一种生活，你只要用心，就能享受真正的快乐。

建设精致学校，成就儒雅师生

管理之神松下幸之助曾经这样说："当你领导10个人的时候，你要走在最前面，领着大家去干；当你领导100个人的时候，你应该在中间，协调周围的各种关系；当你领导1000个人的时候，你必须在后面，掌握全局，把握方向！当你领导10000个人的时候，你唯一能做的事就是祈求上天保佑。"其实，所谓祈求上天保佑，就是顺"道"无为，使自己的思想符合自然，符合天人合一的准则。一个领导一万人的人，绝对不可能事必躬亲，除了制度发展的惯性之外，实际上你是靠着一种"思想"在统领这个团队，而这种"思想"很大意义上就是一种文化特征在管理上的表现与应用。这就是文化管理。

那么学校文化是什么？我觉得是一种价值信仰，是一种精神风貌，是一种氛围，是一种心向，是一种人际环境，是一种行为方式。我任职的第一所学校以"让每位师生走向成功"为办学宗旨，倡导的成功文化是：善于发现每个人的长处，给每个人创造成功的机会，让其体验成功的喜悦，并通过激励，增强自信，激发潜能。因此，工作中学校以重点培育"成功"学校文化为中心，立足教师与学生发展、学校与家庭共赢两个层面，通过培育"成功"校园文化、实施"成功"管理、创建"成功"课堂、开发利用校内外各种教育资源培养学生等途径，让学校文化可看、可听、可感，进而让学校文化自然地走进教师、学生、家长的心灵，进一步提高办学质量，使学校快速地稳步发展。

一、实施四项工程，促进教师成长

幸福工程：组建教师体育队、音乐队，丰富教师业余生活；组织教师利用假日畅游名山大川，从大自然中获取生命活力；给教师提供感受高雅的机会，提高生活质量；健全民主理校畅议会和"金点子"建言制度，让每一位教师感到“我很重要”；发现每一位教师的闪光点；教师自主申报奖项，让每一位教师都有奖。

富脑工程：成立教师读书组织，指导、激励教师阅读。组织全校性读书活动，设专项奖，奖励教师个人、教师群体、教师家庭。学校领导开博，带头学习。每位教师制订具体的学习计划，尽量保证每天的阅读时间在一小时以上。通过开设教师论坛，以“新知识、新思想、新实践”为主题，让教师演说自己学习、反思、实践的收获，并利用学校教研活动、教师会等集体场合让教师有更多当众表达的机会。有计划地为教师购置笔记本电脑，督促教师在博客中写文章，实质就是督促教师思考。写作是条理化思考的过程，一开始可能是痛苦的，坚持下去就能成为一种生活方式，一种快乐的生活方式。

专业成长工程：一是学校将以年级组或学科组方式把所有教师划分成若干个合作团队，由团队负责人带领全体成员认真分析每位成员的目前状况、存在问题和今后发展方向，找出各自所在团队的优势和不足，然后从教育教学能力、教科研能力、成员个人发展、团队整体提高等方面制订切实可行的团队年度发展计划并列出月份工作推进表。

二是学校根据每个教师团队的不同特点和需求，组建由市区教研员、业务科室人员、学校领导、名师工作室成员等组成的团队发展指导中心，从专业技能、业务能力、心理调节等方面进行帮助与指导。

三是将研究贯穿于教学始终。各团队确定研究主题后，学习、备课、上课、评课等各环节均应围绕主题，形成学习—实践—反思—再实践的良好氛围。

四是继续以“精品教案、高效课堂、温馨批语”为载体，开展“让师德在教育教学细节中闪光”活动，完善教师积分制管理办法。

五是搭建三个“成长平台”，即“师德杯风采教学大奖赛”“骨干教师外出挂职学习”和“科研促成长教科研评优活动”，促使教师的工作方式由个体走向群体，学会从伙伴身上汲取智慧和力量，相互借力、省力，提高执行力。另外，学期末学校还将进行“岁末大盘点”，盘点每一位教师的风采，包括“校内骨干教师”认定，“特色教师”“品牌教师”“年度优秀人物和优秀团队”评选等多种形式的激励评价内容，力求让每一位教师都获得职业成就感。

二、进行四个“尝试”，打造成功课堂

课堂是教育教学的主阵地。因此，工作中，学校本着“平等、共赢”的原则，积极构建“成功课堂”。主要体现在四个“尝试”：

尝试一，根据学生个性、生理、心理发展的特点，在校内进行“学案”改革试点，即上课前由任课教师根据所授内容设计学生自主学习探究问题，上课时，在5分钟内，由学生以小组形式陈述各自的疑问。根据学生的问题，教师适度调整教学。

尝试二，组织教师开展“以生为本，聚焦课堂”好课标准大讨论活动，开展年级组“每周一课”活动，改革评课内容和方式，引导教师保证学生自主学习的时间和空间，关注每一个学生的学习状况，实现师生之间的民主与平等，培养学生的质疑问难能力，促进师生有效互动，优化课堂教学过程，优化教学方法和手段，逐渐形成“自主合作，探究学习”的课堂教学模式。

尝试三，围绕“教学的有效衔接”，发挥团队合作功能，归纳总结出“各年段学科教学达标要求和具体的实施策略”，做到各年段教学目标有效衔接，显示层次性和递进性；各年段实施策略分层分类，具体、可操作，使教师教学有法可依、有章可循。

尝试四，加大音体美学科的课堂教学指导和监控力度。一是每学期的教学计划中，要求明确列出各年级相关学科每周的教学目标；二是每周一次校内教研，提报上周教学内容和目标落实情况；三是业务干部不定期于下课前5分钟，检测当堂教学效果。比如，音乐课抽查几名学生唱歌或乐理，美术课查看当堂作业的质与量，体育课抽查学生的队列或技能。

三、打造四种风景线，培养大气学生

1. 书香校园风景线

加强师生文化建设，让传统文化浸润心灵。开展“与经典文化同行”主题活动——“共享读书乐趣，营造书香校园”，建设文化长廊，在校报上开辟“书香校园”专栏，介绍经典文化典籍，弘扬国粹，弘扬礼仪，培植儒雅人文思想。

2. 班级文化风景线

建设班级文化品牌，突出特色。倡导对班级的学习园地进行个性化的设

计和布置，成立班级图书角，培养学生课余读书的兴趣，倡导家庭藏书，确保学生随时随地都有相当数量的书可供阅读，为创建书香班级、书香家庭提供物质保障。

3. 养成教育风景线

我们从学生的行为习惯入手开展养成教育，同时挖掘养成教育——“好习惯益终生”——作为我们的校园品牌。组织教师讨论“我们应该培养什么样的学生”，确定每个年级的养成目标。通过开学第一周的强化训练，让学生知晓各项要求，通过升旗仪式、校园广播、电子屏、校报、七色卡等多种形式发现典型，树立榜样。

4. 激励教育风景线

学会欣赏每个学生，为每个学生提供成功的舞台。开展“我是明星”评选系列活动，从关注学生学习延伸至各个方面，如读书、唱歌、绘画、书法、体育、小发明等，评选各种学校小明星，并让他们走上颁奖红地毯，享受当明星的感觉，让他们走上升旗台、校报甚至各大报纸，享受当名人的感觉……

最重要的是把激励文化从校级层面延伸至班级层面，引导教师从教学、作业、学生习惯养成到个性发展等各方面进行评价和激励。其次，我们要在激励的形式、内容和方法上不断探索和完善。比如，牢固树立“育人为本，德育为先”的思想，研究“道德星”评选方法；树立“只要进步就是优秀”的思想，研究“进步星”评选方法。让每个孩子尽展才华，张扬个性，生命更精彩！

四、开辟多条途径，实现家校共赢

家长工作的重点是“疏”而不是“堵”。我们要尽最大可能请家长了解学校工作，理解学校进而支持学校，这是我们的最终目的。学校和家长的目标是完全一致的，就是教育好我们的学生、我们的孩子。因此，家校之间不应该有矛盾，如果有的话，就是沟通出现了问题。为此，学校多方面丰富家校沟通活动，使家长真正走进学校。营造家长关心学校教育、重视学生学习、关注学生成长的良好氛围，从而提高家长对学校、对教育的满意度。

1. 加强班主任重点培训

实践告诉我们，一个好的班主任可以带来一个班的好家长。家长对学校的态度，很大程度上取决于班主任。因此，班主任培训中，要增加“家校沟通艺术”内容，同时把家长的满意程度作为考核班主任的指标之一，使班主任成为家校之间的有效润滑剂，而不是简单地把家校矛盾上交甚至是激化。

2. 组织家长学校活动

举办家教知识讲座，开展“我心中的好教师”“优秀家教论文”等评比活动，树立良好的教师形象，提升学校声誉；组织家长畅谈成功的家教经验或困惑；举办亲子运动会、家庭读书竞赛、亲子共读共写等丰富多彩的活动，在活动中，使家校形成融洽的氛围，实现家校共赢。

3. 邀请家长参与教学

家长资源丰富，各行各业都有，我们会向家长下发一张“家长教师团招募表”，使有特长、有热情的家长参与到学校活动中。比如，在《七色光》、学校网站开辟家长专栏，刊登家庭教育心得，畅谈教育子女的经验等，或者邀请有特长的家长直接成为学校课程的授课者。

4. 建立交流平台

为及时了解家长需求，倾听家长心声，学校定期发放家长调查问卷，采取无记名的形式收集问题，并将问题分类统计，利用家长开放日、家长委员会等集中反馈、解答疑问。利用现代信息技术方便快捷的特点，构建起家校交流平台。

一方文化养育一方人。学校文化建设是学校管理与发展的战略性工作，它的精深，需要我们用毕生的精力去探索。我校将继续秉持“成功教育”这一教育追求与办学思想，不断完善，努力求实，传承历史，铺染现在，点亮未来。

做有灵魂的成功教育

什么是教育的灵魂？冯骥才先生认为是“人文精神”。教育，不只是知识教育，更重要的是精神教育，它使一个人心清目远、富于责任、心灵充实、情感丰富而健康。

美国教育家里克纳说：“世界上任何一个国家都为教育树立了两个伟大的目标：使受教育者聪慧，使受教育者高尚。”因此，我认为，教育应关注学生的成长和品德，而不仅仅是学生的成绩；关注学生的学习方式和创新精神，而不仅仅是学会和接受；关注学生的长远，而不仅仅是学生的现在。

学习成绩不是衡量学生的唯一标准。好身体、好习惯、好品质、责任感、感恩之心、创新精神等比成绩更重要，是学生发展的“后劲”。有了这些，无论学生将来从事哪个行业，都能成为对社会、家庭有贡献的人。

冯友兰先生曾说，由于一所学校所特有的特性，由那所学校毕业的学生，在他的脸上就印了一个商标、一个徽章，一看就知道他是哪一所学校毕业的。我们应该给学生的童年生活留下怎样的烙印呢？

我觉得应该包括礼貌、尊重、感恩、责任、合作、友善、自律、自强，这都是一个人所应该具有的高尚品质，也是学生将来融入社会所必备的素质。

我们要做有“灵魂”的教育，就必须改变我们的育人理念，完善我们的课程体系。我们要以“立德树人”为目标，以教师专业能力的发展为着眼点，以课堂教学的变革为重点，以学生的幸福成长为落脚点。

一、构建多元立体的德育网络

习近平总书记指出：“学校要把德育放在更加重要的位置，全面加强校风、师德建设，坚持教书育人，根据少年儿童特点和成长规律，循循善诱，春风化雨，努力做到每一堂课不仅传播知识，而且传授美德，每一次活动不仅健康身心，而且陶冶性情，让同学们都得到倾心关爱和真诚帮助，让社会主义核心价值观的种子在学生们心中生根发芽。”

作为教育者，我们应当制定具体的品格教育方针，让学生更明确、更系统地学习，使内在的伦理道德与外在的准则相互融合，让品格教育融入生活，如气息一般，“让好习惯成自然”。

“多元立体”是指学校、家庭、社会三位一体，所有学科教师相互配合，通过学科渗透、活动促进、评价强化等多种渠道，促进学生的全面发展。

1. 缔造完美教室，让教室成为学生体验生命成长的场所

固定的班集体在很长一段时间内还会是学校教育的主要形式，六年的集体生活对学生的影响是巨大的。缔造完美教室，让教室里的每个学生穿越课程与岁月，朝向有德行、有情感、有知识、有个性、能审美、爱读书的生命丰盈自己、成长自己是每位教师的重要使命。

我们对完美教室的构建有了初步的感性认识，了解了完美教室应具备的关键要素，即自创的班级文化、自定的班级制度、自生的班级课程、丰富的经典书籍、多彩的班级活动。要将这一工作扎实推进，促其开花结果，具体做法包括：一是培植典型，大力宣传；二是重点帮扶，总结经验；三是校区推动，现场观摩；四是班班展示，彰显特色。

2. 实施五美教育，培育有涵养的健康人

（1）仪容之美：注重服装整洁，讲究个人卫生。

（2）知识之美：强化专业教育，养成爱好读书的习惯。

（3）技艺之美：培养技术能力，热爱音乐、美术，学会几项体育技能。

（4）语言之美：讲普通话，会使用礼貌用语，善于与人沟通。

（5）行为之美：坐、立、行、读书、写字姿势正确，课间活动、入学放学路队、集会遵守学校规定。

3. 开展感恩行动，传承中华文明

感恩是学生应该具有的基本素质。唯有学会感恩，他们才能尊重每一份平凡的劳动，以平等的眼光看待每一个生命，才能在生活中少一些抱怨与浮躁，多一份发自内心的满足和快乐。我们要通过诵读感恩诗、各种传统节日教育、主题班队会等系列活动课程，让学生感激父母的养育之恩、师长的教诲之恩和朋友的帮助之恩，增强对自己负责、对父母负责、对他人负责的责任意识。

二、建设追求卓越的成功教师团队

习总书记在第30个教师节前在北京师范大学的讲话中指出："百年大计，教育为本。教育大计，教师为本。全国广大教师要做有理想信念、有道德情操、有扎实知识、有仁爱之心的好老师，为发展具有中国特色、世界水平的现代教育，培养社会主义事业建设者和接班人做出更大贡献。"

教师是立德树人的主导。要教学生"做人"，教师首先要具有教育职业操守和人文情怀。教师要做到"四有"，把自己的温暖和情感倾注到每一个学生身上，用欣赏增强学生的信心，用信任树立学生的自尊。

成功教师标准：

和于心——静心教书，诚心爱生；

美于行——虚心学习，言行优雅；

成于思——潜心研究，静思致远。

做法如下。

1. 做优雅的读书人

成立教师自愿组织的读书沙龙，读书内容、形式、展示方式都由各沙龙成员自主决定，让读书成为像呼吸一样自然的事情，成为滋润生命的营养。

2. 做学生的引路人

我们和学生朝夕相处，言行举止无时无刻不影响着学生。教师是出现在学生面前活生生的形象，学生时时处处用自己敏锐的眼睛观察着教师的一言一行，自觉或不自觉地模仿着教师的言行。所以，作为教师，在工作中要以身作则，一切培养学生做人的道理和要求，教师自己首先要做到，以自己的模范行为去影响学生。教师最大的成功和幸福就在于拥有一批优秀的学生并能使学生在以后的人生中继续朝优秀的方向发展。

3. 做专业的研究者

继续发挥名师俱乐部的引领作用、种子工作室的培养作用，减少统一的标准，实施项目组研究，即梳理学校现有的课题，确定研究的项目。教师也可自己申报感兴趣的课题，成立不同的项目组，每位教师自由申报项目，进行持续、专注的研究，服务于课堂，促进学生培养目标的达成。

4. 做课程的研发者

这学期有部分青年教师开发了自己的特色课程，如朱慧老师的"数独”，郁晓倩、董菲二位老师的英语歌曲等都非常受学生欢迎，也开拓了学生的思维。课程开发是教育发展的趋势，每位教师都有开发第二课程的能力，新的学期我们将进一步扩大范围，呈现“百花齐放春满园”的景象。

学校要做到：充分的信任、放权，足够的支持、帮助，必要的删繁就简，全面的展示、推广。

三、构建积极自主、合作展示的成长课堂

我们的课堂最缺少什么？是缺少知识吗？是缺少方法吗？是缺少责任吗？似乎都不缺。我们最缺的是激情、活力、兴趣、幽默，以及对生命的尊重，最缺的是学习的“精气神”—— 一种推动学生生机盎然地学习的力量。所以，改变教师的教学方式，构建积极自主、合作展示的学习方式势在必行。

我们应该关注学生获得知识的过程是否是积极的、主动的、愉悦的，要达到这一目的，我们必须让学生成为学习的主角，提供机会让他们自学、表达、展示，教师要从研究怎么教转向研究让学生怎么学。

1. 组建班内学习共同体

我们的班额都比较大，单靠教师一个人的力量照顾不到所有的学生。我们可以减小管理单位，组成合作小组，培训组长，让组长带领几名同学组成一个学习共同体，有目标、有评价、有奖励，实现共赢共进。

2. 开展导学卡研究，上好预习课

凡事预则立，不预则废。对学生来说，如果不预习就上课，学生的大脑会一片空白，不能及时与旧知识链接，只能被动地接受教师讲授的知识，听懂的就吸收了，听不懂的就成了“绊脚石”。预习后，学生能知道学习的目标，提前了解自己不懂的地方，易突出学习重点，突破学习难点。所以要研究预习的时间、内容、方式，为此，我们设计了有效载体——导学卡，帮助学生有效预习。

四、让国家课程落地生根

不可否认，我们对国家课程中的考试科目比较重视，基本上能按照课程标准的要求实施教学，但对考察科目，甚至考试科目中的科学课，我们都做得很不到位，而这些往往又是决定学生综合素质的关键因素。所以，如何让

音、体、美、科学、计算机、品德等国家课程真正在学校落地生根是迫切需要研究的问题：

（1）认真研读课标，明确各学科不同年段的课程目标，老师要了然于胸。

（2）将课标要求和师生实际水平进行综合分析，确定哪些是我们必须做到的；哪些我们现在做不到，但通过努力能做到；哪些不符合我们这个地区的现状，需要调整和更换，并分别列出来，然后明晰我们的教学目标和学生的培养目标。

（3）制定教学策略，在课堂上予以实施，并通过活动辅助达成。这项工作说起来容易，但在做的过程中肯定会遇到各种困难，我们且行且思，相信没有比脚更远的路。

最后，想用星云大师的一首诗与老师们共勉：

幸福人

能在心中寻找和平的人，是最幸福的人；
能在众中发挥热力的人，是最智慧的人。

人生中，每一次的经验都是前进的基石；
生命里，每一次的成败都是未来的借鉴。

解决困难的最好办法，是努力克服困难；
获得快乐的最好办法，是真心给人快乐。

每日所说的言语，要是善良柔美的好话；
每日所做的事情，要得利益大众的好事；
每日所存的心意，要有祝福他人的好心；
每日所走的道路，要能走出社会的光明。

说话的目的不在表现自我，而在启发听者；
做事的目的不在独善己身，而在服务大众。

这不是对“有灵魂的教育”最恰当的诠释吗？

建设智慧校园，重构学习方式

随着未来学校和人工智能的发展，今天的学校教育必须走向开放与智慧，以一种全新的理念走向未来。学生不再局限于围墙里的班级学习，而要拥有基于“互联网+”的更大的学习空间。学校教育必须坚持以德为先、能力为重、全面发展，坚持面向人人、因材施教、知行合一，促进学生德智体美劳全面发展。

湖滨北路小学以广博的视野推动学校创新，致力于建设一个包括学生、教师、家长、学校管理者、社区等多方在内的和谐、积极、上进的教育共同体，努力创建一个“照见未来、点亮生命”的环境，为学生的学习和成长提供全方面的、可持续的支持，让学校成为属于每个人、依靠每个人、发展每个人的大家庭，让学生在接受六年的教育后，能够成为善良的、有能力的、有责任感的人。

一、回归学生，心中有素养

2014年，国家层面提出核心素养。2016年9月，确定了中国学生发展六大核心素养，包括人文底蕴、科学精神、学会学习、健康生活、责任担当、实践创新，具体细化为18个要点。

我们深入学习和研究六大核心素养的内涵与相互联系，结合学校实际重新修订学生培养目标，教师绝不能仅仅关注知识的传授，还要时刻关注学生素养的形成，从学生生命成长的真实需要出发去设计真实的教育，照应真实的生活，让学生在学校每一天的幸福中获得成长的力量。

我们注重培养目标与日常教育教学的深度融合：大力倡导全员育人理念，教室、课堂是落实培养目标的主阵地，每一位教师既要教知识，更要教做人，形成教育的巨大合力；把保洁、保安人员请上升旗台，介绍他们的工作，让感恩从尊敬身边的人做起；捕捉最美瞬间，及时发现学生好的行为，利用升旗仪式、大课间、微信群等予以点赞传播。这一系列做法的目的就是让目标不再是口号，而是转化为学生的言行。

二、统整跨界，眼中有课程

课程是指学校为实现培养目标而选择的教育内容及其进程的总和，包括学校开设的各门学科和有目的、有计划的教育活动。它不是指我们平常所说的语文、数学、音乐等单独的一门课，而是所有能实现育人目标的教育活动。由此看来，课程的开设是为育人目标服务的。因此，我们一方面要做加法，丰富学校课程的内容，给学生更多选择的可能性；另一方面要做减法，对课程进行统整，使之化繁为简，更有利于学生培养目标的实现。

1. 强本固基——上好国家课程

国家课程是学生成长的根基，必须夯实。我们组织教师学习学生应具备的核心素养，学习全国教育大会关于“培养什么人”的精彩论述，让教师认识到一些考察学科对学生全面发展的重要意义。同时，通过“课表公开——课堂抽查——学生检测——家长反馈”的工作流程保证开齐开全课程。我们还在行动上给予教师看得见的支持，如为音乐教师购置手卷钢琴，教师上课时携带和使用极其方便；为体育教师购置篮球、标志柱等多种器材；鼓励并支持任教道德与法治、心理健康、综合实践的教师外出学习。这一系列措施保证了国家课程上全上好。

2. 依需生长——开发校本课程

每个学生的爱好不一样，学校要尽可能为每个学生成长提供营养，这就需要开发丰富的校本课程满足学生的多样化需求。我们鼓励教师“八仙过海，各显神通”，创造性地开发、实施生长课程。在原有游戏类、动手兴趣类、拓展提升类、艺术特长类的基础上，今年我们增加了科技创造类的内容，如航模、魔方、思维导图、编程、国际象棋等，制定了《德州市湖滨北路小学校本课程管理制度》，推动校本课程的发展，每周四走班选课也成了学生最期盼的事情。

3. 学用结合——探索主题实践课程

为什么有的学生不愿意学习？是因为学到的知识与生活没有连接，没有用武之地。如果让学生亲身感觉和体验到运用知识的欢乐，感觉和体验到自己是知识的主人的自豪，他们就会把这种对待周围世界的态度迁移到学习上来。我们力求把学校的活动与学生生活相联系，设计了主题实践课程。

“走进曹文轩”系列读书活动：我们邀请曹文轩老师到校跟学生面对面交流，激发学生阅读的积极性；各班召开读书交流会，深入感悟书籍的魅力；组织一、二年级讲故事比赛，三、四年级写故事比赛，五年级写读后感及六年级画思维导图比赛；让学生用眼、耳、口、心全方位地了解曹文轩，一个书中的人物就这样鲜活了起来。

“亲历蒜成长，享受苗快乐”实践课程：在科学课上有如何种蒜苗的内容，但仅仅看课本学生无法感受生命的成长，我们组织学生种蒜苗，把课本变成生活。科学老师让学生搜集种蒜苗的相关知识，了解植物的向光性，解决学生种蒜苗过程中遇到的各种问题。语文老师布置观察作业——写日记，数学老师教学生测量蒜苗的高度，英语老师教有关单词语句，让学生进行简单对话。蒜苗长高了、收获了，学生将其做成美食与家人和同学分享。整个过程中，学生既学到了学科知识，又懂得了合作、分享、感恩。

4. 塑造健全人格——丰富CAS课程内容

CAS是创造力、活动、服务的缩写，是融学生兴趣、学生培养目标和社会期望于一体的综合课程，旨在培养具有高度责任心、同情心的创新型人才。

一是仪式课程。仪式有潜移默化的育人功能，将有意义的活动或者特别的日子，通过庄重雅致的仪式呈现出来，能使学生身临其境，获得精神力量。

每周一升旗仪式的“爱我中华宣誓”环节隆重、庄严，让学生充满对国旗的敬畏、对国家的热爱。

“创造向未来，迎接新挑战”开学典礼：打开启愿门、起航门，学生对新学期充满希望；抽红包、送祝福，学生感受到老师的谆谆教导，倍受鼓舞。

“让成长看得见，让梦想更灿烂”一年级入学100天纪念仪式：我是小书法家、拍球我最棒、100图形展示、书写梦想卡、成长宣誓等环节，让学生和家长真实地看到入学以来的变化，将之视为一种动力。

二是活动类课程。给学生一片蓝天，他们会还我们一个世界。教育，要让学生成为更好的自己。我们尊重学生的个性发展需求，开展远足拉练、“我要上六一”才艺展示、“燃烧吧，我的卡路里”体育节、阳光市场、“欣望江山千里秀，歌颂祖国万年春”诵读比赛、书画比赛等丰富多彩的活动，每一个学生都感受到了被尊重的愉悦与追求自信的快乐，在活动中历练成长。

三是劳动实践课程——“厨房小当家”。这一课程的开设源于2018年全国教育大会上习近平总书记的讲话：“要在学生中弘扬劳动精神，教育引导学生崇尚劳动、尊重劳动，懂得劳动最光荣、劳动最美丽的道理，长大后能够辛勤劳动、诚实劳动、创造性劳动。”内容涵盖低、中、高不同学段的“厨房小帮手”“厨艺我最棒”“今天我当家”三大主题，每周对学生操作内容进行公众号展示，让学生感悟真实的生活，形成积极向上的生活态度。学生在劳动中有了家庭主人的责任心，在分享收获中学会了关心他人、照顾他人，学会了感恩。

课程观决定教学观，决定教师与学生相处的方式。一切有积极影响的活动资料和活动过程都是课程，我们将努力从“教材是我们的世界”走向“世界是我们的教材”。

三、智慧校园，运用新技术

当今的孩子所经历的生活和学习与我们成人已是截然不同的了。对于孩子来说，数字技术已经是其生活的一部分，而对成年人来讲，是我们在“使用数字技术”，大部分成年人存在技术使用障碍。因此，我们不能用成人的视角看待数字时代的孩子。我们应该把孩子放在现代社会背景中来认知，把传统与现代、科技与人文有效融合，用混合式、融合式的教育方式培养孩子面向未来的关键能力，引领数字时代的孩子健康成长。所以，我们努力建设智慧校园，实施智慧教育。

智慧教育即教育信息化，是指在教育领域（教育管理、教育教学和教育科研）全面深入地运用现代信息技术来促进教育改革与发展的过程。其技术特点是数字化、网络化、智能化和多媒体化，基本特征是开放、共享、交互、协作。我们要以教育信息化促进教育现代化，用信息技术改变传统教学模式。

1. 构建支持学生主动学习、教师有效教学的智慧教室环境

以智慧课堂教学为重点，积极开展信息技术、交互式一体机与学科教学深度融合的课堂教学理论与实践探索，转变教师的教学方式，培养学生自主、合作、探究的学习方式，推动智慧课堂教学模式的创新。

2. 建设校本优秀教学资源库

一方面将学校已购买的教学光盘资源、远程下载资源及自建资源重新进行梳理、归类，挂至学校云盘以保证教师及时使用。另一方面，从实际出发，充分利用学校“云校资源应用平台”，多途径开展学校信息化教育资源的建设和使用，建立信息资源共享机制，为开展信息化环境下教师的教和学生的学提供充分支持。

3. 鼓励教师逐步实现信息技术资源与学科教学的深度融合

各班用“班级优化大师”对学生小组进行评价，科学高效，一目了然；语文老师借助“快乐习字软件”规范学生写字姿势，提高书写质量；英语老师使用教师互动系统，快乐教学，轻松阅卷；开设“十六进制”教学实验班，让作业更有针对性；研究希沃软件的教学应用，在课堂上实现人机互动；录制小视频讲解疑难，帮扶学生不再受时空限制。教师正逐步敞开胸怀拥抱新技术，使教学更科学高效。

四、立足课堂，学习重自主

1. 走进课堂重养成，学思践悟中加强习惯培养

组织开展骨干教师引领课、新教师登台亮相课、参赛活动选拔课、同年级研磨课、青年教师展示课、专题活动研讨课等不同类型的讲课活动，让更多的老师走进课堂观察“学”，通过“三看三评价三定位”落实“让学习发生在学生身上”。一看学生自己是否学，二看小组合作是否用，三看当堂检测是否实。自己学，我们通过师生互动中问题与回答的效度来评价，对于课堂上有难度的问题或扩散性思维的题目则看小组合作的时机和效果，整节课学生掌握情况通过教师设计或我们听课过程中编制的口头检测和书面检测来评价。研讨中改变教学方法——重新定位教学目标，重新进行教学设计，重新设定教学时间，三变之后环节实了，小组帮扶真正发生了，再次检测时学生的审题能力提高了，静心做题的习惯逐渐养成。学生的“学”成为课堂上亮丽的风景线。

2. 倡导个性化课堂

每位教师都有自己的优势，鼓励教师走个性化发展之路，尊重教师的创造性。遵循的总方针是“先学后教，讲练结合”。“学”指课堂上以学生的自主学习、合作学习、探究学习为主；“教”指教师适时的点拨、引导、启发；“讲”主要指学生的讲解，教师的讲要讲精练；“练”是学生的自主练习。在课堂上，教师教学的重点不再是传授知识，而是“让学生动起来”！重视学生的自主学习，让学生感受到学习的成功与快乐。

陶行知说过，教师手里操着幼年人的命运，便操着民族和人类的命运。我们所有的改变和努力，都是要让教师成为一个丰富的、智慧的、幸福的人，只有如此，我们的学生才能成长为这样的人。湖滨北路小学将始终面向未来，构建关注每个生命个体的课程体系和教育方式，点亮每个孩子的生命美好。

让师德在教育教学细节中熠熠生辉

非常喜欢杜甫的诗句："好雨知时节，当春乃发生。随风潜入夜，润物细无声。"因为它很形象地说明了教育的本质：教育从来就不是轰轰烈烈、惊天动地的，它应如春雨般慢慢渗透，滋润学生的心田。因此，学校的师德建设活动也是从常规处着眼，在细微处入手，运用"六步工作法"，即确定载体—定阶段目标—建设工作室—积分管理—搭建展示平台—总结成果，将师德建设活动与教育教学紧密结合，把平凡的小事做精致，让普通的工作有特色。

一、理工作之脉——微处入手，确定载体

一直以来，各种媒体对师德高尚教师的宣传都定位于舍身救生、带病工作、爱生忘家的教师形象，高大、伟岸，让普通教师叹为观止。围绕师德建设，各个学校下大力气开展了许多活动，如开展师德学习、组织师德演讲等，虽然主题明确，却大都被教师看作形式的东西，参与却不投入，活动如蜻蜓点水，仅仅雨过地皮湿。

正当我们困惑时，德州市教育局出台了师德建设的系列文件，提出了开展"建高地、亮绝活、争先锋"活动的实施意见，《师德建设的生命性思考》《教师每日要"十问"》《一个关于教育的数学函数式》等文章引起了我们的关注，给了我们很大的启发。

于是，我们开始转变观念，调整思路，把着眼点放到教师的具体工作中，用发现美的眼睛从教师工作的点点滴滴中去发现师德的闪光点：一个学生生病了，老师端水喂药；一个学生落下了功课，老师耐心地辅导；班主任早早地来到教室，打开门窗，微笑着迎接每一个学生……这些，不都是高尚师德最细小最直接的体现吗？可见，师德并不空洞，它包含认真写好每一份

教案，上好每一节课，出好每一份测试题，给需要帮助的学生一句鼓励的话语，在作业本上写一句温馨的评语……这样一来，我们找到了方向，工作有了目标。我们又适时召开不同层面的教师座谈会，深入讨论：怎样在平凡的工作中做到不平凡？应该从哪些贴近实际的工作中考核教师的师德？几次三番的讨论后，教师们认识到：高尚的师德就体现在每一件小事里，不平凡就是坚持把平凡的小事做好。老师一天中做得最多的事是什么？备课、上课、批改作业。抓住了这些就抓住了中心，抓住了关键。于是我们确定了师德建设的文化体系，提出“爱与责任是师德之魂”的师德建设口号，明确以“精品教案、高效课堂、温馨批语”为载体，将师德建设与教师的教育教学紧密结合在一起。

二、探师德之道——制定目标，享受过程

确定载体只是第一步，如何实施才是关键所在。我们根据学校实际制定了关于三个载体的具体要求和考核细则，带领教师逐一学习，掌握要点。

对于教案，我们提出了达到统一标准，提倡个性化设计的要求。统一标准就是应该有全册知识内容、重难点梳理、单元教材分析、课时计划，其中课时计划包含预习要求、对原有教案的修改补充、作业布置、课后小结等；个性化设计是鼓励教师有自己的教学风格，不拘泥、不照办，这样在充分指导的前提下，又给了教师自主创新发展的空间。在此期间涌现出很多典范：一位美术老师每个假期都提前备好整个学期的课程，每一课都要查找很多资料，补充教材内容，每次上课前再进行二次备课，到学期末，他的教案往往比学期初厚出一倍，而且翻阅得像用了几年的时间；一位语文老师每篇教案都有预习内容、美文欣赏、知识补充、课后反思，而且用不同颜色的笔书写，重难点一目了然；一位数学老师设计的拓展练习让学生开阔了思路，错题分析让学生避免了犯同样的错误。一本本教案有了生命与活力，它们不再是简单重复的抄写，而是融入了教师对学生的爱与责任。

课堂是最能体现教师素质的环境，能否实现轻负高效，能否让学生轻松愉悦地接受新知，能否给学生的人生观、价值观以启迪，这些都检验着教师的水平。我们一方面组织教师学习《名师课堂教学的艺术》，一方面组织教师参加各种形式的课堂观摩、教学比武，摸索、总结提高课堂教学效率的方法。为了引导教师把关注点放到学生身上，我们制定了《高效课堂评价标

准》，由往日的评价教师的教学基本功改为评价学生在课堂上的表现，这一改就牵住了“牛鼻子”。我们又适时开展年级组接力课、青年教师说课、赛课、年级组同课异构、骨干教师观摩课等活动，让教师在多个层面上锤炼自己的课堂教学能力，实现专业发展。特级教师于永正说：“教育的两个名字，一是影响，二是激励。唤醒、激励、鼓舞是教育的伟大法宝。”我们大力倡导教师在课堂上多用激励性的语言，并开展“课堂鼓励用语和禁忌语”征集活动，一句句鼓励的话语如一缕缕春风，滋润着学生的心田，许多年之后，也许对当时老师讲课的内容已经印象模糊了，但老师所有鼓励表扬的话，学生会永远记在心里。

批改作业是教师每天的必修课，但怎样批改才最有效呢？原来我们一直觉得做得不错，教师能全批全改，有不同的批改符号、等级，对错题也能及时复批。可当我们看到《山东教育》上刊登的“曹佃江老师精彩批语”时，还是被震撼了。600多条充满激情与智慧的批语在曹佃江老师的笔下流淌，滋润着一批批学子。是啊，成功的教育有时就是这么简单，这些我们日常都在做的事情，原来可以做得更好！于是，“用心批改每一份作业，用情书写每一句评语”成为我校教师的共识；“撰写温馨批语，激励孩子成长”成为教师们不约而同的行动。

教育是困难的，因为它关涉人性之深；教育也是幸福的，因为它唤起人性之美。在琐碎的班级管理事务中，在家校交流中，在每天的课堂上，教师能数月，甚至数年如一日地付出良心、真心，用爱心与耐心对待学生，这就是师德的最佳体现。

三、梳管理之路——积分考核，持续发展

任何制度的贯彻执行，都需要有一套行之有效的考核制度。学校实行教师工作学期积分制考评和每月考核制度，采用个人自评、学生参评、组织测评相结合的办法，每周由年级组长根据学校具体要求选出备课之星、作业批改之星、教学反思之星，然后由教研主任进行复查和总结；所有学校开展的赛课、基本功比赛、演讲活动等，都计入考核，考核结果记入个人档案，与每月绩效工资和学期末奖励挂钩，并作为职务聘任、晋级晋职的重要依据。

规范设立之初，教师们偶有遗忘疏忽，可渐渐地，不再需要教导处的催促，不再需要年级组长的提醒，每周一，教师们的教案、学生的作业、教师

业务笔记等都会整齐地摆放在作业检查指定教室，秩序井然，无一或缺。积分考核制度帮助教师实现了职业的自觉，更让学校开展的一系列活动走上了持续发展的道路。

四、开展示之窗——建工作室，搭设平台

管理的最高境界，就是尊重每一个人，让每一个人都感受到自己的重要。每一位教师，都用发展的眼光看学生；作为学校，我们也将管理的着眼点放在“发现亮点、引导成长、形成成果、实现价值”上，为教师的发展搭建一系列平台，深耕细作。

没有教师不想获得事业的成功，感受事业带来的那份满足与幸福，而心灵、思维的改善是引导我们智慧工作的金钥匙。我们专设一间教室为师德工作室，又名“厚德居”，意为教师要用崇高的道德、博大精深的学识培育学子成才。教师誓词、“三项活动”的标准要求、评选出的先进个人和优秀团队照片均张贴于四面墙上，教师们优秀的教案、融入爱心的作业本、各种学习成果均展示其中，时刻给教师们以启迪。为进一步提升教师对“让师德在教育教学细节中闪光”这一口号的认识，学校开展“发现身边亮点　彰显师德魅力”演讲活动，鼓励教师发掘身边同事的闪光点，写出自己的感悟，以身边的榜样促进教师不断完善自己的教学行为。实行“我的奖项我做主”，学期末改变原有的由学校评选各类优秀教师的做法，让每位教师自主申报奖项，“默默无闻奖”“老黄牛奖”“踏实工作奖”等纷纷出现，不仅奖项丰富多彩，每个奖项也让教师们多了几分思考。编印《师道》手册，收集教师的个人基本情况、教学、学习、研究、荣誉信息等，是教师个人成长发展的见证。定期开展“新湖之星”表彰大会，把在“三项活动”中或成绩突出、或展露特色、或有所进步的老师请到台上，对他们的做法予以提炼肯定。我们欣慰地看到，越来越多的教师展现出对学校和同事们由衷热爱、对工作积极投入、对荣誉珍视淡定、对生活感恩进取的精神。

五、绽成功之花——万紫千红，硕果累累

在全校师生的不懈努力下，我们的教育教学质量稳步提升，学校也先后被评为全国特色学校、山东省教学示范校、德州市先进基层党组织、德州市“三项活动”先进集体、德州市师德示范星单位、德州市少先队红旗大

队，荣获德州市五一劳动奖状。但让我们最感欣慰和骄傲的是教师的职业使命感和幸福感逐渐增强，他们学会了关注细节，发现学生身上点滴的闪光之处；他们在用心教学生，甘愿付出自己的所有；他们在用情做教育，着眼于学生的全面发展。一位参加工作不久的教师在博客中这样写道："原来做好我们每天都在做的这些看似平常的小事就是师德的最好诠释，挡在我眼前的那片朦胧散开了，我坚定了前行的目标，要迈开步子追赶……""在'精品教案，高效课堂，温馨批语'的师德建设活动中，我解开了内心的困惑，突破了瓶颈，确定了研究的方向，且行，且思。"一位骨干教师这样说。作为校长，我也逐渐摸索到了管理之道：立足教学、积分评价、提供平台、展示亮点。行走于学校的每一个角落，我都能感受到教师们的团结协作、井然有序，感动于他们的奉献精神、搏竞一流，惊喜于他们的细致用心、大胆创新。我所能做的，就是尽我所能，为每位教师铺垫发展的道路，提供展示的舞台、专业的培训，掌好舵，服好务。

烛光的亮度是有限的，但烛光是温馨的，能照射到屋子的每一个角落。我们将师德融入教育教学的各个环节，就像是一片烛光，能照亮每一个学生的心灵，能在学生成长的每一天都闪烁着光辉。作为教师，我们是幸福的。

发展教师个性　成就职业幸福

校长的第一使命是什么?

很多专家学者阐述过这个问题，却没有统一的答案。因为，不同的学校，基础不同、条件不同，校长的第一使命就有所不同。

华东师范大学的袁振国教授这样定义“第一使命”：

一是最重要的工作，这项工作做不好，教育质量就上不去，人才培养的功能就会受到很大削弱，学校的地位也会受到影响。

二是最基础的工作，是学校做好其他工作的前提，学校的其他工作都是在这个基础上发展起来的，离开了它，学校就办不好。

三是最持久的工作，不是一朝完成、永久受益的，需要不断去维护，不断去努力，不断去创新。

从这三个层面综合考虑，我把“促进教师专业发展”作为我的第一使命。我始终坚定这样的信念：教师是学校最宝贵的财富，是学校的第一生产力，抓住了教师的发展，就抓住了学校发展的根本和关键。

然而，我们应该促进教师哪些方面的发展?什么样的教师才能适应未来教育的要求呢?这需要进一步思考：

（1）在什么状态下，最有利于教育的发生?教师在什么状态下才能做出最有教育味道的设计和工作?我想最好的状态并非外部的激励，而是来自内部的需求，更需要内在的自我发展意识的觉醒，让自己始终处在研究的状态。

（2）现代和未来教育、教学、教师及学生的特点。

第一，教育关联人类，融合世界。发现力（探索）、实现力（创造）、呈现力（交流）是人类社会进步最基础和关键的三种力量。未来的教育注重启发、诱发、激发三种力量，让我们以更丰富多彩的方式展示自我价值、实现成果，传播社会文明和人类文明。

第二，教学内容是人类的精神产品，是充满内在张力的，科学真理、人文情怀、历史真相、伦理主张从来就不是只有一种解释，课标、教材、答案都只能是参考、是样例，不可能是唯一。

第三，教师是具有风格的个人。近几年，青年教师比例增大，素质提升，全部是80后、90后，他们本身就是独生子女一代，都有自己的个性，并且思想活、有冲劲。他们的文化背景、成长经历、知识结构、个性特征各不相同，教学方式和情感表达方式自然也各不相同，如果把教师的行为都规范成一种模式，那就成为机器人教学了。

第四，也是最重要的，教育的对象是人，而不是流水线上的产品。2011年之后，入学的学生全部是05后，都是从一出生就生活在互联网世界里的，他们有独立思维，有创新精神。他们获得知识的渠道有很多，我们再也无法在他们面前表现出无所不知的权威。2014年曾有一个火爆的TED演讲，华裔儿童邹奇奇用犀利而幽默的语言指出："我们将是未来社会的主流，今天的大人必然是靠我们养活的，你们为什么不能从现在开始就来'讨好'我们，向我们学习呢？"

著名人才学家王通讯总结人才成长规律，其中有一条是"聚焦成才规律"。他说："我们每个人的精力和时间都是有限的，你的能量、才华要凝聚，而不要分散。凝聚，凝聚，再凝聚，达到临界突破，这时你才可能成为一个杰出的人才。"我们鼓励教师认准目标，发展自己的才能，一定能做出不俗的成绩。

由此可见，我们要培养的教师必须是"有个性、有价值、有思想的独立的个体，要是'自燃人'，他们能创立个人品牌，从而获得精神上的尊严感和专业上的富足感，找到生命的生长与生成感"。因此，我们要做的就是最大限度地发现和唤醒每位教师的这种状态，让教师充满激情，让他们感受到研究带给自己的工作变化。

教师成长是有规律可循的，每一位教师主动地自发展、自成长，都需要群体的氛围。一个人可以走得很快，一群人才能走得很远，个中道理何在？场域理论认为，因为每个个体在场域中所处的位置和拥有的资本不同，他们相互关联、相互交换、相互补充、相互影响、相互竞争，也相互成就，于是，必然会产生新的力量与价值。这是共生力量或群聚效应的来源，也是一群人可以走得很远的原因。

于是，在德州市教育局工会师德建设领导小组的关心和支持下，我们成立了教师职业个性化成长工作室，以此为平台，为有个性、有思想、有追求的一线教师服务，搭桥铺路、建立互联、提供帮助，为他们成为名师、成为教育家助力护航。

一、科学定位，理清建构脉络

何谓“职业个性”？指教师的知识、技能、教育教学模式在实践探索中形成的独特优势，是此教师区别于彼教师的特有代码，是存在于此教师身上的显著烙印。比如，提到李吉林老师就想到情境教学，提到王嵩州老师必定联想到诗意语文，等等，很多名师的个性化特长已转化为他们的品牌。

1. 文化构建

一是学校“四导”——主导、引导、指导、督导。即主导教师教育方向，引导教师成长，指导教育实践，督导教育行为。二是教师“四聚”——聚焦、聚心、聚智、聚力。聚焦是引导教师关注顶层设计，时刻以师德建设作为自身发展的焦点；聚心是提倡教师齐心协力、共同发展；聚智是支持教师“八仙过海，各显神通”；聚力是鼓励教师为实现个性化目标而不懈努力。三是教育“四成”——成效、成果、成就、成功。个性化成长工作室要促进教师干工作有成效，做研究有成果，做教师成就学生未来，最终获得教育生涯的成功。

2. 遵循原则

德国管理学家赫尔茨有一句名言：“会鼓励别人，会服务别人，会成就别人，就是会管理。”要办好教师职业个性化成长工作室，就必须会鼓励教师、服务教师、成就教师。因此，创建个性化成长工作室主要遵循以下五项原则：

一是自愿原则。面向全体教师、面向学校教育教学与管理的所有工作，自愿选择，自愿申报。

二是多样化原则。即倡导不拘一格，百花齐放。

三是立足实际原则。个性化项目要基于教师自身优势，基于现在已经形成的教育教学特色，不断深化、升华，形成富有本土气息、个性鲜明、独树一帜的教育体系。

四是实践性原则。个性化建设要求教师在教育教学过程中不断探索、反复实践、逐步完善，最终形成自己的风格。教师的个性教育思想要纳入教育教学实践之中，最终让学生受益。

五是发展性原则。个性化教师要关注新的教育理念，学习新的教学技术，不断提高自身专业水平，紧跟时代发展步伐。

3. 明确内容

学校从尊重教师个性化发展的需求出发，以学校优势项目（剪纸艺术、泥塑艺术等）为切入点，凝聚学校内部力量，搭建多样化平台，为教师发展拓展空间、提供机会。

一是个性化教师建设。每位教师都希望成为重要的人，受到别人的尊重。为此，个性化成长工作室要提升教师存在的价值，让教师能找到适合自身发展的方向，做自己想做的事，在工作中感受快乐；要使教师能充分发挥已有的积极的个性特长，不断开发潜能，主动提高自身素质，在实践中形成个性化的教育风格，成就自我，超越自我。

二是个性化团队建设。以教师的兴趣特长为纽带，把有共同爱好的教师组成团队，为教师之间的合作提供契机和条件，使教师在积极促进自身专业发展的同时，与伙伴优势互补，合作共赢，增强团队凝聚力。

二、榜样引领，驱动自主发展

“学校的任务是创造一种氛围或者场景，把每位教师都卷入进来，让他们情不自禁地在这里获得发展或是与他人获得关系，然后来生成自己的成长意念。如果以多米诺骨牌做比喻，学校能做的就是努力把第一块牌推倒，第一块倒了以后，后面就啪啪啪全都倒下来了。”

我们先在全校遴选出职业特长个性化最明显的两位教师，帮他们梳理自己的特长，总结经验，在全体教师会上介绍，让教师们对个性化有感性的认识。

王立荣：当过30年的班主任，每一届学生无论纪律、学习、活动都异常出色，所有他们班的任课老师都说：到这个班上课太舒服了。令人惊奇的是从未见她对学生大发雷霆，相反总是和颜悦色、轻声细语。我们总结王老师的管理秘诀就是做示范、讲道理、定规矩、严要求。她是在管理上个性化突出的教师。

朱慧：美术专业的数学老师。她教低年级，学生形象思维优于抽象思维。她的课堂呈现出美术与数学的有机结合，画一画、剪一剪、摆一摆是学生学习的常态，她带的学生，想象力非常丰富，动手能力也特别强。她是在教学方式上个性化突出的教师。

一老一少两位老师的鲜活例子让老师们对个性化有了形象的认识，它不遥远、不高深，就是从自身做起、从日常工作做起，从一点出发，可以深挖井，不必广撒网。

在个人申报和自主实践环节，我们更是体现了管理的个性化，确定了“四不限”原则：不限人员、不限时间、不限内容、不限成果展示形式。我们知道：金字塔必须由自由人建造，教育也必须在自由中产生。

三、合理规划，自主探究实践

合理的规划就如大海的航标，为前行指明了方向。我们设计了新湖南路小学教师个性化专业成长申报表，有现状分析、发展目标、发展规划和具体措施，组织教师认真分析、填写，从而明确发展路径和方向。比如，每位教师应做到“六个一”：

一篇报告：深入研究学生核心素养，研究所教学科课程标准，结合已有教学经验和学生实际，确定研究方向，制定学生培养目标，形成研究报告。

一个课题：所有研究项目均要以课题的形式进行，有高质量的开题报告和严谨务实的实施方案。

一次分享：每学期要在一定范围内进行一次研究成果分享。

一次展示：所有研究要基于学生核心素养，更要落实到学生的发展和能力提升上，每学期要进行一次学生展示，能通过学生的表现看到研究的成果。

一项手段：加强对现代信息技术的学习和使用，研究方法和手段中至少有一项是新技术的应用。

一篇论文：每学期对自己的研究项目做阶段性总结，写出高质量的论文。

四、学校助力，提供广阔舞台

赋予选择权利。教师要想真正形成个性化的职业特长，必须不断提升自己的专业水平，主要的途径就是学习，一是学习书本知识，二是学习名家名师。但学谁、学什么，每位教师应该有所不同，我们改变原来学校给教师统一订阅刊物、购买书籍的做法，把书单、订书目录发给教师，让他们自己选择，就有了80多种不同类型的刊物，全部归教师所有，方便教师阅读。外出培训的机会越来越多，对于谁去参加哪种培训，我们动了点心思，一是主动报名，二是点名参加，三是提供培训菜单，这样就使学习、培训接地气，有实效。工作室成员一起阅读《首席教师》《构建教育新模式》《生命化教育》等理论书籍，远赴上海、北京、杭州、青岛等地参加当代教育家论坛、“全课程”研讨大会、新经典论坛、千课万人大赛。在不断的学习中，先进的教育教学观点、名师的思想智慧悄然植入每位教师内心，也促使他们深入思考如何提升自己的教学水平，形成独特的教学风格。

聘请专家导航。为给教学的发展提供最专业的指导，我们先后邀请特级教师徐长青、天津师范大学南开附属小学马向东校长、天津师范学校附属小学叶鸿林主任等，通过“名师示范、对话课堂”等互动形式，引领教师在课堂教学中注意问题明确，环环相扣，注重思想方法的渗透。

提供亮宝时间。李希贵校长说：“学校文化要靠故事去传播。”受此启发，教师的个性特长也要靠宣讲去发扬。每年我们都会安排一定的时间，让教师亮出自己教育教学中的宝贵做法和经验。教师们分组依次进行，我全程倾听，从每位教师的发言中，找到其最突出的闪光点，再放大，建议其深入研究，促进其螺旋上升，最终形成自己的个性特长。

搭建展示平台。“给我一个支点，我就能撬动整个地球。”耳熟能详的这句名言足以说明平台的重要性。我们主动承办德城区“自主乐学”教学现场会、德州市师德建设现场会，让教师们上展示课、做报告，推荐他们到兄弟学校上课、传授经验，支持他们参加各级各类比赛，并予以全程指导，争取最好成绩。一个个舞台将教师们推向了专业化、个性化发展的快车道。

五、评价多元，突出激励合作

评价往往牵动着改革的“牛鼻子”，个性化的管理决定了我们的评价不能是固化的、模式化的。

点赞微小创新。卡耐基说：“要改变人而不触犯或引起反感，那么，请称赞他们最微小的进步，并称赞每个进步。”我们建有教师微信群，教师们常常把自己教学中的场景拍下来，发到群里共享。我和管理团队只要发现有创新点，立即点赞、评论、宣传，使教师的这一做法得到正强化。这种日常的随机的互相学习，虽无声，却有无限价值。

创新评价方式。孟德斯鸠说：“任何别人的建议和意见都无法代替自己内心强烈的呼唤。”因此，我们开展“我的奖项我做主”行动，学期初教师自己定奖项名称、定获奖标准，学校在期中期末两次对照标准进行审核，“课改领航之星”“课程开发先进个人”“探索标兵”“最佳导演”“特色班主任”等称号呈现出“百花齐放，百家争鸣”之态势。

改变管理模式。深圳教育科学院院长叶文梓在一次报告中请大家思考一句话：“天网恢恢，疏而不漏。”为什么是疏而不漏，而不是密不透风，或者是密而不漏？他说，这就是大智慧，任何涉及人的管理和评价，宜粗不宜细，宜少不宜多，因为人是有弹性的。万物启蒙中国文化通史课程开创者钱锋老师这样呼吁：“各级行政长官，可以尝试放一下您的手，可以让您的老师找一点空间试试，或许自有一片天地。”我们鼓励教师的个性化成长，所以坚决摒弃“一刀切”的管理模式，针对不同教师的发展需求，给予相应的空间，让教师为自己的发展做主，为学生的成长负责。

六、硕果累累，实现和生共长

唯有自己想要的，才能超越自己，超越别人，最终到达理想的彼岸。

我们欣喜地发现，越来越多的教师在做自己喜欢的事情，在享受做的过程，他们找到了教育的感觉；部分教师形成了自己的教学风格，找到了自我发展的长远目标；更有教师让自己成为学校不可或缺的重要人物，实现了自身价值的增值。

从学校层面来讲，工作室最大的收获就是：有一群志同道合的人一起走在教育的路上，他们有着坚定的脚步和清晰的目标，他们是知行合一的践行者。这些有思想、有个性、有追求的教师让教育的未来充满了希望。

没有教师的发展，学生成长就成了无本之木；没有教师的研发，课程就成了无源之水；没有教师的实践，理想课堂就成了水中之月。我们坚定地把教师和学生一同放在“学校的正中央”，关注最先奔跑的教师，带动更多的人行动起来。

每一位有职业个性的教师，在三尺讲台上，都是一颗耀眼的明星，散发着独特的光芒。若我们每所学校都行动起来，让无数位这样的教师站在一起，就会构成夏夜那璀璨的星海，照亮整个苍穹。教师幸福，学生幸甚！

基于课程和课堂的习惯养成教育

叶圣陶先生对教育的本质有这样的论述："把某些精要的东西化为自己的血肉，养成永远的习惯，终生以之，永远实践，这才对于做人真有用处。"这"精要的东西"其实就是指核心素养，是学生应具备的适应终身发展和社会发展需要的必备品格和关键能力，如诚信、善良、坚韧、专注、创新思维、积极乐观等，这些都应在小学就给学生播下种子。

一、课程保障，让"专注做事"落地

专注力，指一个人专心于某一事物或活动时的心理状态。古语有云："君子之学贵一，一则明，明则有功。"专注力是一个人学习和做事成功的关键，对人的一生是至关重要的。但专注力的培养并不是一件容易的事情，因为小学生的年龄特点决定了他们注意力的集中性和稳定性都比较差，所以仅用说教和强制是不可能实现的。经过多年实践，我们形成了自己独特的做法——开设相关校本课程，用实实在在的教材、课时、专职教师让目标落地。

1."传统文化课程"营造静心环境

中国传统文化历史悠久，博大精深，传承和发展其精华有着十分重要的意义。综合考虑小学生的心理和生理特点，我们选择了剪纸、泥塑和书法作为学生的必修课程。

剪纸，是具有浓郁特色的民间艺术，在小学生中开设剪纸课，能锻炼学生手脑协调能力及耐心细致的学习习惯。我们开设剪纸课已有16年，一直深受学生的喜爱。现已形成了"两系两专模式"，即教材编写系统化、课程进度系统化、教师配备专业化、剪纸作品专业化，也达成了课程目标：人人有剪刀，人人会剪纸，人人有作品，人人能创作。学生在教师细心的讲解、巧妙的引导中，逐步掌握了剪纸的技巧。一点一点地剪刻雕琢，小心翼翼地处理细微连接，学生全身心投入其中，整个世界都安静下来。

喜欢玩泥巴是孩子的天性，我们外聘老师、配备专业工具，在所有年级开设泥塑课。孩子们看着一块块不起眼的泥巴在自己的手中变成了一个个陶碗和陶罐，成就感油然而生。因为陶泥湿软的特点，所以学生每个手指的力度都要恰到好处，容不得半点分心。你看，那一双双清澈的眸子、一双双专注的眼神，形成了多么美丽的画面！

书法是中华民族的文化瑰宝，能够培养人的情操、锻炼人的耐力。硬笔书法借鉴龙口实验小学的做法，整合形成“三线四格五中心”找点写字法。教师们反复研究，确定了一、二年级每个生字在田字格中主要点的位置，形成了独特的写字教材。课堂上，从观察字的结构特点，到找出每个字用的点，再到写字时每个点的用法，即从哪个点起笔，到哪个点顿笔、哪个点收笔，整个过程学生都必须全身心投入。学生有了写字的方法，字体变得美观，书写成了快乐的事情。

2.“现代智力课程”提升做事兴趣

学生们都喜欢新鲜事物，我们也注重在传统中融入现代元素。近几年，有针对性地开设了当今流行的一些智力课程，如数独、航模和机器人制作及棋类课程。

“数独”是一种风靡全球的智力游戏，是数学逻辑性的典型代表。学生在完成任务时要进行多角度、全方位思维，并不断地尝试，无形中提高了做事的专注力。除了常见的数字类数独，教师们还不断创新，开发出了水果、动物、蔬菜等多种类型的数独，并制作成形象的卡片，极大地调动了学生学习的兴趣，每节课都意犹未尽。

航模和机器人制作是很多学生的最爱，航模中各个部分的有序衔接，各种细小零件的安装，都必须非常精细，机器人拼接亦是如此，所以学生在制作过程中精力必须高度集中。当学生看到自己亲手完成的作品，心中的那种成就感比任何说教都具有说服力。

棋类游戏对专注力要求同样很高，不仅“思前”还要“顾后”，一步走错则满盘皆输，容不得半点马虎。我们开设了围棋课和国际象棋课，每一节棋课上，我们看到学生或是眉头紧锁，紧盯棋盘；或是闭目凝神，静心思考，那认真的样子特别讨人喜爱。

丰富的课程让学生的专注力日益持久，也让他们有了强大的发展后劲。“心静则做事专，心静则能生慧”，他们的剪纸作品从窗花、蝴蝶、喜字等对称的简单图形，发展到人物、动植物、各种器物，无论是书中的作品《水浒传》，还是师生创作的作品《永远跟党走》《一身清白》《百廉图》，都惟妙惟肖，多次获得国家级、省级大奖，吸引了德国、日本、韩国、澳大利亚的外宾前来交流。

肯定不是每个孩子都能成为画家、书法家、发明家或者职业棋手，但他们在这些课程中形成的专注品质足够丰厚他们多彩的生命，让他们找到属于自己的天地，释放自己独特的光芒。

二、课堂改革，为“大胆想象”护航

“想象”，是指在原有感性形象的基础上，创造出新形象的心理过程。爱因斯坦指出：“想象力比知识更重要。因为知识是有限的，而想象力概括着世界上的一切，推动着进步，并且是知识进化的源泉。”心理学研究证明，小学阶段正处于想象力培养的黄金时期，如果在这个时期采用适当的手段进行经常性的训练，就会收到事半功倍的效果。

在教学实践中，我校各学科教师充分利用课堂主阵地，努力挖掘教材中各种有利因素，创设情境、创新教法，培养学生丰富的想象力。

数学：数学相对比较枯燥，每天只是和数字图形打交道，为了增加趣味性，教师把数学绘本引入了课堂。从100多本数学绘本中挑选出和教材知识点相关联的，配合教材进行教学。读《猫咪的一天》，跟猫咪和大鹅一起学分数、用分数；读《买卖国的乘法队长》，学生们在发现秘密、寻找宝藏的过程中，乘法法则了然于胸。学生们跟老师一起读绘本、说绘本、演绘本，甚至创编绘本故事。他们主动地想象，积极地参与，数学作业变成了一幅幅有趣的图画，在写写画画中，思维得以发散，学习数学的兴趣日益高涨。

语文：语文向来是培养学生大胆想象的主阵地。课标明确提出：“在发展语言能力的同时，发展思维能力，激发想象力和创造潜能。”教师进行了积极的尝试和探索。将故事类课文改编成课本剧，低年级《从现在开始》中的猫头鹰、袋鼠、小猴子，被学生们演绎得活灵活现；续编文章，学习《亡羊补牢》，利用课文留白，学生提出了“亡羊筑牢”“亡羊捕狼”的反流俗想法；主题演讲，学习《手指》，把五官搬上舞台演绎人生道理；想象作文，“2050年的班会”“当我三十岁的时候”“二十年后回母校”“我想成为这样一个人”等这样的文题，学生兴趣盎然。

音乐：音乐本身就是一种激发想象和情感的媒介。教师把音乐与文学相结合，开发出童话剧、舞台剧等表演形式，把听觉、视觉、动作统一起来，边唱边跳，用肢体语言表达音乐的情感，使之相互渗透，相互强化。我们的学生跳啦啦操，动感十足；演童话剧，形象逼真；演唱歌曲，感情丰富；无论现代的情景剧，还是古代的吟诵，都演绎得非常到位。

美术：传统的“老师挂一张范画，学生照着画；或老师画一笔，学生跟着画一笔，谁画得像谁的分就高”的模式，只能扼杀孩子们的想象力和创造力。为了彻底改变这一点，我校教师开发出多种课型和作画方式：撕刻画，画面感在黑白的对比中尤为突出；户外写生，是学生们观察、分析、理解、概括的过程，更利于创造力的培养，也让学生们更加热爱自然；静物临摹，锻炼了学生对形体的观察能力和结构分析能力，培养了他们的审美趣味；卡纸拼贴画，颜色各异的卡纸、自由的想象，让孩子们的创作欲望得到极大的满足；水彩画，缤纷的色彩是所有孩子都抵制不了的诱惑，颜色的搭配、浓淡的变化、强烈的视觉效果让水彩画有着无穷的魅力，深受孩子们喜爱；超轻黏土画，超轻黏土捏起来更舒适，也更适合造型，在这样的课堂上，学生们的想象力让我们吃惊，他们的作品不拘一格，充分展现着独特的个性；点线面组合画，简单的点、线、面组合在一起，却成了美妙无比的抽象画，长期浸润在这样的课堂中，学生的想象力和创造力怎能不得到提高呢？

体育：跳绳是我校的传统体育项目，在练好单人跳绳和跳大绳的基础上，教师们教授了各种花式跳法，如步伐跳、交叉花样跳、多绳齐跳等，真正实现了花式跳绳的千姿百态。年轻的王洋老师研究花样篮球，从三年级开始训练学生单手拍球、双手左右体前拍球、前后拉球、胯下运球，以及头、腰、腿部的转球等，并将拍球、运球和音乐相结合，让学生们玩得不亦乐乎的同时掌握了篮球的基本要领。

当我们看到课堂上学生发亮的眼睛，当我们观察到学生在不同的活动中自信的表现，当我们欣赏到一件件充满童趣的作品，我们感到欣慰：因为我们没有斩断学生想象的翅膀，而是让它锻炼得更丰满、更健壮，让它足以托起学生腾飞的愿望。

每个学生都如一粒种子，应绽放绚丽的花朵；每个孩子唯一的童年，都应沐浴着灿烂的阳光。但我们不追求成长的速度和高度，而是执着于源远流长，用丰富的课程、用快乐的课堂默默地浇灌和滋养，等待着根基扎实之后花儿的自然绽放、果实的自然成熟、学生的自由翱翔……

办一所有温度的学校 做一个有温情的校长

一所学校，一定要让朝夕生活在其中的教师和学生感受到快乐、自由、幸福，所以学校要成为学生快乐学习、教师幸福工作、人人健康成长的家园。学校要把“立德树人”放在首要位置，让走在校园里的都是有良心的人，而从校园里走出去的都是能够坚守良心的人。校长使命重大，要进行目标引领，激发每个人的成长愿望；要搭建开放、多元的平台，让师生有干劲；还要提升文化，构建丰富的课程体系，让师生有活力。

一、办一所有温度的学校——我的教育追求

哲学家柏拉图说：“教育是影响孩子精神成长、温暖孩子心灵的事业。”这句话一直影响着我对教育的理解。所以，当校长后，我的想法很简单，就是让学生既有当下的快乐童年，又有未来可持续发展的学习能力。于是，我们把“做有温度的成功教育”确立为办学理念，关爱、尊重、悦纳每一个生命，鼓励学生每天进步一点点，有进步就是成功，让成功成为习惯。并通过三条实施路径，实现“学生快乐学习、教师幸福工作、人人健康成长”的办学目标。

路径之一：以生为本，营造有意思、有温情的校园氛围。

学生的成长，如同种子发芽，需要合适的温度、肥沃的土壤。

我们通过开展丰富的活动让校园充满活力，让每一个学生自信快乐。我校每年举办四大节：体育节、读书节、艺术节、科技节，举办两大赛事：校园吉尼斯大赛、生存能力大赛。六年内有三个集体庆典：6岁入学100天、10岁成长礼、12岁毕业季。每一项活动都做到“一个都不能少”“有意义还要有意思”“重参加更重参与”。

让我记忆最深刻的一个画面是，一次运动会各班方队入场，两个腿部有

疾病的学生都走在班级队伍的最前列，班主任牵着他们的手，那样温馨，感动了全场的人。

这样的校园，用“趣”来设计，用“爱”来滋养，使学生文雅明礼、健康成长。

路径之二：赋权自主，建设有个性、有情怀的教师队伍。

校长的首要使命，是促进教师主动发展。

我们践行“各美其美，成为最好的自己”的教师发展理念，成立“教师职业个性化成长工作室”，采用“3341”自组织管理模式，帮助教师创立个人教育教学品牌，找到生命的生长感，获得专业上的富足感。这一典型经验多次在各级校长培训班上进行推介，并在全市推广。老师们的工作热情被点燃，有几位老师主动研究数学绘本。有一次我外出学习刚回到学校，一位老师拿着设计的数学明信片，给我讲他们在绘本教学中的新想法、新做法，兴奋之情溢于言表。

近五年，有4位教师荣获山东省优质课比赛一、二等奖，9位教师分获市、区教学能手，20余位教师受邀赴内蒙古、合肥、潍坊等外地授课讲学，4位教师在中国海洋大学报告厅为青岛即墨的教师做课程建设培训，1位教师的《数学绘本综合实践课程》被评为山东省优秀课程，还有更多的教师在努力形成自己的教学风格，享受着教书育人的幸福。

路径之三：依需设计，贯通可选择、能生长的课程体系。

课程改变，学校才会改变。

我们实施“国家课程校本化，校本课程师本化”策略，让教师拥有“自课程”权力，构建了“尚美”课程群，涵盖两大类别（必修和选修）、五大领域（道德与规范、语言与人文、科学与技术、体育与健康、艺术与审美）和七大主题（跨学科统整项目课程、定制课程、主题实践课程、仪式课程、班本课程、节日课程、社团课程），以满足不同学生的个性化需求。我们不断增加必修课程，如游泳、羽毛球；精心策划实践课程，如针对学生以自我为中心，不会与别人相处的问题，开展了“合宿课程”。我们为礼仪课程起了一个好听的名字“崭新的我走进你温暖的家”，学生需要讲解做客和待客礼仪、学习生活自理技能、亲手制作礼物等，一个小课程提升了学生的综合素养。

我们的学生阳光灿烂，充满自信，作为小学的唯一代表参加德州市庆祝建党文艺晚会，学生们的表演广受赞誉；原创吟诵节目参加全国学校文化建设现场会和“国学小名士”经典诵读电视大赛；代表德城区参加德州市少先队工作展，荣获德州市少先队工作一等奖第二名。对口中学也对我们的毕业生给予较高的评价，认为他们后劲足、潜力大、综合素质高。

二、做一个爱研究的校长——我的专业优势

研究阅读，让学生丰厚。我一直从事语文教学，因自己在坚持读书中获益，也特别注重学生的课外阅读。怎么实施呢？我们从评价上做起了文章，研究小学生课外阅读评价的形式和内容，确定以“阅读考级”为载体，激励学生多读书、读经典书，争当阅读新星、阅读能手、阅读大王。实现了让每一个学生在小学至少读60本经典、背200首诗词的目标，提高了学生的语文素养。

研究心理，让学生阳光。我最关注的是学生的心理健康，我们组建团队研究心理健康教育的实施方案，聘请专业教师到学校开展活动，如增强信任的团训、个体和团体沙盘、音乐放松训练等，帮助学生树立积极心态，也缓解了一些特殊学生的心理症状。学校荣获山东省首批心理健康教育特色校。

研究艺术，让学生多才。综合实践活动是学校的必修课程，我和美术教师团队研发了剪纸艺术课程，编写校本教材，每周保证一课时，达成了“人人会剪纸，人人能创作，人人有作品”的目标，学校被评为全国特色学校。更可喜的是，剪纸成了最受学生欢迎的科目，学生的动手能力、审美能力和创新意识得到极大提高，师生作品被市区教育局作为对外友好交流的礼品，广受赞誉。

三、寻找学校发展新形态——我的未来期待

“互联网+”时代已全面到来，新时代必然会塑造出新的学校形态。学校开启集团化办学之路以后，要学习如何优化管理方式，转变处室职能，从管理走向服务，实行思维众筹、项目招标，从他管理走向自管理。要不断提升课程领导力，重构适合学生未来发展的课程体系。还要积极探索“互联网+教育”的变革途径，促进信息技术与教育教学的全面深度融合。

我最喜欢的学校样子，就是一个温情的校长带着一群有温度的人，做着一件件温暖的事。我们已经在路上，我们必能走得更远！

凝神聚力，让光润教育熠熠生辉

十九届五中全会通过的《二〇三五年基本实现社会主义现代化远景目标》中指出，我国要建成文化强国、教育强国、人才强国、体育强国、健康中国。五个目标的实现需要我们教育人勇挑重担、奋发有为、积极贡献。2021年是十四五规划开局之年，也是我校光润教育品牌形成的关键之年，我们将用真行动实现新发展，以小行动成就大作为，努力办一所教师幸福、学生喜欢、社会满意的优质学校。

一、光润教育倡导的价值观

价值观是统一思想和行动的准则，它会聚合成一种力量，规范每个人的行为，引领每个人的发展，凝聚每个人的心智，激励每个人不断超越。

光润教育的内涵是引领未来、温润心灵、公平公正、自然生长。由此内涵生长出我们全体教师践行的价值观。

（1）教育需要长期主义。没有哪个时代像今天这样瞬息万变，充满太多的不确定性，但我们依然要做确定的事情。对学生发展有利的事，要长期做，持续做。在传承中发扬，在厚积中薄发，守正创新，笃行致远。

（2）教育是做的哲学。杜威认为：“所有的学习都是行动的副产品，所以教师要通过‘做’，促使学生思考，从而学得知识。”教师要遵循教育规律，倾注情感地做、科学地做、安静务实地做。

（3）人是最高价值。教师团队是学校发展的关键因素，是第一资源，是学校的核心竞争力。学生是学校服务的对象，每一个都是独特的存在，教育路上一个都不能少。

（4）“专业化”是教师立足之本。教师要掌握并不断更新专业知识，熟练使用专业技能，总结提炼自己的专业成果。

（5）“教学六认真”是提高质量的法宝。我们要持之以恒做到：认真备课、认真上课、认真布置与批改作业、认真辅导学生、认真教研、认真检测。

（6）最好的小学教育是陪伴。教育需要蹲下来和孩子讲话，倾听孩子的声音，等待孩子的脚步。

（7）没有完美的个人，只有完美的团队。个人在团队中会更有归属感，成长更快，走得更远。

（8）聚是一团火，散是满天星。每个人都很重要，每个人都有价值，每个人都能发挥作用。大家聚在一起，团结协作，犹如熊熊烈火，生成无穷的力量；个体散开，犹如点点繁星，依然散发光芒。

（9）追求卓越，拒绝平庸，抵制低劣。教师是特殊的职业，是学生的人生导师，我们要不断进步，做优秀之师、卓越之师。

（10）教师可以有自己的个性甚至缺憾，但不可轻慢学生、忽视教学。

二、光润教育的行动方式

“教育是做的哲学”，新时代最好的组织文化是立即行动，拿着指南针上路，而不是等待地图。唯有立即行动，才会激活潜力，不断走向纵深，达成目标。

（一）火炬工程引领行动

全面加强党对教育事业的领导，将党建与教育教学有机融合，将党建品牌项目——“火炬工程”创建与光润教育品牌打造紧密结合，通过两类讲堂、三类课程、四项行动建立党团队红色基因教育全链条，坚定正确的办学方向，落实立德树人根本任务。

（二）学校文化人人讲行动

学校文化是一所学校赖以生存和发展的重要根基和血脉，是学校组织成员的精神支柱。全体师生在工作学习中践行学校文化，通过微信公众号、新闻媒体传播学校文化，利用国旗下讲话、全体教师会、教师论坛等平台宣讲学校文化，形成学校文化指引方向、凝聚人心的能量场。

（三）教师专业水平提升行动

造就一支高素质、专业化、创新型的教师队伍，是学校必须做的功课。我们将绘就一张基于实践、多层次、立体的教师成长模式与教师专业发展路线图——345模式（3个目标、4个一、5项措施）。

（1）3个目标

打好底色：成为“有仁爱之心”的教师；

擦亮本色：成为“有扎实学识”的教师；

彰显特色：成为“有教学风格”的教师。

（2）4个一

一条时间轴——“1–3–5–×”教师发展轴。

“1”代表新教师入职第一年，主题是上好“胜任”第一课，瞄准“合格”这个目标；

“3”代表三年阶段考核，主题是“修炼教师的胜任力”；

“5”代表五年职初期满考核，达到成熟教师标准，即形成自己的教学特色和风格，成为学科骨干能手；

“×”代表未知，未知即可能性。鼓励教师根据各自优势和兴趣选择发展方向，如教学、班级管理、课题研究、课程探索等，成为教学名师。

一个书院——至善书院。通过团队共读、自主选读等方式阅读教育教学专业书籍，提升教师理论水平。

一个共同体——致远学院。集教师培训、研究、发展于一体，全员参与，制定具体的学习内容、学时、学分。规定学习内容，完成每学期规定学分，达到星光、月华、朝阳、光润等星级标准。

下设4个联盟——职初教师成长联盟、特色教研组联盟、特色名师联盟、特色项目组联盟。

一种评价方式——积分制评价。

（3）5项具体措施

制定个人规划、加强学习研究、实施“青蓝工程”、组织教学比武、开设分享论坛。

（四）“从教走向学”全员行动

学习是一种能力，学会学习比学习本身更重要，学习这种能力必须通过训练来获得。我们的育人目标有一项是“思宽广”，学生要乐学——兴趣浓厚；会学——习惯良好；善学——方法科学；互学——合作交流。四学目标的实现也必须依靠课堂这个主阵地。所以，教师一定要进行角色转换，从知识传授者走向学习促进者。

一是改变备课的方式，从编写“教学目标”改为设计“学习目标”。

陶行知先生曾说："先生的责任不在教，而在教学，在教学生学。"这句话揭示了教学的本质，即教学的过程就是学习的过程，是教学生如何学习的过程。"教学生学"就要让学生知道学什么，怎么学，学到什么程度，评价的标准是什么？就是要让学生知道自己的"学习目标"，这是实现学生主动学习的前提。

二是从开展活动变为任务驱动。课堂上设计的小组合作、观看视频、实验、比赛等活动都要为实现学习目标服务，不能停留在活动表面，而要让学生明确任务要求，有一定的挑战性，推动学生深度学习。

三是从使用教材变为准备资源。教材是重要的学习资源，但不是唯一的资源，一切能实现教学目标、帮助学生学习的都是资源。教师的作用可以是提供脚手架，帮助学生使用资源，可以是资源的搜集、筛选、整理、提供者。比如，我讲"我的家乡"这一单元，教材上提供的内容是有山有水的地方，与德州不相符，我就要给学生提供真实的资源。我搜集了德州的十大旅游景区、德州的名吃图片，下载了德州市副市长代言宣传德州的视频，从德州的历史、文化、交通、名胜、名人、特产等多方面呈现了立体的德州形象，让学生对家乡产生了热爱之情和自豪感。教师还要给学生提供学习的工具，如一位生物老师发现学生不会读课本，就制作了阅读教材的量规；学生不会小组合作，就制定具体的标准。比如，我讲《我们小点声》，到底什么场合该用多大的声音呢？我给学生提供了5级音量的标准，这样学生就很容易了解并遵守。

四是要进行过程性评估和结果检测。二者要兼顾，关键是及时，这样教师才能更好地发现学生的问题，有针对性地帮助学生。通过检测也能引导学生不断反思、调整，使学生更好地发展。

（五）北斗星课程领航行动

朱永新先生说："教育最重要的使命是让人成为人，让人成为最好的自己，把每个人的个性、潜能充分挖掘出来。"我们的教育就是要成全每一个人，课程就是我们教育的生命所系、活力所在。而课程也是学校最重要的产品，是核心素养落地的主要载体。所以，我们在开发和实施课程时，要遵循如下原则：

第一，要指向核心素养；

第二，符合国家课程标准；

第三，丰富的可选择性；

第四，满足学生需要。

2021年，我们将继续丰富和具象化北斗星课程体系，明确“三类七群”课程（三类是国家基础课程、地方课程和校本拓展课程，七群是人文领域、艺术领域、数学领域、科学领域、德育领域、健康领域、国际领域）的具体目标和对应科目，实现课程开设的系统性和规范性。通过大德育行动、大阅读行动、大艺术行动、大体育行动、大创客行动，落实学生培养目标，促进学生德智体美劳全面发展。

大德育行动：教育的根本任务是立德树人。2018年9月10日，习近平总书记在全国教育大会上讲话时强调：“要把立德树人融入思想道德教育、文化知识教育、社会实践教育各环节。”这都要求学校教育要以德为先，而且要实施大德育。大德育有三个特点：一是全员育人，家长、教师，甚至保安、保洁都应是对学生产生积极影响的人；二是全学科育人，德育要渗透到各门课程，实现教学德育双丰收；三是全过程育人，学生从初入校门到毕业，从每个学期开学到结束，一项活动从开始到结束，都要有育人意识，安排适合的教育活动。明年我们将通过每月好习惯养成主题活动让学生具备勤劳、好学、感恩、自省等良好品质，通过评选月度优秀教师树立育人榜样，使大德育观念深入人心，自觉践行。

大阅读行动：一所学校把阅读作为安身立命之本，把阅读作为学校腾飞的基石是非常重要的。阅读的高度会直接影响一个人精神成长的高度。我们要设计阅读的空间：教室内有图书角，楼道内有阅读区，有至少可供一个班上课的阅览室；在阅读的内容上，将从语文学科的阅读走向全学科的阅读；在阅读的形式上，要从学校的阅读走向家庭的阅读，从零散的个体阅读走向系统的团队阅读，从单纯的纸质书阅读走向场景式、体验式阅读。

大体育行动：学校体育是实现立德树人根本任务、提升学生综合素质的基础性工程。无体育，不教育。我们要帮助学生在体育锻炼中享受乐趣、增强体质、健全人格、锤炼意志。一要增加体育运动场所，建设足球场、篮球场，力争使游泳馆项目落地，争取资金开辟楼顶活动空间。二要上好体育课，逐步完善“健康知识+基本运动技能+专项运动技能”的体育教学模式。教会学生科学锻炼和健康知识，指导学生掌握跑、跳、投等基本运动技能，各年级体质监测项目学生达标率达到90%以上。三要组织体育专项活动，召开一次全员参加的规范的运动会，丰富体育节的运动项目。四要尽快实现每人有一项体育爱好的目标，形成学校体育特色。

大美育行动：美育是审美教育、情操教育、心灵教育，也是丰富想象力和培养创新意识的教育，能否欣赏美、创造美决定了一个人的生活质量和品位。一要充分发挥专业教室的功能，让音乐教室、舞蹈教室、美术教室、书法教室等成为学生流连忘返的场所；二要上好美育课，逐步完善“艺术基础知识基本技能+艺术审美体验+艺术专项特长”的教学模式，激发学生艺术兴趣和创新意识，让每个学生掌握一至两项艺术特长。三要面向人人，建立常态化学生全员艺术展演机制，如合唱比赛、乐器比赛、书画展等，让学生的艺术素养有展现的舞台，同时满足学生的个性化需求，给特别优秀的学生举办个人画展、书法作品展、演唱会等，发挥示范引领作用。四要开发美育校本课程，形成学科特色。

大创客行动：中国学生核心素养包括18个基本要点，科学精神中有“勇于探究”，实践创新中有“劳动意识”及运用技术解决问题，这几个素养其实就是要培养有创新精神和动手能力的人，而这也是社会主义建设者和接班人的必备能力。一要继续开发数学、科学学科的校本课程及研究项目，用课程撬动学生的思维。二要建立创客项目的人才梯队，学校投入资金购买创客比赛器材，要物尽其用，让有兴趣、有特长的学生都能参与其中。三要持续深入地开展劳动教育。四要举办小发明、小制作等比赛活动，鼓励学生善于发现日常生活中的创新点。

（六）家校同频共振行动

发挥“光润家庭教育工作室”和“光润新父母课堂”的作用，继续实施双十双百双千工程，帮助家长掌握科学的育子理念，主动融入学校教育，成为学校教育的有力补充。同时，扎实做好教师家访、学校开放日等活动，坚持全员访与重点访相结合、进家庭与入学校相结合，让家长全面了解学校教育教学实际状况，感受教师的敬业和专业，真正实现家校同频共振，携手助力孩子健康成长。

（七）组织结构变革行动

随着学校规模的扩大，原有组织结构和管理方式已不适应现代学校管理的要求，今年我们已经开始了级部管理的尝试，将管理重心下移，让学校的决策部署尽快传达到每一位教师。明年将加大对级部的支持力度，进一步简政放权，发挥级部自主性和创造性。同时，实施级部整体考核方式，将评价团队与评价个人有效结合，将日常考核与阶段性评估相结合，重数据、重过程、重团队合作。实行项目负责制，将重点行动、重点项目落实到人，专人推进，历练队伍。

（八）综合素质评价推进行动

评价，最重要的目的是为了促进评价对象的进步，而非甄别。

多一把评价的尺子，就多一批好学生；多一些评价的尺子，后进生就有可能成为好学生。

2020年10月，中共中央、国务院印发了《深化新时代教育评价改革总体方案》（以下简称《总体方案》）。《总体方案》直击“五唯”（分数、升学、论文、文凭、帽子）顽瘴痼疾，首次系统提出“四个评价”，即改进结果评价，强化过程评价，探索增值评价，健全综合评价。我们要打破单纯用分数评价学生的现状，制定综合评价体系，在低年级开始试点，利用信息技术手段创新评价工具，探索开展学生学习情况全过程纵向评价、德智体美劳全要素横向评价，以大数据技术完成教育评价数据的采集，以互联网手段完成教育评价数据的传递，以云存储进行教育评价数据的存储。这样的评价能让学生看到自己的努力过程，了解自己的优势和不足，明确发展的方向。

三、光润教育的未来期许

叶澜教授总结的教育最高境界——“自然而然”：一是厚朴如树。扎根于土，坚实不移；不图虚名，不玩花样；成全生命，舒展成长。二是温润如玉。经久积淀，化为内质；光自心出，方得温润；自在自如，悦己养人。三是灵动如水。不畏高山，不惧险阻；一往直前，无怨无悔；坦荡灵动，得大自在。四是绚丽如凤。生命多姿，五彩缤纷；精神奋发，涅槃重生；爱心不变，欢乐永存。

这正是我们光润教育未来的模样。

“未来不是我们要去的地方，而是我们正在创造的地方。”

外出学习，我在地铁站看到了这样的语句：“奔向诗和远方，每一个脚步，都是铿锵。”我们需要这样的精神。

新时代，我们的关键词是“行动”，你，我，我们，全体师生一起凝神聚力，让光润教育落地生根，熠熠生辉。

第二章

研究之光

潜润领导艺术

校长领导力的提升是一个持续觉醒和主动精进的过程，校长的胸怀要宽、眼界要广，通过自己的成长，营造开放、包容、积极的校园环境，让每一位教师发现、找到属于自己的舞台。

新时代校长领导力提升的实践研究

进入新时代以来，教育被提到更加重要的位置，我们国家要从教育大国走向教育强国，必然对中小学校长的工作职责、历史使命及领导力建设提出全新的要求。

本书以多伦多大学组织行为学教授罗伯特·豪斯提出的“途径—目标理论”和著名管理学大师彼得·德鲁克提出的“有效管理理论”为学术支撑，综合世界各国对校长专业素养的要求和知名领导力专家的观点，结合自身实践经验，从“研究背景、学术理论、校长领导力核心内容及提升策略、面临的挑战”四个方面进行阐述，指出校长领导力是善于发现和创造机会以促进学校发展、形成品牌的能力，并对自我领导力、战略领导力、教学领导力、组织领导力的内涵和提升进行具体论述，同时分析面临的困难和挑战，提出应对思路。

对校长领导力的研究不是一成不变的，必将随着时代的新要求与时俱进，不断丰富其理论和实践意义。

一、绪论

（一）研究背景

1. 新时代对校长提出的新要求

习近平总书记在党的十九大报告中强调：“建设教育强国是中华民族伟大复兴的基础工程，必须把教育事业放在优先位置，深化教育改革，加快教育现代化，办好人民满意的教育。”这充分显示出“我国优先发展教育事业的总方位、加快教育现代化的总方向、建设教育强国的总要求”是融为一体的重大战略部署。因此，作为基础教育的中坚力量，我们必须坚定不移地以全面贯彻党的教育方针为统领，瞄准培养德智体美劳全面发展的社会主义建设者和接班人的总目标，在落实立德树人根本任务、发展素质教育、推进教育公平方面迈开新的步伐。

2018年9月，新时代以来第一次全国教育大会召开，开启了中国教育从基本实现现代化到全面实现现代化的历史转折，开启了中国从教育大国走向教育强国的新征程。这种转折和跨越意味着中国教育在普及、优质、公平、法治等基本目标上有全面提升，也对中小学校长的工作职责、历史使命及领导力建设提出了全新的要求。

《中国教育现代化2035》要求："推进教育治理体系和治理能力现代化，提高学校自主管理能力，完善学校治理结构，继续加强高等学校章程建设。"而提高学校治理能力，关键要加强管理队伍建设，尤其是提升校长的领导素质，需要校长不断提高设计力、决策力、教导力等多元领导力水平。只有这样的校长，才会始终站在时代的前沿，秉持对教育最本真的敬意，理性地面对各种挑战，不断开拓创新，建设老百姓满意的优质学校。

2. 新时代大规模学校面临的管理挑战

《山东省普通中小学基本办学条件标准》明确规定："学校的适宜规模为普通小学12至36个班、初中18至30个班、高中24至48个班、九年一贯制学校18至36个班，原则上不再设立24个班以下高中和规模过大的学校。"但是随着二孩时代到来，适龄儿童入学人数在近几年大量增加，由于城市学校建设布局并不均衡，导致规模过大的学校依然会长期存在。

德州市湖滨北路小学是一所完全小学，六个年级64个班级，3000多名学生。2020年9月分年级到两个校区上课，开启一校两址的办学模式。这些现状给管理带来了诸多挑战：

第一，重管轻理，缺乏系统性。

管理，管是控制，理是疏导；管是手段，理是目标；应该是三分"管"，七分"理"。我校学生数量多，活动空间小，为了追求学生的有序管理，学校统一要求多，"不准""不许"的规定多，给学生自由发挥和个性化展示的空间少；对教师的管理受工具主义和精细化管理的影响，注重用明确的数字和具体的行为来说明问题，教师为了达到量而忽视了质，习惯于对任务负责而非对结果负责，教师疲于应付，职业幸福感降低；有些工作还处于点状分布，一些常规性活动没有流程化；一些核心价值观没有形成文档，形成统一的表述方式；等等。以上问题需要在工作中全面渗透系统思维方式，借助可视化工具提高管理效能。

第二，层级过多，阻滞执行力。

亨利·明茨伯格（1，2007）指出：“组织越大，其单位的平均规模也就越大。显而易见，随着组织员工数量的增加，它必然要组成新单位，每个单位都需要有一位管理者，而在他之上还有其他的管理者。”学校现有的组织结构是层级制，信息需经过校长、副校长、中层、年级主任、教研组长等层层传递，在这个过程中因为每个人的理解力、领悟力不同，信息的全面性、深刻性等都会有所减损，甚至会在某一层级被阻断而无法执行到位。

第三，评价单一，违背价值观。

学校多年来一直使用积分制评价管理办法，把教师的每一项工作都量化为具体的分数。学期末的评先树优、职称聘任等都以积分为主要参考依据。这种评价导致教师竞争压力较大，虽然在重大事情上也能团结协作、互相帮助，但很多时候各自为战、互有隐藏，不利于资源和智慧共享。尤其严重的是，我们提倡的学校价值观中有一条“聚是一团火，散是满天星”，意在倡导和鼓励团队合作，增强凝聚力和战斗力，而现行评价方式与这一价值观不符，需要进行丰富和创新，让评价发挥撬动学校变革的杠杆作用。

3. 学校中层团队管理中存在的弊端

第一，囿于传统，创新力不足。

一个团队只有具备创新力才会不断进步和发展，才能充满生命活力。在工作中敢于和善于开拓创新是对干部的基本要求，也是干部应该具备的素质。我校的中层干部中有70%走上管理岗位不足两年，他们或者没有建立自己的威信，很多工作沿袭原有的传统做法，不敢探索改革；或者躲在分管的校级领导身后，支一支，动一动，不敢独挑大梁。这样的心态和思维方式，严重影响了学校的快速发展。

第二，偏重教学，全局观弱化。

每所学校的中层干部都有两种身份；首先，他们都在教育教学一线，承担着某一门学科的教学任务，是一名教师；同时，他们又担负着某一岗位的管理和服务职责，是一名管理者。这就意味着中层干部的任务较重、工作量较大。我校的中层干部多是刚刚上任，角色定位不准，很多时候顾此失彼，不能站在学校大局的立场权衡轻重，存在拖延、粗线条、实效性不强等问题。

第三，方式简单，沟通力欠缺。

在学校管理中，中层干部起着承上启下的作用，他们的沟通协调能力决定着一项工作完成的效率和效度。通过观察发现，很多中层干部的沟通方式较为简单，依赖于微信、钉钉等平台下发通知、交流信息、收取资料。这种方式是最简单的书面语言的沟通，效果是微弱的，不能解决复杂问题，无法及时有效地推动创新性工作的开展。猎豹移动公司CEO傅盛认为工作中80%的问题都是沟通造成的。沟通的本质，不是你说了什么，而是别人听懂了什么。因此，中层干部的沟通力提升至关重要。

（二）研究意义

1. 有利于增强校长专业自信，提升办学水平

美国当代教育管理学家托马斯·J·萨乔万尼指出："在任何学校，校长在很多方面是最重要、最有影响力的人……"（2，徐金海、郑锡军，2015）随着教育改革的不断深化，基础教育进入了以优质化、多样化和创新性为主要目标的发展新阶段，对校长领导力建设提出了更高的要求。校长自身应重视对领导力的研究，多元化学习，全方位实践，不断优化知识结构，积蓄"源头活水"，做到谋划发展有新理念、经营学校有真本事。

窦桂梅校长说："一个校长的自我领导力就是不断地努力让专业锋芒化作自带光芒。"（3，2019）校长提升领导力，能够增强专业自信，散发个人魅力，赢得师生的认可和追随，形成校园积极向上、戮力同心的核心价值观，将学校愿景和育人目标融入师生的共同追求和点滴行为，带领全校教职工一起致力于学生的学业提升和全面发展，不断创造办学业绩，推动学校可持续发展。

2. 有利于构建高效运行机制，落实主体责任

从组织系统的角度来看，领导力存在于组织结构中各个领导和管理层面。每一个组织的领导者，应该真正把一个组织当作一个健全的生命，认真研究其生长规律，让组织成为一个可以自我生长的机体。在管理工作中，能用结构解决的问题，就不用制度；能用制度解决的问题，就不靠开会。（4，李希贵，2019）一所学校有教师、管理人员、服务人员等多个群体，在学校不断开放办学的过程中，家长、社区等逐步进入校园，成为不同治理主体中的一员。所以，学校要理清组织结构和运行机制，把不同的人员清晰地放置到组织结构的不同部分中，界定各自的职责，使纵向和横向连接都比较顺畅，以便发挥组织效力。

3. 有利于培养高层次后备人才，促进可持续发展

“致天下之治者在人才。”古往今来，人才都是富国之本、兴邦大计，是衡量一个国家综合国力的重要指标。一所学校亦是如此。中层干部是学校的后备力量，是学校历史得以传承、理念文化得以延续的桥梁。在一所学校，按照现有制度，校长变动是一定的，但中层的变动概率比较小。我们经常看到有的学校，前任校长离任，他倡导的一些好的做法就可能被束之高阁，这可能有后任校长的原因，但更大的可能是这所学校不够重视中层干部的培训和能力提升，中层干部不能独当一面，没有深刻领悟学校理念文化和核心价值观，工作中被动接受多，主动思考少；亦步亦趋多，有效谏言少。这种现象是很危险的。

学校中层干部既是学校政策的执行者，又是领导者；既是决策层与全体教职工的纽带，又是执行正确决策的带头人。学校的发展战略和举措能不能得到有效执行，发展目标能不能如期实现，中层领导干部执行力起着至关重要的作用，是学校管理中的核心因素之一。

研究校长领导力，很重要的一点是提高中层团队的执行力，提高每一位团队成员完成任务和解决问题的能力，提高相互合作和共同实现组织战略意图的能力。现在，国家对教育愈加重视，新学校建设力度加大，需要大量德才兼备的管理型人才。校长有责任、有义务把培养中层干部作为领导力提升的一项重要内容。杰出的领导力专家约翰·麦克斯韦尔曾满怀深情地说：“真正的领导者将自我放到一边，竭力去培养超越自己的继任者。他们做好规划，在他们依旧以最快的速度奔跑的情况下，淡然自若地将接力棒传递下去。”这是一位领导者应该追求的境界，也是学校可持续发展的基石。

二、学术理论

（一）核心概念界定

1. 领导力

关于领导力，学者们已经赋予其多达350多种定义，诸如：

现代管理学之父彼得·德鲁克将领导力定义为目标和业绩：“领导力能将一个人的愿景提升到更高的目标，将一个人的业绩提高到更高的标准，使一个人能超越自我界限获得更大成就。”

领导力大师约翰·麦克斯韦尔将领导力定义为方向：“领导者是知道方向、指明方向，并沿着这个方向前进的人。”

前通用电气（GE）董事长兼总裁杰克·韦尔奇将领导力定义为成长他人：“在你成为领导之前，成功与你自己的成长有关；但你成为领导之后，成功和别人的成长有关。”

《领导力》作者詹姆斯·M·库泽斯、巴里·Z·波斯纳将领导力定义为艺术：“领导力就是动员大家为了共同的愿景努力奋斗的艺术。”

基于以上对领导力的各种定义的分析综合，本书所要研究的领导力是指通过领导者自我的不断修炼和提升，实现对他人的影响，促使他人不断努力和成长，最终实现共同愿景。领导力是超越平凡，成就卓越。（5，詹姆斯·M·库泽斯、巴里·Z·波斯纳，2013）

2. 决策力

诺贝尔经济学奖获得者西蒙说：管理就是决策。

《高效人士的七个习惯》一书作者Stephen R. Covey也谈到决策：“我不是环境的产物，而是自己决策的产物。”

因为工作需要，许多领域对人员的决策力有了高标准要求。所以，为了更好地立足于社会，赢得发展的机遇，提高个人决策力已刻不容缓。

决策是组织或个人为了实现某种目标而对未来一定时期内有关活动的方向、内容及方式进行选择或调整的过程。也就是人们在行动之前对行动目标与手段的探索、判断和选择。

决策力，顾名思义，就是做决策的能力，是指管理者对某件事拿主意、做决断、定方向的领导管理效绩的综合性能力。有了这种综合能力，管理者在做任何决定之前，都会以相关的科学理论和方法为依据，做出的决策才会更加切实有效。决策贯穿于整个管理过程，存在于一切管理领域。决策不仅能够确定管理的方向和目标，还能为达到管理目标提供行动方案，同时能够优化方案，尤其是在面对挑战，遭遇复杂的生存环境时，管理者更应该审时度势、统观全局，及时做出反应和决断。（6，林伟贤，2013）

（二）校长领导力

陶行知先生说：“校长是一个学校的灵魂。”（7，陶行知，2017）校长是引领整个学校发展方向，形成教育理念，落实教育政策的关键人物，在学校教育追求卓越、提升品质、促进优质发展方面扮演着重要角色。国际上已将学校领导水平视作提升学校效能、教学质量和学生成就的关键因素，在21世纪全球化的背景之下，各国越发重视校长领导力的研究和校长专业标准的制定工作。

1. 我国校长专业标准

2013年2月，我国教育部正式发布了教育史上首个中小学校长专业标准——《义务教育学校校长专业标准》（以下简称《标准》）。《标准》由基本理念、基本内容、实施要求三部分构成，明确了校长工作的五项基本理念和六项主要职责。同时，对于每项职责，分别从“专业理解与认识”“专业知识与方法”“专业能力与行为”三个维度提出了10个专业要求。五项基本理念贯彻六项主要职责的始终，各项职责呈线性关系，构成了校长工作的基本领域。

在具体指标中，专业标准强调职业道德。通过分析发现，我国校长在道德方面的工作主要包括三个方面：第一，校长要遵守职业道德。五项基本理念将“以德为先”放在首位，表明校长应该“履行职业道德规范，立德树人，为人师表，公正廉洁，关爱师生，尊重师生人格”。此外，校长在“优化内部管理”时要“以德立校，处事公正，严格律己，廉洁奉公”。第二，校长要加强学生德育。《标准》在“营造育人文化”中，特别提出“把德育工作摆在素质教育的首要位置，全面加强学校德育体系建设”，以及“掌握不同年龄阶段学生思想品德形成和健康心理发展的特点与规律，了解学生思想与品行养成过程及其教育方法”等。第三，校长要树立师德。《标准》在阐述校长“引领教师专业成长”工作时，明确指出校长应该“扎实开展师德师风教育，落实教师职业道德规范要求”。

在《标准》中，每个专业要求均与相应标准所界定的校长工作内容相契合，即每个指标都指向特定的校长角色和工作。比如，在“引领教师专业成长”中指出，在“专业理解与认识”方面，校长是“教师专业发展的第一责任人”，应该“尊重、信任、团结和赏识每一位教师”“尊重教师专业发展的规律，激发教师发展的内在动力”；在“专业知识与方法”方面，校长要“掌握教师专业发展的理论以及指导教师开展教育教学实践与研究的方法”；在“专业能力与行为”方面，校长必须“建立健全教师专业发展制度，推行校本教研，完善教研训一体的机制”等。

2. 美国校长专业标准新要求

2015年10月，美国国家教育行政管理政策委员会在修订原先标准的基础上，出台了一套新的学校领导者标准——《教育领导者专业标准：2015》，以学生学习为中心，制定了十条标准，分为四个集群：第一，使命、愿景和核心价值观，道德与专业规范，平等与文化影响。这是学校全部工作的基础和依据，教育领导者所有的工作都是由学校的使命、愿景和核心价值观驱动的，要遵守职业道德和专业规范，促进教育公平，积极实现学校的文化影响功能。第二，教师的专业素养，专业的教职员工团队，家庭和社区的有效参与，运作和管理。它包含了与学生学习相关的重要因素，要求教育领导者要建立和加强组织支持的网络——教师学习和工作的原野团体，在家庭和社区的通力合作下，实现对学校的高效管理。第三，课程、教学与评估，关爱与支持学生的校园。这是与学生学习最直接相关的内容，要求教育领导者营造一种包容的、关爱的和支持性的学习环境，制定促进发展的课程、教学和评估系统，以此直接推动学生的学业成功和幸福。第四，学校发展。要求教育领导者不断加强各个领域的工作，改进学校发展，促进学生学习。

3. 英国对卓越校长的要求

2014年，英国颁布“卓越校长国家标准”，主要用于在学校内外塑造校长的实践和专业发展能力，为校长的评估、招聘与任命提供参照标准，目的在于激发公众对校长的信心。英国卓越校长国家标准从四个领域对校长的专业能力与素质提出了要求：第一，在素养和知识方面，要求校长坚持明确的价值观和道德目标，表现出积极进取的个人行为；与学生、教职工、家长、上级管理者和当地社区建立良好的关系；以身作则，以高水平的专业知识和技能成为榜样；宣传学校发展规划与愿景，推动学校战略领导，激励教职工工作，提高学生成绩。第二，在处理学生和工作人员人际关系方面，校长要为所有学生制定高成就的发展规划与学业标准，推进教育公平，强化教育工作人员的责任意识，提高学生的学业成绩；形成“开放式课堂”的教学文化，增强教师与学校之间的教育交流，鼓励教师开展教育研究工作；创造一种激励和支持所有教职工专业发展的学校文化氛围，构建良好的学校工作环境。第三，在学校管理系统和具体工作流程方面，校长要确保学校的管理系统、组织建构和工作流程契合学校的发展目标，坚持高效、公开、公正的原则；建立严格、公平和透明的教职工考核系统，支持员工改进；构建学校领导团队，合理分配学校组织与管理权责，促进学校对未来发展做出正确决策。第四，在构建自我完善的学校体系方面，要求校长与其他学校、社会组织及公共服务机构、社区、政府部门构建良好的学校外部关系；合理充分地利用教育评估报告，基于数据、事实，有针对性地开展学校改进与调节工作；为学校教职工提供高质量、满足其职业发展需求的培训机会，对学校的领导与治理模式进行改进，充分利用问责机制。

4. 新加坡校长职前培训

新加坡中小学校长任职之前必须接受六个月的脱产培训，主要培养校长的创造能力和前瞻性，要求校长成为富有远见的领导，能够以战略眼光谋划学校未来发展的愿景，学会领导与激励团队，学会人际管理，能够应对变化多端的复杂环境。校长职前培训的课程内容紧紧围绕将校长培养成为具有远见、前瞻性的领导以应对复杂环境下的学校治理工作。课程涉及“学校领导、愿景和文化”“复杂性视角下的教育领导”“当代战略管理”“设计思维：创新与价值”“学校领导的价值观和道德观”等，着眼于未来，强调动态和复杂情境下领导能力的发展。

5. 校长领导力内涵

关于校长领导力的内涵，只有较少的研究者对其做了界定。张爽认为：“校长领导力，就是校长在实现学校目标、推动学校发展的过程中影响全校师生员工和以家长为代表的利益相关者的能力，以及与全校师生员工和以家长为代表的利益相关者之间的相互作用。”朱伟认为：“校长领导力的核心是能力，包括校长‘经营学校’、组织和控制学生活动、影响利益相关者的能力。”赵明仁认为：“校长领导力主要指校长影响师生实现共同目标的能力。”邱心玫认为：“校长领导力是指在特定的领导体制、领导环境下，校长个人与团队素质等因素共同作用的一种综合作用力。也就是校长个人和团队采取科学的领导制度和领导方式，通过决策、激励等来吸引和影响师生员工，以培养高素质发展性人才、促进学校发展和超越的能力。”王铁军认为：“校长领导力是指学校管理者统率带领团队，并与团队交互作用，从而实现学校发展目标的能力。它包含校长的价值理念、办学思想、学识、人格、情感、意志等综合素质，是驾驭、引领、发展学校的综合能力。”李文长认为：“校长的领导力就是办学治校的能力。首先，它是一种学识修养，这种学识修养涉及教育科学理论修养、政策水平、法治意识、管理艺术和领导实践经验；其次，它也是一种理想情怀，是对人民教育事业的满腔热情、对学生健康成长的真诚关怀，是对校长这种职业的毕生追求；最后，校长领导力一定是行动，是一种在学校事业发展中不断改革和持续创新的自觉行动。”

结合自身实践经验，综合以上各国对校长专业素养的要求和各位专家的观点，我归纳出本书要研究的校长领导力的核心范畴：校长领导力是善于发现和创造机会以促进学校发展、形成品牌的能力。包含以下五个方面的内容：

第一，自我领导力。以德为先，以身作则，以高水平的专业知识和技能成为教师的榜样，善用有效时间进行正确决策。

第二，战略领导力。重点是建立愿景、正确的价值观，让所有学生有安心学习的信念，有领导和把握变化的信心，努力带领师生，甚至家长，找到前行的航标和远方的灯塔。

第三，教学领导力。协调学校计划，实现课程、学习和教学的一致性，确保所有学生通过正式和非正式的活动体验广泛的、相关的、平衡的课程。

第四，组织领导力。注重人际关系、文化建设、分布式领导，创建协作的团队管理精神，有效和高效地配置资源。

第五，社区领导力。关注学校在更广泛的社会中的角色，与家长和其他社区成员建立密切的关系，利用社会资源把学生培养为全球公民。

（三）途径—目标理论

途径—目标理论是权变理论的一种，由多伦多大学的组织行为学教授罗伯特·豪斯最先提出，后来华盛顿大学的管理学教授特伦斯·米切尔也参与了这一理论的完善和补充。目前该理论已经成为最受人们关注的领导观点之一。

该理论以俄亥俄州立大学的领导理论研究——激励理论中的期待理论为基础。期待理论以弗罗姆的研究最有代表性，认为激励力量取决于领导者的期望值的大小，以及通过自己的努力得到这一期望值的概率高低。该理论认为，领导者的工作是帮助下属达到他们的目标，并提供必要的指导和支持以确保各自的目标与群体或组织的总体目标相一致。“途径—目标”的概念来自这种信念，即有效领导者通过明确指明实现工作目标的途径来帮助下属，并为下属清理各项障碍和危险，从而使下属的履行更为容易。

1. 基本原理

途径—目标理论同以前的各种领导理论的最大区别在于，它立足于下属，而不是立足于领导者。在罗伯特·豪斯眼里，领导者的基本任务就是发挥下属的作用，这就得帮助下属设定目标，把握目标的价值，支持并帮助下属实现目标。在实现目标的过程中提高下属的能力，使下属得到满足。

这一理论遵循两个基本原理：

一是领导方式必须是下属乐于接受的方式，只有能够给下属带来利益和满足的方式，才能使他们乐于接受。

二是领导方式必须具有激励性，激励的基本思路是以绩效为依据，同时以对下属的帮助和支持来促成绩效。也就是说，领导者不仅能够指明下属的工作方向，还要帮助下属排除实现目标的障碍，使其能够顺利达到目标，同时在工作过程中尽量使下属需要得到满足。

2. 主要内容

途径—目标理论认为，领导者的工作是利用结构、支持和报酬，建立有助于下属实现组织目标的工作路径。这里涉及两个主要概念：确定目标方向；改善通向目标的路径以确保目标实现。其内容包括以下五个方面：

（1）领导过程。领导者确认下属的需要，提供合适的目标，通过明确期望与目标的关系，将实现目标与报酬联系起来；消除绩效的障碍，并且给予下属一定的指导。该过程的期望结果包括工作满意、认可领导和更强的动机。这些将在有效的绩效和目标实现中得到反映。

（2）目标设置。目标设置是取得有效绩效的标准，它可以用来检测个体和群体完成绩效标准的情况。群体成员需要感觉到他们的目标是有价值的，并且可以在现有的资源和领导下达到该目标。如果没有共同目标，不同的下属会走向不同的方向。

（3）路径改善。领导者在决定顺利实现目标的路径之前，还需要了解一些权变因素和可供选择的领导方案，特别是必须权衡确定对两类需要的支持。

第一类是任务支持，领导者必须帮助下属组合资源、预算及其他有助于完成任务的因素，消除有碍下属绩效的环境限制，表现出积极的影响，并且对有效的努力和绩效给予及时认可。第二类是心理支持，领导者必须刺激下属乐于从事工作。

（4）领导风格。按照途径—目标理论，领导者的行为被下属接受的程度取决于下属是将这种行为视为获得满足的即时源泉还是作为未来获得满足的手段。领导者行为的激励作用，在于使下属的需要和满足与有效的工作绩效联系在一起，并提供有效的工作绩效所必需的辅导、指导、支持和奖励。为此，罗伯特·豪斯区分了四种领导风格：

① 指示型领导风格。领导者对下属提出要求，指明方向，给下属提供他们应该得到的指导和帮助，使下属能够按照工作程序去完成自己的任务，实现自己的目标。

② 支持型领导风格。领导者对下属友好，平易近人，平等待人，关系融洽，关心下属的生活福利。

③ 参与型领导风格。领导者经常与下属沟通信息，商量工作，虚心听取下属的意见，让下属参与决策和管理。

④ 成就指向型领导风格。领导者的一项重要工作就是树立具有挑战性的组织目标，激励下属想方设法去实现目标，迎接挑战。

途径—目标理论提出了两类情境作为领导行为与结果之间关系的中间变量，它们是下属控制范围之外的环境（任务结构、正式权力系统及工作群体），以及下属个性特点中的一部分（控制点、经验和感知能力）。环境因素决定了作为补充所要求的领导行为类型，而下属的个性特点决定了对环境和领导者行为做出何种解释。在工作环境中，领导者必须确认下属的任务是否已经结构化了；正式权力系统是否最适合指挥型或参与型领导，以及现在的工作群体是否满足了下属的社会和尊重需要。

途径—目标理论证明，当领导者弥补了下属或工作环境方面的不足时，就会对员工的绩效和满意度起到积极的影响。但是，当任务本身十分明确或员工有能力和经验处理它们而无须干预时，如果领导者还要花费时间解释工作任务，则下属会把这种指导型行为视为累赘、多余甚至是侵犯。

3. 领导行为

罗伯特·豪斯的途径—目标理论包含四种截然不同的领导行为。

指令型领导：指令型领导者让下属知道他希望他们做什么，对他们要完成的事情及如何完成提出明确的指示，制定表现的标准，需要下属遵守规则，安排好时间，指挥工作，并让下属知道他作为领导的作用。

支持型领导：支持型领导者友善、平易近人，关心下属的需要和福利。这样的领导者平等对待下属，并经常将环境营造得更舒适。

参与型领导：参与型领导者与下属讨论有关工作的事情，征求他们的意见，并常在做决定前考虑采纳下属的想法。

以升迁为导向的领导：以升迁为导向的领导者为下属设立有挑战性的目标，强调出色的表现，对下属达到高标准的能力表示出信心。

大量有关途径—目标理论的研究建议同一个领导者可以在不同的情况下采用这四种领导行为。不像费德勒的突发情形认为领导行为是单一的，途径—目标理将领导行为看作在多变的环境中锦囊有妙计、适应有对策，也就是“领导有方”。（8，张延明，2008）

4. 追随者的成熟度与领导风格

成熟度是对下属特征的一个度量。赫塞和布兰查德将其定义为：个体对自己的直接行为负责的能力和意愿。（9，高树军，2005）它包括两个要素：

（1）工作成熟：指的是一个人是否具备完成工作的能力，这受到教育程度和经验的影响。

（2）心理成熟：指的是一个人的能动性，这反映在对成就的需要和是否愿意承担责任上。（见8）

上述两种成熟性的组合形成了四种成熟度：低能力、低能动性；低能力、高能动性；高能力、低能动性；高能力、高能动性。这四种不同的成熟度创造了产生任务和关系行为相结合的四种领导风格：指令的、指导的、支持的和指派的。张延明博士对这四种风格进行了具体的解读。

指令的风格：给出详细指令，密切管理下属。这种领导风格主要用来管理第一年的教师，他们需要很多的指示和管理。这是一种高任务、低关系的风格，在下属能动性和能力都差的时候有效。

指导的风格：解释决定并征求下属意见，但继续指导任务的完成。这种领导风格适合刚过试用期的教师。他们正在积累信心和能力，但是还需要脚踏实地。这是一种高任务、高关系的风格，在下属有足够的能动性但能力低的时候有效。

支持的风格：领导与下属一起做决定，支持他们完成任务。这种风格适合创造力强的教师。用这种方式，可以支持教师产生出色的想法并帮助他们使之成为现实。这是一种低任务、高关系的风格，在下属有足够能力但能动性差的时候有效。

指派的风格：将决定权和责任都交给下属。这种领导风格对超过领导者本人水平的下属有效。这是一种低任务、低关系的风格，在下属能力和能动性都强的时候有效。（见8）

途径—目标理论是权变理论的一种，核心是世界上没有一成不变的管理模式。一个高明的领导者应是一个灵活的人，即根据环境的不同、下属特点的不同而及时变换自己的领导方式。

（四）有效管理理论

斯坦福大学前任校长约翰·汉尼斯教授说："管理不仅是领导的根源，更是领导的根基。"现在，许多学校可能处于"过度管理，缺乏领导"的状况之中，但是，有力的领导、薄弱的管理也同样不好。在学校工作中，有效地平衡管理与领导的力度是必要的。因此，研究领导力，必须以管理学理论为基础。本书主要参考的是著名管理学大师彼得·德鲁克提出的有效管理理论。

德鲁克在《卓有成效的管理者》一书中阐述了有效管理理论，主要包括以下观点。

1. 管理者必须具有有效性

所谓有效性，就是使能力和知识资源产生更多更好成果的一种手段。"管理有效性"的关键，不在于有效地"管理别人"，而在于有效地"管理自己"；不在于"如何管理他人"，而在于"如何管理自己"。管理者的有效性，强调的是"做正确的事情，把事情做正确"，强调的是"按时做完自己该做的事情并产生成果"，强调的是把"知识转化为成果"。

管理的有效性在很大程度上取决于管理者的观念和行为方式，致力于把事情做正确，包括善用有限的时间，重视为其他职务、其他部门和整个企业做贡献，重视发挥自己、同事、上司和下属的长处，坚守优先次序，坚持要事第一。

2. 管理者必须学会管理自己的时间

有效管理者与其他人最大的区别是他们非常珍惜自己的时间，而且了解自己的时间是如何使用的。德鲁克认为，有效的管理者知道时间是一项限制因素。任何生产程序的产出限度决定于最稀有的资源，而在我们称为"工作成就"的生产程序里最稀有的资源就是时间。因为时间，我们租不到、借不到，也买不到，也不能以其他方法取得更多的时间。但是，人们是最不善于管理时间的。在组织里，管理者常常不能自我支配时间，进而导致时间的浪费。德鲁克认为，管理者要有效地管理自己的时间可以采取以下途径：

（1）记录自己的时间，看自己的时间都花在了什么地方，看自己到底有多少可以自我支配的时间。

（2）删掉那些根本不必做的事情和做了也无法达成结果的事情。

（3）学会授权，不要事必躬亲。

（4）尽量少开会。

（5）观察自己能在多长时间里集中精力，将这段时间作为自己每次工作的时间限度。

（6）在集中精力办事时，必须设法消除一切干扰因素。

（7）统一安排可以自由支配的时间，尽量集中使用。

（8）每天早起，做一些重要的事情，而不要将这些事情放在晚餐后。

3. 管理者必须着眼于贡献

德鲁克认为，有效的管理者一定注重贡献，并懂得将自己的工作与长远目标结合起来。“重视贡献，是有效性的关键。但是，大部分的管理者都是眼光朝下，他们重视勤奋，而忽视成果。”德鲁克甚至认为，一个人不论其职位多高，如果他仅仅是勤奋或老是强调自己的职权，那么他永远只能算是别人的“部属”；相反，一个重视贡献的、注意对成果负责的人，尽管位卑职小，他还是可以位列“高阶层”，因为他以整体的绩效为己任。德鲁克还认为，每一个组织都应将其绩效集中于三个方面：直接的成果、价值观的承诺和实现未来的人力发展。一个管理者能重视贡献，是人才发展最大的动力，可以帮助共事的人将眼光放得更远。德鲁克同时认为，重视贡献是一项组织原则，使管理者能掌握各项工作的关联性，还可将管理者的视线从“内部事务、内部工作和内部关系”转移到“外部世界”，转移到组织的成果上，如此才能使管理者努力与外界进行直接接触，以包容的、开放的心态迎接一切不确定。

4. 管理者必须重视“长处”

德鲁克认为，管理者的任务，就是充分运用每个人的长处，共同完成任务。这既包括他本人的长处、他属下的长处，也包括他上司的长处。有效的管理者是用人来做事，而不是用人来投上司之所好，在用人时，注重其在某一方面的所长，而不是追求面面俱到。用人所长、因事用人是卓有成效的管理者必须具备的一种素质，是一个组织工作是否有效的关键，也是知识工作者和社会不可或缺的素质。德鲁克也认为，协助上司展其所长是促使管理者工作有效的最好方法。要使上司发挥其所长，不能靠唯命是从，应该从正确的事情着手，并以上司能够接受的方式向其提出建议。任何一个团体，其行事标准都取决于领导人的表现，所以有效的管理者会把自己的表率作用建立在充分发挥所长上。总之，管理者的任务不是去改变人，而在于运用每个人的才干，让各人的才智、健康及灵感得到充分发挥，从而使组织的整体效益得到成倍增长。

5. 管理者必须集中精力于少数主要的领域

德鲁克认为："有效性如果有什么秘诀的话，秘诀就是'专心'；而管理者要专心一致，首先就要忘记'那不再有任何生产性的昨天'。"

德鲁克也认为，"一位希望自己有效、也希望其组织有效的管理者必会检视其一切方案、一切活动和一切任务。他会问：'这件事现在还有继续做的价值吗？'如果认为没有价值了，他便立即停手，而将时间转移于别的任务。"

德鲁克还认为，管理者要将精力集中于少数主要的领域，还必须确定有效的工作次序。而确定"何者当先，何者当后"的原则在于：

（1）重将来而不重过去。

（2）重机会而不重困难。

（3）选择自己的方向而不盲从。

（4）目标要高，要有新意，不能只求安全和方便。

6. 管理者应该善于决策

有效的管理者不做太多的决策。他们所做的，都是重大的决策。他们重视的，是分辨什么问题为例行的，什么问题为策略性的，而不重视"解决问题"。他们的决策是高层次的、观念方面的少数重大决策，他们致力于找出情势中的常数。所以，他们给人的印象，是决策往往需要宽松的时间。他们认为操纵很多变数的决策技巧，只是一种缺乏条理的思考方法。他们希望知道一项决策究竟涵盖什么，应符合哪种基本的现实。他们需要的是决策的结果，而不是决策的技巧；他们需要的是合乎情理的决策，而不是巧妙决策。

德鲁克分析了管理者常犯的决策错误：第一种是误将"经常问题"视为一连串的"偶发问题"。换言之，没有了解问题的症结所在，其结果自然是失败与无效。第二种是误将真正的新问题视为旧病复发，因而仍旧应用旧原则。第三种是对某些根本性问题的界定似是而非。即只看到问题的部分，而没有看清全貌。

德鲁克根据两个截然不同但有效的决策案例，总结出决策的五大特点：

（1）了解问题的性质，经常性的还是偶然的，如果问题是经常性的，那就只能通过一项建立规则或原则的决策才能解决。

（2）确定解决问题必须满足的条件或界限，换言之，应找出问题的“边界条件”。

（3）仔细考虑解决问题的正确方案，再考虑妥协或让步以便于决策能被接受和执行，但顺序不能反过来。

（4）决策要兼顾执行，让决策变成可以被贯彻的行动。

（5）重视反馈，或有意识地建立反馈机制和通道。

总而言之，实现有效管理要重视五个要素：

（1）管理者不是从接受任务开始工作，而是从研究如何利用时间着手，知道自己的时间花在什么地方最有价值。管理者应努力提高时间的利用效果。

（2）重视工作的效果，不是为工作而工作，而是为成果而工作。

（3）善于发现自身、他人和客观环境的潜在优势，充分释放“能量”，发挥优势。

（4）要能够集中力量，抓住重点，突破重要领域，然后带动其他方面的工作，多出成果。

（5）不凭经验办事，而是靠科学的决策和团体的智慧来解决面临的或未来的各种难题。

德鲁克理论的核心是研究如何以最低的消耗达到最大的成果。卓有成效的管理者总是把重要的事情放在前面先做，而做到这一点的前提是要有足够的勇气，敢于决定真正该做和真正想做的工作。所以，管理者要成为时间和任务的“主宰”。

三、新时代校长领导力的核心内容及提升策略

教育部原副部长柳斌说：“校长是一所学校的旗帜，从某种意义上说，一个好校长就是一所好学校。”在校长专业成长与发展中，“领导力”是其专业能力的核心，校长的领导力决定着校长自身发展、学校发展和教育发展的水平。在新时代全球性教育的大格局下，校长领导力的核心领域集中在自我领导、战略规划、教学和课程、教师专业成长和资源管理、外部交流和协调等方面，对这些进行系统研究，能培养出更加杰出的学校领导，使其拥有战略管理技能，沉着应对变化多端的复杂环境。

第一节　自我领导力

校长是学校这所“圣园”最重要的主管，不仅“管着”学生的现在，更“管着”他们的未来。人们对心目中的好校长有着共同的期许：以德为先、公正廉洁、思维前瞻、独具魅力……分析这些要素，发现多数是对领导者自身素质的要求。因此，一位优秀的领导者最重要的是自我领导，先战胜自己才能赢得工作上的胜利。

何为自我领导力？就是管理自己、提升自己、持续改进的能力。要通过自我反省，了解自身优势、劣势和需要提高的领域；通过自我发掘，明晰未来的愿景、信念和价值观；通过长期学习和实践以修炼、强化领导技巧；通过自身的知识、才干和贡献意识，促进组织产生成果。

一、锤炼品德，成为“圣园”之魂

上海新纪元双语学校的李海林校长谈到自己的校长角色时曾说：“好的学校都有精神领袖。校长一定要把自己当成圣人，要不断锤炼自己，净化自己。”对此观点我深有同感，自强容易厚德难，领导的本质是赢得他人的自愿追随，需要领导者强大的自我觉察能力和精神富足。（见5）

校长要成为学校师生的精神领袖，应以身作则，率先垂范，为他人树立行动的榜样。尤其是学校要进行一项改革或倡导一种新的理念时，校长必须通过自身的践行影响和带动他人。我刚刚到现在的学校时，教师几乎没有阅读专业书籍的习惯，也就缺乏了持续发展的动力和能量。我精心挑选了一本适合各个学科教师阅读的书——《安静做真实的教育》，在全体教师会上举行了庄重的赠书仪式，然后每天在办公群进行读书感悟分享，坚持了6个月，期间不定期组织教师进行多种形式的交流，让教师尝到阅读带来的甜头，很多教师产生了阅读的兴趣，组成共读小组，抱团前进。所以，证明某些事情的重要方式之一，就是自己去践行，树立一个榜样。

校长凡事要做到心底无私，公平公正。当校长必须有对物质和名誉无所欲无所求的境界。陶行知先生说“要用整个的心思”来做校长。这“整个的心思”就是全心全意为师生服务，尽心尽力谋学校发展。同时，在制度的执行、任务的落实、教师的培养、干部的选拔等大大小小的工作上，都要秉持一颗公心，坚持公平公正公开原则，以赢得师生信赖，建立可靠的领导力基础。

二、多维进阶，保持学者本色

在终身学习的时代，校长应该成为学校的“首席学习官”，拥有最强的学习力，要善于在多个维度同步学习，不断修炼、进阶。

校长要成为教学专家。对校长来说，持续不断地进行专业学习，是保持和提升自己教学领导力的最重要途径。教学是学校的中心工作，校长必须不离讲台、不离课堂，上课、评课都应是行家里手。清华附小的窦桂梅校长、曾任浙江省杭州市拱宸桥小学校长的王崧舟等都是校长队伍中的榜样人物，他们坚持上观摩课，举办专题讲座，以其精湛的教学艺术激励教师在专业上不断攀登。

校长还要成为“杂家”。校长要一专多能，成为“斜杠青年”。我一直没有停止学习的脚步，坚持自学心理学，参加沙盘治疗、人生轨迹、九型人格等工作坊，研究儿童在不同年龄阶段的身心发展特点，有针对性地开发心理健康教育课程，帮助学生愉快地度过小学时光。近两年，因为有一个新校区投入使用，我开始研究校园环境设计，阅读了《设计思维》《如何设计一所好学校》《校园新空间》等书籍，认识到校园环境的营造、技术的引入等都要为适应未来教育理念和学习方式服务。我们确定了“宾至如归、多功能性、支持各种具体学习活动、传递积极的信息、师生共同参与”的设计原则。暑假期间，在艺术治疗专家的带领下，80多位师生完成了两层楼彩绘墙的制作，用柔和的色彩营造安静温馨的学习环境，也充分展现了“向光生长、生命绽放”的办学理念。

李镇西老师强调“学者”是校长的固有属性。实践也证明，管理者的自我发展是组织发展的关键所在，校长必须保持、强化持续学习的毅力，不断改善思维品质，提升专业素养，才能带领学校轻松应对未来发展中的种种挑战，并不断创新，实现超越。

三、定期诊断，有效管理时间

鲁迅先生曾说：“时间就像海绵里的水，只要愿意挤，总还是有的。”事实上，时间是最稀有的资源，时间的供给丝毫没有弹性。当校长多年，每天忙忙碌碌，我总是感觉时间不够用，很多时候还在幻想有分身之术，其实根本原因不是事情多，而是不善于管理自己的时间。

“认识你的时间”是任何人只要肯做就能做到的，这是通向贡献和有效性之路。（10，彼得·德鲁克，2009）管理者第一步应该记录时间耗用的实际情况。一开始要缩小时间单元，记录要具体，当日事当日记，不能过了几天靠回忆来记录。连续记录一个月之后，再对时间的使用进行分析诊断。研究领导力以来，我进行了两个月的记录，发现自己的时间耗用得非常杂乱，很多都浪费在种种无谓的小事上。最突出的问题是时间被严重割裂，一天内几乎没有超过一个小时的阅读和思考时间，这让自以为爱读书的我颇感意外，但也明确了改进的方向。第二步是做系统的时间管理。首先坚决舍弃根本不必做的事情和可以交给他人做的事情，舍得放权，学会授权；其次要模块化制订计划，做到整块地运用时间，统一安排可以自由支配的时间，确保重要事情有足够的时间思考和研究。第三步要坚决消除浪费时间的活动，如没有提前做好准备而召开的会议，或者因缺乏制度和流程设计而频繁发生的问题，等等。出现类似状况，说明组织结构不合理，职责混乱，信息不畅通，制度不健全，这就必须从根本上解决。一个能够掌控时间的人，无疑是最有能力，也最幸福的人。

四、聚焦目标，保证要事优先

“物有本末，事有终始，知所先后，则近道矣。”（11，王文锦，2019）学校工作千头万绪，校长必须“抓大放小”，分清“轻重缓急”，选择关键的事情去做，所谓“要事优先”。什么是“要事”？顾名思义，就是重要的事。

事实上，在实际工作中，判断事情的重要性是很难的。曾经在一次培训中参加调查，要把日常的20项事件放到四个象限中，有些看似简单，实则很难判断。比如，校长正在学校教学研讨会上对青年教师进行培训，负责安全的主任来汇报说，市区两级教育主管部门的领导到学校检查安全工作，已经到了校门口，让校长去接待。这肯定属于紧急的事情，但应该放到第一象限“紧急且重要”还是第三象限“紧急不重要”呢？因此，要保证要事优先，必须能正确判断何为“要事”。

我认为这个重要性与目标有关，对学校而言，凡是有利于实现学校发展目标和育人目标的事情，都是要事。包括确定学校的核心价值观，制定学校章程和长远发展规划，构建学校课程体系，培养“四有好教师”，等等。“要事优先”指专注于重要不紧急的事情，就是在重要的事情还没有变得紧急时就完成它，未雨绸缪，防患于未然。我刚到一所新学校任职时，发现育人目标比较片面，更多地关注学生书本知识的学习效果，以分数为评价学生的主要标准，这不符合教育方针的要求，更不利于学生的长远发展。于是，我用了一年的时间带领教师团队探讨研究学校的文化体系和课程方案，确定了“培养心灿烂、思宽广、行光明的有志少年”的育人目标，并把目标具体分解到学校课程的七大领域予以落实。这样，教师教学时心中有目标，备课思素养，指导重方法，学生的素质得到整体提升。

“要事优先”还要求校长建立以原则为重心的处事态度，通过独立意志的发挥，达到有效的自我管理。学校工作需要有一些共同遵循的原则，如“首遇负责制”“唯变所适，与时偕行”“以终为始，方向比努力更重要”“追求‘第一次就把事情做对’的效果”“相信‘相信’的力量”“走动式管理，包容不同的个性”等，运用这些原则让一些具体问题的处理方式更加稳定。

第二节　战略领导力

奥地利大学教授海因特哈伯和弗雷德里奇指出，战略领导力是领导者确立愿景、塑造榜样并为公司创造价值的能力，是把愿景转化为结果的艺术和科学。（12，2009）《义务教育学校校长专业标准》指出，校长是履行学校领导与管理工作职责的专业人员，校长作为学校改革发展的带头人，担负着引领学校和教师发展，促进学生全面发展与个性发展的重任。美国学者萨乔万尼认为：校长很重要，就维护和改进优质学校而言，学校的任何其他职位都不具有比校长更大的潜力。因此，校长引领学校发展的能力或潜力则形成校长的战略领导力。（13，侯中太，2020）

一、描绘愿景，感召他人

一名卓越的领导者必须能够构思一个积极美好的未来愿景，能够预见未来，看到社会发展的趋势。他们能够描述一个理想的、独特的、未来的共同愿景，让大家为之奋斗，并使其变成现实。就如苹果手机之所以能够在很短的时间内一跃成为行业的龙头，不仅仅是其拥有国际领先的技术，当年创始人乔布斯那句振奋人心的豪言壮语“要用手机改变人们的生活方式”也起到了极其重要的作用。再如习近平总书记描绘了中国梦的宏伟蓝图，激起人民群众对美好生活的无限向往，并以“撸起袖子加油干”的精神状态努力奋斗。

学校承担着为国家培养人才的重任，美好的愿景、正确的价值观是学校健康、和谐、永续发展的保障，能有效激起所有师生内心向往的教育信仰。

校长要把握教育规律，带领师生做好学校的理念系统设计。

一套科学的理念系统应包括一些基本要素，如办学理念、学校愿景、学校精神、育人目标和校训等，这几个方面各有所指，互相支持，缺一不可。办学理念是办学的灵魂和指针，决定了学校应该是什么；愿景是对未来理想和长远战略目标描绘的纲领性蓝图，回答了学校将是什么；精神是学校品格和师生的价值选择，呈现着学校现在的状态；育人目标是学校实施教育活动后最终期望的结果；校训是对全体师生具有规范、警策和导向作用的行动口号。“成就伟业，就必须让每个人坚信和献身于组织的共同愿景。”（见5）学校的理念体系能唤醒师生的梦想，激发内心的活力，感召大家相信自己正从事着一个激动人心的事业，并能够从自己的学习工作中找到意义和价值。

校长还要切记不能让理念和愿景仅仅成为纸上的文字、墙上的标语，而要转化为实实在在的行动，具体落实到学校的课程、活动、管理中。我所在的学校倡导“聚是一团火，散是满天星”的团队精神，在每次大的活动结束后，我们都要以此精神为主题进行总结，如开展线上教学、进行全员家访、新校区文化墙设计等，我们都借助教师的案例具体解读，增强团队的凝聚力，也让每一位教师认识到个体的价值。每位教师单独面对学生、家庭，或独自承担一项工作时，都是最耀眼的星星，散发出独特光芒。

二、有效决策，勇担风险

战略的实质是谋划和决策，即选择做什么、不做什么。比尔·盖茨曾经认为拥有机智的头脑是一个人成功最重要的条件，但是当他快40岁时，他不再像以前那样只认识到智力的无可替代性，而认为一个人要成功，还必须知道该如何做出明智的抉择，以及做出抉择之后该如何执行。也就是说，一个人头脑再好，倘若没有很好的决策力，没有很好的思考和执行能力，依然不能成为一位优秀的经理人。（14，余世维，2019）

的确，决策也是学校管理的中心，大到学校长期发展规划的制定，小到学校班牌的样式，都需要校长做最后的决策。因此校长的决策能力和水平高低对学校的发展影响巨大。校长要成为一名出色的决策者，应做到以下几个方面：

1. 少经验决策，多科学决策。当今社会发展可谓翻天覆地，因此，管理者必须在更大的时空背景下审视决策的发展趋势，把握决策的内涵，尽快由经验决策向科学决策转变。因为经验决策所解决的问题比较单一，牵扯的因素少，只能与过去的小规模学校相适应。全国教育大会之后，教育的时代性、政治性、科学性更加明显，经验决策很难适应新局面、新问题，因而走向科学决策顺理成章。科学决策是以科学原理为依据，遵循一定的程序进行决策，有着科学的决策体制和运行机制，能够保证决策的正确性。

2. 少个人决策，多民主决策。《义务教育学校校长专业标准》明确要求：校长要将发展作为学校工作的第一要务，实施科学管理、民主管理，推动学校可持续发展。民主管理的实质就是民主决策，校长要学会听取他人的意见，接纳别人的观点，增强决策透明度和公众参与度，使决策能够更好地集中民智、反映民意，切忌个人拍板，独断专行。

3. 抓问题关键，提高洞察力。决策的目的不仅仅是找到正确的答案，更是找出真正的问题，并使已经确定的方案得到有效的落实。只有拥有敏锐的洞察力，决策者才能够迅速地抓住问题的关键，从而做出最佳决策。遇到重大问题时，一方面，校长要三思而后行，综合分析所处的环境、问题的性质、政策的要求等各种信息，要看到问题背后的真正原因，在多种不同甚至相互冲突的方案中找到解决问题的方法。另一方面，当机会来临或者在紧要关头，要审时度势，要比一般人看得深、看得远、看得透，把握机会敢于做决策，以免错失良机。

4. 有风险意识，强责任担当。习近平总书记把忠诚、干净、担当作为好干部标准，强调“能否敢于负责、敢于担当，最能看出一个干部的党性和作风”。任何决策，无论前期论证如何充分，都会并存成功与失败两种结果，尤其是变革性的决策。所以领导者要想成就卓越，不仅要乐于大胆尝试，还要勇于承担适当的风险。这包含两个要素：一是要有风险意识，避免一味追求大刀阔斧、大跃进、大变革，要从小处开始，步步为营，取得小成功，用每次的小进步积聚力量、优势和决心。二是有担当意识，在工作过程中出现不可避免的错误时，领导者要主动承担责任，同时要保持学习的敏捷性，带领团队共同思考：在错误中我们能学到什么？把错误、过失等当作学习的资源，让失败成为成功之母。

三、讲好故事，出新出彩

丹尼尔·平克在《全新思维》一书中提出决胜未来的六大能力，其中之一为故事力。乔布斯也坦言：“全世界最有影响力的人是说故事的人。说故事的人塑造了整个时代看事物的角度和价值观，以及决定什么是值得重视的议题。”“多元智能理论之父”霍华德·加德纳认为，在领导者的工具箱里，故事是最强大的工具。因此，校长要将学校理念和愿景融入一个个有血有肉的故事中，通过故事影响师生，进而改变他们的行为和思维模式。

好的故事有这样几个要素：共情的角色、真实的情感、重要的瞬间、特定的细节。校长要让故事发挥应有的作用，还需遵循以下几个策略：一是讲真实的故事。著名作家亚历山大·索尔仁尼琴有一句名言："一句真话比整个世界的分量还重。"学校里每天都在发生不同的故事，校长要有发掘故事的强烈意识，更要练就一双发现故事的眼睛，并养成及时记录的习惯。当这些真人真事真情呈现出来时，会散发出独特的魅力和感染力。当然，在讲述学校管理故事的过程中，我们不能只讲那些光鲜的故事，也要讲其中的失败与问题；不能只讲述美好的结果，还要展示故事发生的真实过程，呈现其中真实存在的问题以及解决问题过程中遇到的各种挑战和冲突。只有这样才会赢得人们的信任，也才能给教育同行以切实的启发。（15，汪正贵，2019）二是要探求故事背后隐藏的价值。故事是一种媒介，讲故事的目的是传播价值观，引起听者思考。约翰·杜威曾经说过："我们不是从经验中学习，而是从反思中学习。"没有反思，就不可能有提高；没有反思的经验是没有价值的。对任何一件事情，都不要简单地只关注表面。比如，低年级的学生课间喜欢六七个人连成一列，后面同学拽着前面同学的衣服跑，这样是比较危险的，如果前面同学摔倒，后面同学也会摔倒，但学生们乐此不疲，摔倒了顾不上疼，爬起来接着玩。如果我们站在安全的角度，硬性制止这样的行为，效果是不明显的。学生们之所以喜欢这样的游戏，是他们愿意和多个同伴一起，追求冒险，愿意挑战。了解了这些，学校可以设计攀岩墙，购置适合低年级的软式体育器材等，提供满足学生需求的空间和资源。三是要多点发力，形成讲故事的网状结构。校长是学校故事的播种者和主要讲述者，但不能孤立无援，要想办法成为一粒火种，创造条件和氛围，点燃师生讲故事的热情，让他们成为故事的生产者、主动的传播者。同时，要寻找同道中人，把"自己讲"和"别人讲"结合起来，扩大宣讲团，多一些具体细节、典型事例，多一些思想交流、情感互动，使学校故事更多为师生家长和社会大众所认同。还要积极拓展形式多样的平台和渠道，用好新闻媒体，用好重大活动，用好家长志愿者，用好中华传统节日载体，尤其是学校的微信公众号，要精心设计栏目、策划内容，提高质量，提升影响力。

第三节 教学领导力

《义务教育学校校长专业标准》提出校长应该履行好“规划学校发展、营造育人文化、领导课程教学、引领教师成长、优化内部管理、调试外部环境”等六项专业职责。其中，“领导课程教学、引领教师成长”是对校长教学领导的要求。苏霍姆林斯基说过：“一个学校的领导者，只有把教学和教育以及研究和了解儿童这些学校工作中最本质的东西摆在第一位，他才能成为一个好的领导者，成为一个有威信的、博学多识的教师的教师。”（16，苏霍姆林斯基，2009）这些都在提醒我们，教学领导力是研究校长领导力的核心要素，主要指校长在学校领导实践中提出教学愿景、引领教学变革、促进师生发展的影响力。

一、聚焦课堂研究，提高核心问题捕捉力

课堂是学校的核心领域，是落实学生核心素养的关键场所，也是校长教育思想形成的摇篮。一方面，校长要确定正确的教学价值观，使之与学校发展愿景、学生培养目标相辅相成。要在学校层面提出教学的总要求、总目标，制定课堂教学的基本评价标准，并运用这些标准来指导和规范课堂教学。另一方面，校长要深入课堂观察教学、研究教学，把握学校教学中存在的根本性、关键性问题，如教学理念是否正确、师生关系是否和谐、教学管理是否科学、作业布置是否适当、学生学习方式是否合理等。通过经常性地听课评课，对亮点要及时推广，发现问题要及时分析，切中要害，深入征求意见，提出改进策略和方法。在条件允许的情况下，校长要亲自上课，在教学上形成独到见解，扩大自己的影响力。校长无论在亲自从事教学还是参与教学活动中，都要注意及时对自己的教学行为及活动的组织指导等进行反思，反思教学领导行为的利弊得失，探寻后续教学领导的方向。一个好的校长，不会在教学领导行为上犯同样的错误；一个好的校长，也常常会把工作、学习、思考有机地结合起来，不断改进自己的领导实践行为。（17，郑金洲，2019）

二、加强课程实践，提升校长课程执行力

校长是学校课程体系建设的“总设计师”，是最关键的课程推动者。校长的课程执行力包括三个方面：一是有效统筹国家、地方、学校三级课程，确保国家课程、地方课程的落实，开齐开足每一门课程；二是推动校本课程的开发与实施，为学生提供丰富多样的课程教学资源，培育学生的潜能和特长；三是坚持“以人为本”的多元评价理念，建立师生的发展性评价体系，激发学生的内在驱动力和未来生长力。我所在学校的“北斗星课程”，整合了三级课程，形成了具有我校特色的课程体系，包括人文、健康、德育、数学、科学等七个领域，通过课程的全面落实，培养“心灿烂、思宽广、行光明的有志少年”，促进每个学生向光生长，绽放生命精彩。根据七大领域，设置了“文礼星”“才艺星”“智多星”“好奇星”“世界星”等奖项，并印制了相应的“争星卡”，根据获得卡片的数量评选班级代言人和学校代言人，每学期举行隆重的颁奖活动，激励更多学生成长为最好的自己。

三、变革学习方式，提高师生课程学习力

从以“学什么”为重心，转向以“怎么学”为重心，学习方式的转变实际上是个人与世界关系的转变（北京师范大学肖川教授语）。在未来课程构建过程中，应更加注重研究与实践学生学习方式的变革，并引导教师开展以学为中心的教学设计与实施，引领教师实现信息技术与学科教学的有机整合与深度融合，为学生创设最佳的学习情境和条件。

未来，传统教学的组织形式将会改变，学习行为已经不限于学校，学习资源的整合性与关联性变得尤为重要。因此，无论是国家课程的校本化，还是校本课程的特色化实施，都应该以学生“完整认知世界”的知识建构为中心，实现学习内容、学习场域、学习同伴等资源的连接与整合。学习方式的变革将带来师生关系和生生关系的改变，要根据不同的学习目标和学习内容，将游戏化学习、小组合作学习、项目式学习、主题式学习、研学等学习方式运用到课堂教学中，让师生之间、生生之间的互动变得越来越丰富复杂。在合作、互动、交流、探究、创造中，实现师生角色的转变，让学习真正发生。

四、驱动自主发展，提高教师教学研究力

校长是教师专业发展的第一责任人，学校是教师实现专业发展的主阵地。学校是一个知识型组织，每一位教师都是自己教学领域的专业人士，都有着对教学的独特理解、认识，甚至形成了一套在现有制度下比较可行的方式方法。在这种情况下，领导的关键作用在于“让每个人都感觉自己很重要，让每个人的智慧最大限度地迸发出来”。

第一，根据不同教龄教师的特点和发展需求，引导每位教师自我定位，确立自己当前的发展任务和发展目标，制定职业生涯发展规划。这种针对性、个性化的目标引领，引发的是有的放矢的努力，教师的进步与成就更加快速和明显，教师的教学生活体验也就愈发积极。第二，建立学习型组织，增强教师课题研究意识，让兴趣相近的教师组成课题组，将教学中的困惑、重难点作为研究课题，以研促教。学校为教师寻找相同研究领域的知名教师，作为学校的特聘专家，定期到校指导，带领教师将研究进行得更加聚焦、深入。第三，搭建多元展示平台，在分享中促进反思和改进。学校要经常组织读书交流、课堂教学展示、课题成果汇报、外出学习收获分享等活动，让教师将自己日常所学、所思、所获用不同形式外显出来，其他教师也会在思考、内化的过程中吸收他人教学精髓，并在不断“反刍”中学习新理念，掌握新教法，促进专业化发展。

第四节　组织领导力

不要把成功只放在个人身上，更要关注整个组织的状态。组织中每个人都保持个人的激情，组织也会保持激情，个人成长，组织也会成长。（18，彼得·圣吉，2009）每一个组织的领导者，应该真正把一个组织当作一个健全的生命，认真研究其生长规律，让组织成为一个可以自我生长的机体。（见4）

一、优化组织结构，从“管理”走向“治理”

当前，教育领域综合改革不断走向深入，学校的管理方式、组织架构受到人们的重新审视，一场关于学校组织的变革正在发生。校长最应该做的，而其他人不可能去做的就是进行学校的组织变革，提高学校治理能力。

第一，设计扁平化组织结构，减少内耗。学校的组织结构是供学校运行的一个框架或平台，它也是决策者在思考组织如何运作时的潜在想法变成实际存在的过程。加拿大著名管理学家亨利·明茨伯格认为，学校组织结构本质上是一个“将工作拆分成不同的任务，再协调整合起来以实现工作目标的各种方法的总和”。（见1）近几年，随着学校规模不断扩大，组织结构的科学性、有效性变得至关重要。在一个有效率的组织内部，一件事情会在合适的时间段妥善地完成；在一个没有效率的组织内部，不重要的事情大家都积极去完成，相反，重要的事情互相推诿或干脆被忽略掉。所以，学校要减少管理层级，尽量缩短信息传递的路线长度或层级，设计扁平化组织结构，让离学生最近的“一线”发出声音、做出决策。要把年级作为学校的一级管理核心，年级执行校长是真正的中层管理者，其他部门负责人都是年级的支持人员，配合、支持、服务年级工作。由于班级较多，一个年级就是一所校中校，年级内每位教师都承担一定的责任，鼓励每个人都成为“CEO”，为了达成学校战略目标及完成共同任务而努力。

第二，牢固确立治理理念，全校形成共同价值观。组织要实施变革，首先必须改变组织成员的态度。从领导到教职工在思想观念上要来个大转变，让师生真正理解学校治理的重要性，并能以主人翁的姿态，主动参与到学校各项事务之中，而不再仅仅把学校管理看作少数领导和干部的事情。其次，学校只有牢固树立治理的意识，才能对外更好地理顺政校关系，把握办学主动权，更好地理顺家校关系和社校关系，保障家长和社区人士有效参与学校管理的权利；对内更好地理顺学校内部关系，真正落实师生在学校管理中的主体地位，有效地促进教师专业发展，促进学生充分、全面、多元发展。

第三，完善学校内部治理结构。最主要的是构建一个良好的管理运行机制。这个管理运行机制需要学校内部各个机构、部门明确自己的权力与责任，形成相互协调、相互制衡、相互促进的内部结构体系。在这个内部管理运行机制中，有专门负责学校发展方向的决策机构，有专门负责落实学校政策的执行机构，还有专门负责纠正决策偏差或失误的监督机构。这三个机构在学校内形成决策权、执行权与监督权既相互协调又相互制衡的内部治理结构。

二、建设学习型组织，从“现在”走向“未来”

今天的学校发展已由原来的单一、封闭、稳定走向了多元、开放、动态，未来将走向哪里？我们不能准确预设，但有一点可以肯定，只要有较强的学习力，就一定能适应瞬息万变的未来社会。因此，建设一所学习型学校是时代发展的必然。

麻省理工学院教授彼得·圣吉提出：“所谓学习型组织，就是指通过培养弥漫于整个组织的学习气氛、充分发挥员工的创造性思维能力而建立起来的一种有机的、高度柔性的、扁平的、符合人性的、能持续发展的组织。学习型组织具有持续学习的能力，具有高于个人绩效总和的综合绩效，面临变化剧烈的外在环境，组织内部能不断自我再造，以维持竞争力。”（见18）

一个组织不会自然成为一个学习型组织。校长要成为设计者、建筑师，建立一个教师在其中能够不断为未来拓展能力的组织，要营造安全和谐的工作环境，调动教师的主体性，激发教师发自内心的主动参与，持久地投入教育改革，实现共同的目标追求。同时，通过组织结构变革促进教师自主管理，自己制定发展规划，自己进行现状调查，自己分析优势和不足，自己反思评定总结，实现创造和超越。

一个人走得快，一群人走得远。教师以团队的方式集体学习，会有安全感和紧迫感，也会在同伴的相互影响下更有坚持力，从而成为时间的朋友。中关村三小的张文峰校长分享过他们学校教师"勇气群"的故事，群里的教师一同读书、一同外出学习、一同组织分享会，教师们彼此借力，成长迅速。当她组建雄安校区的教师团队时，"勇气群"内的教师纷纷报名，接受挑战。团队是为了实现一个共同的目标而集合起来的一个团体，任何一个人只有融入团队，与团队一起奋斗，才能实现个人价值的最大化，才能成就自己的卓越！

"互联网+"时代的到来使各种跨界成为常态，专业、行业的边界迅速消融，学校也要打开围墙，主动拉近与社会发展的距离。在学校变革的过程中，校长和教师们要学会系统思维，重建一种新的看问题的方式，从习惯看世界、看环境、看别人改变为向里看、看自己、看自己的内心；从看局部到看全局、看系统，从而能看到存在于内的问题，寻求克服它们的可能。所谓系统思维就是用框架来系统思考与表达的思维方式。比如，遇到一个棘手的问题，先不要忙着寻找解决问题的办法，而应该依照下面的步骤找到问题的实质：准确地描述问题—明确问题的构成要素—探究问题的本质—显性化问题隐含的假。通过这四步可以清楚而准确地对问题进行界定，这也是解决问题的关键。（19，王世民，2017）同时还应学习运用一些思维工具，如思维导图、5W2H分析法、5Why分析法、SWOT分析法等，学会站在全局的高度，系统地、综合地考察事物，着眼于全局来认识和处理各种矛盾问题，达到最佳化的总体目标。

三、提升中层领导力，从"执行"走向"唤醒"

中层管理者作为学校的枢纽，不仅承担着目标实现与决策执行的重任，还要做好一线教师和领导层之间的沟通工作，既要承上启下，又要独当一面，作用极其重要。阿里巴巴把中层管理者形象地比喻成企业的腰，因为腰挺直了，头才能灵活。德鲁克先生说："管理者不同于技术和资本，不可能依赖进口。"所以，中层管理者只能培养，而且最起作用的是内部培养。

1. 用共同的目标和价值准则凝聚中层。现在这个时代，人们不再盲目崇拜和服从某一位领导，凝聚一个团队的关键是共同认可的目标和行动准则。教育是一个充满理想需要情怀的职业，能走上中层岗位的教师都有着做出一番事业的抱负和激情，校长要充分利用这一心理预期，带领中层共同制定学校发展规划，描绘未来愿景。实践证明，一起创建目标和愿景的过程会帮助他们为主动独立地解决问题做好准备，他们也会因为自己参与到让学校更加美好的伟大工程中而感受到工作的意义。在日常工作中，校长还要有意识地引导中层总结提炼共同的价值观和行动准则，并通过各种平台阐释、宣传、固化，“植入”每个人的言行中。比如，你做事的空间有多大，机会就会有多大；空间就是机会，机会是干出来的；先管理好自己再影响带动他人；和笼统的数据相比，具体的事例更打动人心；对于领导的决定，无论理解与否，都要执行，并努力将其变成最正确的决定；等等。校长最重要的使命就是唤醒中层内在发展的情感、态度和价值观，如此，每个人都有斗志，都有定力，从而成为学校发展的坚实支柱。

2. 量身定制课程为中层赋能。从中层管理者的需求入手，建立起激发、供给、满足等一整套中层提升培训体系，让他们实现喜欢学、看得懂、学得会、做得好，得到真正的提升。我所在学校的中层团队比较年轻，有三分之一的成员没有任何管理经验，基于这种现状，要充分了解他们的成长需求，为他们量身定制培训课程，通过精准帮扶加速中层队伍的成长。一是加强理论研修。阅读《卓有成效的管理者》《中层领导力》《学校如何运转》《第五项修炼》《大家三小》等书籍，既学习管理的基本理论、遵循原则，也学习其他学校管理的成功经验，在书中观察一个管理者的“眼界”，培养向上思考、全面思考和系统思考的能力。二是提供影子培训课程。让中层轮流到北京、天津、潍坊等优质学校跟岗，近距离学习，开阔视野，开阔胸襟，在这样的过程中，不断成长、成熟。三是开展反思式工作坊。领导力提升是一种深刻的自我察觉和发自内心的崇高追求，从“知道”到“做到”，以至变成“习惯行为”，需要不断地内省。“反思式工作坊”以问题为导向，通过案例分析、辩论、研讨等多种方式，探究问题产生的根本原因，共同确定解决的最佳方案。

3. 用具有挑战性的岗位修炼中层。人才的培养在于使用。对中层要大胆使用，合理使用，甚至破格使用，适时“打破”平衡态，“逼出”舒适区，给中层提供更多的机会，赋予中层更多的权力，使其实现从“会执行”到“能创造”的跨越。除了让中层承担学校常规岗位的常规工作，还要让他们完成一些大型活动或重点项目的策划与组织实施任务。实践证明，越是“第一次”的活动越具有挑战性，也最锻炼他们的能力。线上教学期间，为了展示学生居家学习英语的成果，英语组决定举办一次线上“英语阅读生活化论坛”，由两位年轻的主任作为项目负责人，从论坛内容、主题报告、学生展示形式、邀请专家到钉钉直播的技术支持，她们带领团队一一落实，最后成功直播，受到全校师生和家长的一致好评。实行扁平化管理的关键是减少管理层级，让中层干部直接担任年级执行校长是最佳途径，由纵向管理转为横向管理，由科室单一管理转为年级全面管理，这些挑战性的岗位能激活中层的斗志，激发创新的思维，过一个保持熵减的有价值的人生。

4.用不同的领导风格激励中层。中层团队的年龄跨越60、70、80、90四个年代，他们性格各异、风格多元，要领导这样一个团队必须讲究领导艺术，因人而异，采用灵活的领导行为。对工作态度认真、能力稍显不足的给予更多的指导，必要时带着一起干，让其体验成功，树立威信；对能力较强、主动性稍弱的多一些政策的支持，多一些过程中的肯定，尤其是在公开场合的表扬，满足他们高荣誉感的心理需求；对能力强、积极性也很高的中层，则完全放手，让其独当一面，自由发挥，只在关键处把控方向即可。无论是哪种领导风格，都应该做到：允许并鼓励犯错。管理大师德鲁克说：“我不会把从未犯过大错的人提拔到高层领导岗位上，因为没有犯过大错的人必然是平庸之辈。”稻盛和夫也曾在接受记者采访时说：“如果问我企业成功的原因，就是不惩罚失败的员工。”错误和改进、失败和成功是因果关系，没有认识到错误就不会有改进。不惩罚犯错的人，并鼓励中层报告失败，这样中层才能大胆创新，才会锻炼胆识和魄力，这是组织不断前进的根本原因。所以，伟大的组织不是不失败，也不是失败少，而是他们善于利用失败，深入分析失败，最终把问题转化为向上的动力。

四、新时代校长领导力面临的挑战

党的十九大报告指出，中国特色社会主义进入新时代，作为其重要组成部分的中国特色社会主义教育事业也迎来一个新时代，新时代的深刻内涵、新时代的新战略和新时代赋予教育的新使命对教育提出了新要求，也带来了一些新的挑战。

第一节　学校外部生态环境的挑战

所谓学校教育的生态环境，是以教育为中心，对教育的产生、存在和发展起着制约调控作用的多维空间和多元的环境系统。教育的生存和发展离不开良好的教育生态环境，二者之间存在着协同的、彼此促进的关系。近几年，教育的外部环境日趋复杂，给校长领导力的提升带来很大挑战。

一、“生命安全”的压力

不知从什么时候开始，学生安全成了校园头等重要的大事，也成了校长的第一压力。硬件建设、文体活动、教室布置……都成了校长的心头之患，因为校园的每一个角落，甚至一草一木，在校长眼里都有“安全隐患”。不管什么原因，只要学生在学校受了伤——无论是打篮球摔跤，还是升旗仪式时晕倒，一律是学校的责任，而校长则是第一责任人。甚至校长还要忧虑学生放学回家路上的“安全隐患”，以及双休日、寒暑假在家的安全！近几年，学生溺水的安全压力陡增，假期前、假期中都要进行各种安全教育、不同形式的家访，留存各种资料，以备检查，关键时刻能够尽职免责。因此，校长最大的一项挑战，就是确保师生安全。

二、“政治安全”的压力

校长是学校工作的决策者，是教师队伍的领导者，必须坚定正确的办学方向，将党的教育方针体现于学校管理、课程设置、课堂教学等方面，这是不容置疑的。但现在校长的行政性责任似乎越来越多，师德师风、党风廉政、职称评聘、评先树优、家长满意度、信访稳定等，每一项任务下达时，都会注明：校长是第一责任人。（20，汤普森，2010）

今天的教育已经不是学校一家的事情了，而是与整个社会都密切关联。推动学校的发展，校长也不可能闭门造车就能完成。因此，就必须让社区、家长及相关人士和单位参与进来。就此而言，减少或转移外部干扰是一个更为深层次的治理体系问题，必须构建现代化的学校治理体系，建立学校、社区、家长共同参与的学校发展的格局，以使校长专注于更擅长的教育教学领导工作，在深层、持久的价值动力下投入和享受学校领导工作。

第二节　中层干部动力不足的挑战

虽然中层干部属于学校的管理者，一定程度上体现了教师的个人价值，每所学校也都很重视中层的培养，但从现实情况看，很多学校的中层干部出现了不愿当、不得不当的被动局面，直接影响了学校的优质发展。分析其原因，主要有以下几方面：

一、压力过大

中层干部多数年富力强，兼任主要学科教师和班主任，工作量与普通教师一样，另外还要承担部门工作，组织常规检查、教学研究；还要上通下达，内外协调，维持学校日常运转；现在更有做不完的汇报、迎检、报表，每一项都要“留痕”，所以中层干部每天早来晚走，加班加点实属工作常态。再加上“中层”的位置处于校级领导和教师之间，上有任务要落实，不能掉链子，下有教师的困难需体谅，不能有架子，很多时候处于“风箱里的老鼠——两头受气”状态。若家人不理解，发些牢骚，更加重中层干部的心理负担，天长日久，则会身心俱疲，产生厌烦感。

二、待遇确失

在一些经济比较落后的地区，中层干部没有相应的职级，也没有明确的岗位补贴，虽然一个人干着两个人甚至三个人的工作，却没有任何经济补助。国家看到了班主任工作的辛苦，将班主任费由原来的15元提高到300元（我所在地区），这是理所当然的。但学校中层干部，原先大多担任班主任，竞聘为中层后，有一些不再担任班主任，所承担的工作比原来更繁杂、更重要，待遇却没有了，只能安慰自己要有“教育情怀”，要“淡泊名利”。因为付出与回报严重不符，中层干部的劳动价值无法体现，严重影响了中层干部工作的积极性。

三、晋升无望

“不想当将军的士兵不是好士兵。”中层干部参加竞选时，都会激情满怀，有着雄心壮志，但随着时间的推移，会发现晋升空间很小，难度颇大，随之丧失信心和斗志。

中层团队是学校稳定的基石。校长一定要重视中层面临的困难和压力，给他们更多的关爱，不让他们成为“工作时冲锋陷阵，表彰时默默无闻”的群体。一要给他们提供培训提升的机会，提高他们的沟通能力、协调能力和专业水平，开阔眼界，提升境界，增强责任担当、团队精神和岗位幸福感。二要提高政治待遇，积极争取经济待遇，让“真才实干”者劳有所得。三要加强制度建设和流程管理，使各项工作更加规范，让中层的工作从无序走向有序，从被动走向主动，从迎检变成展示，提高效能，避免过度疲劳。

第三节 理想与现实不断冲突的挑战

在教育第一的时代背景下，教育任务更加艰巨，校长愈加难当。中小学校长群体普遍存在“敬业不乐业”的状况，这是不争的现实。超负荷的工作、升学竞争的压力、办学经费的困难、检查评比的应对、大会小会的困扰、外界干预的频繁、校园安全的担忧，等等，都导致校长处于表面风光、内心憋屈的窘境。尤其是教育理想与现实的矛盾冲突，已经成为校长要面对的最严峻问题。

一、全面发展与分数排名的冲突

党的十八大明确了国家的教育方针：坚持教育为社会主义现代化建设服务、为人民服务，把立德、树人作为教育的根本任务，全面实施素质教育，培养德智体美劳全面发展的社会主义建设者和接班人。这就要求学校建设丰富多样的课程体系，还要确保学生有充足的实践活动时间。但现实情况是，考试成绩和排名是社会和家长评价学校优劣的重要标准，看似简单的几个数字成了学校工作的风向标。在未来办学过程中，彰显学生个性、促进学生全面发展与追求较高的平均分和保住学校在区域内的名次，会成为困扰校长的一对“矛盾”。

二、先进教育理念与实际教学行为的冲突

“在教育改革大潮中，每一个校长都不可能唱独角戏。只有激发每位教师的积极性，让每个人都成为首席执行官，才能带领干部教师一起跳好圆舞曲，促进个人以积极的心态去改变自己。”（21，刘雪梅，2017）新课程构建了重基础、多样化、有层次、综合性的课程体系，强调了时代性、基础性、选择性，为学生的终身发展奠定了基础、指明了方向。然而，现实是，教师们熟悉了原来的教学方式，不愿意改变，即使有的教师尝试了，也不会在短时间内见到效果，甚至会发现老办法更管用。基础教育阶段应该更加重视学生价值观的塑造，需要开展丰富多彩的活动，但活动无法转化成教学成绩，还会占用很多时间和教师的精力，教师的积极性都不高。如何把先进的教育理念转化为教师的实际教学行为和教育反思，对于校长来说是一道重要“考题”。

2020年9月，教育部等八部门印发了《关于进一步激发中小学办学活力的若干意见》（以下简称《意见》）。《意见》指出，首先要保障教育教学自主权。这主要涉及两个层面：在学校层面，鼓励支持学校办出特色、办出水平，强化学校课程实施主体地位，明确学校在遵循教学基本要求的基础上，有“五个自主”，包括自主安排教学进度、自主运用教学方式、自主组织研训活动、自主实施教学评价、自主实施跨学科主题教学。在教师层面，充分发挥教师在课堂教学改革中的主体作用，鼓励教师大胆创新，改进教育教学方法，积极探索符合学科特点、时代要求和学生成长规律的教育教学模式。

同时，《意见》提出要大力精简、严格规范各类进校园活动，有效排除对学校正常教育教学秩序的干扰。《意见》的出台，让我们看到了教育的无限曙光和美好未来。

三、反应性与主动性的冲突

“领导力发展的第一个挑战是用行动去改变你所处的位置而非反应。当你做出反应的时候，你的行动不会停下来进行思考；而当你处于主动的时候，你就会有停下来想一想和做出选择的机会。”（22，特雷弗·沃多克、席纳兹·凯利-罗拉，2007）

所谓主动性，是指人在完成某项活动的过程中，源于自身并驱动自己去行动的动力的强度。从理论上说，校长应成为“主动性”的代言人，要能在任何情况下影响环境而非受其影响，能坚持做好自己认为重要的事情，厘清愿景、制订计划、设定目标、指导员工等，这是一位校长最理想的工作状态。

然而，每天校长的工作有很多不确定性，如突击性的检查、师生的偶发事件、急需做出的决定、他人的需要等，这些都像引力一样，不断施加向下的压力，迫使你改变既定的轨道，让你做出反应而非主动采取行动。如此反复，就会发现，自己每天在四处奔忙，没有足够的时间完成预定计划，时间久了，就会有无力感和茫然感。反应性最大的危险在于紧急事务排挤重要事务，“较好”成为“最好”的敌人，这也成为限制校长领导力提升的重要因素之一。

因此，校长必须有意识地训练和发展主动性。首先，要十分清楚特别主动的人是如何行事的，总结出一些相同因素。比如，当目标和方向改变时，他们会重新定义目标进而确定中心；更关注事物的可能性、原则和机会；经常使用的语言是“我”“可能”“可以”。其次，通过反思近期的工作进行主动性的自我评估，对自己有清晰的定位，确定一些关于如何行动的新的选择。再次，减少“关切”，根据“关注点”行事。每天我们的脑海中都会充斥着各种不同的压力、挑战、感受、期望，这些都称为“关切”，如此之多，就像引力一样迫使自己落入反应性模式。要力争减少关切点，从反应性转向主动性，可以将脑海中关于工作的事情写在纸上，为每一个关切点或事件写一个能够采取并且能够影响这一关切点或事件的行动，当采取行动的时候，就是从反应性的思维倾向转变为主动性的思维倾向。

作为校长，无论面临多少困难和挑战，都要对教育事业倾注无限的热爱，要有博大的胸怀和办学的独立思想，努力探索新时代人才培养的普适规律，努力提升教育的智慧与魅力，勇于挑战一切困难，要能越战越勇，扛起时代赋予的历史重任，而校长的魅力也必将在挑战中展现。

《易经》哲理在学校变革中的应用

《易经》是中国管理哲学的宝典，是百经之首，其中蕴含的管理智慧为学校变革提供了理论支撑和原则依据。汲取其智慧，灵活运用，对管理者推动教育变革，促进学校高质量发展有着极为重要的意义。

一、研究背景

近几年，教育的信息时代强势来袭，“互联网+”“未来学校”“数字校园”……众多概念冲击着我们的眼球，挑战着我们熟悉的思维方式、教学方式。所以，“变化”是永恒不变的主题，“变革”是时代的显著特征。正如今年春季学期，全国启动“停课不停学”模式，各种网课、直播课风起云涌，就连即将退休的老教师也学会了开视频会议。

“互联网+”让教育走向开放和多元，全球性的知识库正在形成，优质教育资源更加充实和丰富，而且让人们随时随地可以提取。在这场“停课不停学”的教育大潮中，很多社会教育机构抢占先机，免费提供各种学习资源，给传统教育带来了很大冲击，也必然引起传统学校教育的重大变革。

我校是一所六年制公办小学，因二胎政策放开导致学生人数激增，办学规模不断扩大，原有教学设施严重不足。政府在附近新建校区，2020年9月投入使用，一校两址的集团化办学模式促使我们的管理方式进行必要的变革。

二、《易经》哲理对指导学校变革的时代意义

心理学家荣格说：“如果人类世界有智慧可言，那么中国的《易经》，应该是唯一的智慧宝典。”管理者研究《易经》哲理，看出变中之常，才能够以不变应万变，从而立于不败之地。

《周易·系辞下》讲到“易穷则变，变则通，通则久”，意为：“易

的法则，是当事情发展到一定阶段，必然会发生变化，变化就能通达，通达了就能够长久。”学校发展也是如此，要根据时代的新要求、新形势与时俱进，学校才能办出特色、办出水平。

任何一项变革都需要领导亲自谋划，身体力行，领导者的智慧和能力直接影响变革的成败。《易经》哲理所倡导的君子正位凝命、作事谋始、观其会通、革言三就、刚中而应等哲理，有助于校长深入思考，灵活变通，科学决策，推动变革顺利进行，取得预期效果。

“君子安其身而后动，易其心而后语，定其交而后求”，这是君子行事周全的三条原则。校长领导变革充满了挑战，所以要不断提高自身的领导力，力求使管理有理念、讲话有哲理、做人做事有原则。而理念、哲理、原则来自文化的传承和积淀，追根溯源，来自道家和儒家，而儒、道的思想基础则发自同一根本——《周易》。向《易经》学习管理智慧，寻求变革之道，方为正道！

三、遵循变革原则，提升管理品质

《周易》“革”卦中的“初九：巩用黄牛之革”，可以理解为在变革中一定要把握原则，这是解决问题的关键。《易经》中蕴藏着丰富的“变革”思想基础和如何变革的方法，如从“与时偕行”，知晓学校变革要与时俱进，行止有度；从“恐致福”，懂得管理学校必须居安思危，高瞻远瞩；等等。下面将结合实际案例阐释四种原则在变革中的应用。

（一）终日乾乾，与时偕行

“九三：君子终日乾乾，夕惕若，厉无咎。”这是“乾”卦的第三阳爻，预示处境危险，但是只要自强不息，白天努力工作，晚上反躬自省，最后就能够化险为夷。《周易·乾·文言》曰：“终日乾乾，与时偕行。”《文言传》解释，整天勤奋努力不懈怠，说明君子能够与时偕行。《周易·益卦·彖传》曰：“益，损上益下，民说无疆。……凡益之道，与时偕行。”意思是在一定时间内，共同增益的状态可以广大无限，无穷无尽。

1. 唯变所适，事适于时

“与时偕行”就是要与时势同行的意思，要审时度势，与时俱进，不能死守成法，墨守成规。管理者要牢记肩负的职责，增强看齐意识，要把握改革的方向，引领学校不断发展。

2018年全国教育大会上，习总书记强调，要培养德智体美劳全面发展的社会主义建设者和接班人，吹响了劳动教育回归的号角。我对劳动教育早就有所研究，在常规活动中注重学生生活能力的培养，但没有把劳动教育纳入学校课程体系。全国教育大会后，我敏锐地意识到，加强劳动教育势在必行。于是，我们在10月份提出开发“厨房小当家”课程，学生在家要擦地、擦桌子、做简单的饭菜，让学生学会劳动，经常劳动，体验劳动的乐趣和带来的成就感。

在2019年的全国教育工作会议上，陈宝生部长对劳动教育提出了新的要求。我们根据会议精神，确定了劳动教育四类课程（基于学段的生活劳动教育课程、基于主题的实践探究类劳动教育课程、基于学科的创新劳动教育课程、基于公益的服务型劳动教育课程）的内容框架，制定了每个年级的具体内容，更加关注对学生劳动价值观念的引导，促进学生技能、情感态度的全面发展，形成“辛勤劳动、诚实劳动、创造性劳动”的良好氛围。

2020年3月，中央下发《关于全面加强新时代大中小学劳动教育的意见》（以下简称《意见》）。接下来，我们将以《意见》为指导，不断修改完善劳动教育课程的内容、形式、评价方式，使之更加符合学生发展的需求和未来社会的要求。

2. 审时度势，思维前瞻

习总书记提出，宣传工作要找准工作切入点和着力点，做到因势而谋、应势而动、顺势而为。2019年，教育部出台了很多服务于民的政策，如“课后延时服务”“校园体育设施对外开放”等，这些政策确实能解决家长的困难，满足周围居民对健身场所的需求，但给学校工作带来了困难和压力。首先，教师工作时间延长、工作量增大；其次，安全隐患增多，学校管理难度增大。我校所在的区域很多学校有抵制情绪，迟迟不愿行动。我意识到，这是国家建设服务型社会的重要举措，是大势所趋。所以我们不等不靠，带领领导班子积极研究相关文件，制定实施方案，打消教师思想顾虑，两项工作都成为第一批试点学校，赢得了多方赞誉。

（二）刚中而应，行险而顺

语出《易经·师卦》。《彖》曰：“刚中而应，行险而顺，以此毒天下，而民从之。”“刚中而应”是说九二以阳爻居于下坎的中信，叫“刚中”，又上应上坤的六五，此为此应。下卦为坎，坎表示险，上卦为坤，坤表示顺，故又有“行险而顺”之象。以此卦象的道理督治天下，百姓就会服从。这是吉祥之象。这一原则提醒我们在变革中要做到以下几方面。

1. 有所准备，克服阻力

几年前，我所在的学校合并了另一所小学，两校教师存在着教育理念、教学方式上的分歧，安排不当，极易形成各自的小团队，不利于团结。于是，在暑期，我们充分考虑教师的差异，打破原有学校界限安排教师任课，使教师充分融合；开展团队训练，增进相互了解；与合并教师分别谈话，了解需求，统一思想。通过一系列措施，开学后教师们彼此包容、相互合作、精神振奋，呈现出良好的工作状态，推动学校办学水平又上新台阶。

2. 承担风险，勇于面对

任何变革都不会一帆风顺，所以变革前要考虑最大的损失是什么，自己和组织能够承担的最大限度是多少，要做到心中有数；如果真正有风险，校长要敢于承担，勇于面对，让损失降到最低。我们学校所在区域今年要进行职称改革，改革后，实现职称能上能下、三年一聘。目的是打破原来职称终身制的局限，调动教师工作积极性，让能者上，多劳多得；让庸者下，少劳少得。客观地讲，这一改革很利于教师队伍素质的整体提升和教师工作热情的提高，但存在很大的风险。主要是部分年龄较大的教师，评上职称多年，随着年龄增长，工作量相对减少，工作热情不再高涨，各方面考核都处于劣势，他们的利益必然在改革中受到影响。所以我们要详尽考虑各种可能出现的情况，也要做好应对教师因不理解、不接受而有过激行为的准备，积极面对，妥善处理，争取改革取得预期效果。

（三）作事谋始，观其会通

《易传·象传上·讼》曰：“天与水违行，讼；君子以作事谋始。”意指“君子在做事前要深谋远虑，从开始就要消除可能引起争端的因素”。在工作中，校长必备的基本功之一就是“作事谋始”。良好的开端是成功的一半。“谋始”总是与过程、目标相联系的，目标决定了做事开始的思想路线、方向与力度，而过程则是“谋始”的关键，过程决定结果，有什么样的过程就会有什么样的结果。

在刚刚调整到现在学校的第一个月，通过座谈、听课，我发现大部分教师注重书本知识教学，专业阅读很少，长此以往将影响其可持续发展。于是，我先从带领中层干部读书开始渗透阅读理念。一个月后，我们购买了教师共读书籍，每天分享阅读感悟。第一个寒假，组建了10个教师读书群，让教师自己选择阅读书目，每天在群内交流，逐渐形成了浓厚的读书氛围。

《易经·系辞上》第八章中说“圣人有以见天下之动，而观其会通”。“观”，就是要观察事物在“动”中的规律。“通”即通会、通晓，能看到更多、更远，知道事态发展的走向。“观其会通”就是要通盘考虑、策划，做好准备。学校变革亦是如此，要有中长期发展规划，不能只考虑短期效应，更不能随意为之。

在对学校历史及发展现状有了较为深入的了解后，我开始带领管理团队制定学校理念文化体系和三年发展规划。学校理念是学校的精神之魂，是师生共同遵循的核心价值观，必须尽快确定并广泛宣传。我们最终确定了“光润教育”理念，以“向光生长，生命绽放”为核心表达，全体教师“一起发光，相伴成长”。制定三年发展规划时，我们充分考虑国家新出台的相关政策和文件精神，总结学校优势和面临的挑战，提出学校总体发展目标：建设学生喜欢、教师幸福、家长满意、社会放心的优质学校，通过学校亮品牌、学科亮特色、教师亮课堂、学生亮特长的“四亮”工程来实施。接下来，需要把总体目标细化到具体工作中，让每位师生心中有方向，眼中有目标，行中有计划。

（四）恐惧致福，时时修省

“恐致福”语出《易经·震》：《彖》曰：震，亨，“震来虩虩”，恐致福也。《象》曰：洊雷，震。君子以恐惧修省。”

这里的“恐”“恐惧”字面上的意思是人对自然现象雷电的害怕，实则是对大自然的敬畏。“君子以恐惧修省”，“恐”是对事敬畏、对人敬畏，“修”是使美好的意思。人无论做事还是做人，都要心存敬畏、警戒，谨慎行事，要不断地学习、反思、提升自己，这样才能担当大任，获得福气。

1. 要有危机意识

中华民族历来是具有深度忧患意识的民族，这种意识在《易经》中表现得尤为突出。《周易·系辞下》第五章：“君子安而不忘危，存而不忘亡，治而不忘乱，是以身安而国家可保也。”《易·否卦·九五爻辞》曰：“其亡其亡，系于苞桑。”《易经·乾》九三：“君子终日乾乾，夕惕若厉，无咎。”……

进行学校变革更要重视危机管理与防范，要对变革中可能遇到的问题和风险制定科学周密详尽的预案，做到防患于未然。2020年5月，我们要启动新校区，学校的管理制度和组织架构都要有所变化，管理方式、人员配置也要与时俱进。如何让这些变革顺利开始，有序推进，我一直在做着准备，认真阅读《建设卓越学校》《学校如何运转》等书籍，带领中层团队讨论制定学校发展规划、课程方案、校园文化设计等。实施集团化办学，这是学校发展历程中的重要阶段，也是备受社会关注的焦点，必须未雨绸缪，做好预案，规定时间节点，有计划地稳步推进。

2. 要以恐惧修身

唐太宗李世民在统治的23年间，就是“怕”字当头。他说：“人言作天子则得自尊崇，无所畏惧，朕则以为正合自守谦恭，常怀畏惧……朕每思出一言，行一事，必上畏皇天，下惧群臣……但知常谦常惧，犹恐不称天心及百姓意也。”清代魏裔介在《琼琚佩语》中说：“成大事者，皆从战战兢兢之心来。”

自走上校长岗位以来，我时时保持对生命的敬畏，竭尽全力为每一名学生提供最好的教育，每天严于律己，谨言慎行，不断学习，提升理论水平和自身修养，从不敢有一丝懈怠。能到南洋理工大学学习，既感恩省厅领导的厚爱、感恩学校同事的担当、感恩家人的支持，又恐因多年未进入课堂学习未及老师要求，故每日如饥似渴地读书、反思，每节课专心听讲，积极参与讨论，课后及时整理学习笔记，并随时把学习收获与学校教师分享，自己提高的同时也带动教师学习。

还记得2018年我来到一所办学规模更大的学校，2600多名学生，128位教师。离开原有相对的“舒适区”，面对陌生的环境和师生群体，我对自己提出了更高的要求。一个月内，我认识了所有教师，查阅了学校近五年的档案资料，了解了学校的办学历史。两个月内，我听完了所有年轻教师的课，参加了每一个学科组的教研活动，让自己快速融入了新集体，也赢得了教师们的信任和支持。

四、结语

通过学习《管理教育变革》这门课，我对《易经》产生了浓厚的兴趣，虽然现在只是浅显了解，却已然受益匪浅。《易经》提供了一个认识世界、解释世界的基本框架，立足于理性思维的高度，对宇宙事物的发展变革做出了大量探索和深入思考、阐述，深刻而持久地影响着世界哲学和社会的发展。篇幅所限，本书仅仅论述了我对四个原则的理解和应用分析，其实其他哲理同样熠熠生辉，如“时止则止，时行则行”“慎言语，节饮食”“以时发”“知光大”等。今后，将把《易经》作为案头书，勇攀高峰，用《易经》智慧涵养自己，借《易经》哲理管理学校，成为主动型校长，永葆办一所优秀学校的热情和信念，向师生传达美好的期望，在管理区域或政策中寻求变革，满足学校发展需要。

从人本思想谈人文关怀的行为

党的十七大报告第一次提出“加强和改进思想政治工作，注重人文关怀和心理疏导”。在基础教育阶段，学生的心智还不成熟，教师对学生进行人文关怀，帮助学生树立正确的价值观极为重要。但对如何实施人文关怀，没有太多的认识和研究。人本主义思想是西方教育理论中影响深远的重要思想之一，同时在我国儒道论著中也多有体现。该理论蕴含着深刻的人本主义价值，为我国中小学教师管理中实施人文关怀行为提供了重要的理论借鉴。基于人本思想的人文关怀能够最大限度地调动教师的积极性、主动性和创造性，形成自我发展的驱动力；能够充分聚焦开发学生个人潜质，促进学生成长与自我实现。

一、研究背景

1.“唯分论”的评价方式导致“促进学生全面发展”无法落实

我国长期以来的高考评价和人才选拔方式都是以分数论英雄，这在我国当前的教育制度下有其公平公正的一面，但也带来了很多弊端。学生的学业特点是重理轻文，重文学轻应用，抒发情感强，表达思想弱，阅读储备少，应试功利多。“仅仅有‘知识’是不够的，我们更需要‘思想’，社会科学的知识和自然科学的知识一样都是‘双刃剑’。要让‘知识’真正服务于全人类的未来命运，我们更需要‘思想’，更需要加强人文学科的研究和教育。”（复旦大学前校长杨玉良）因此，促进学生全面发展需要人文教育的支撑，需要教师具备人文涵养。

2.“讲授式”为主的教学方式导致“以学生为主体”的教育理念没有全面贯彻

近几年各地的课堂教学改革轰轰烈烈，各种教学模式层出不穷，在一定程度上改变了“教师一讲统天下”的局面，但大数据显示，“以书本知识为主要内容，以课堂为教学主要阵地，以教师讲学生听为主要方式”的教学仍占绝大多数。教育的目的，不在于传授多少知识，而在于让学生自主学习、独立学习、创造性学习。因此，教师要转变角色，由“讲授者”变为“提供者”，给学生提供广泛的学习材料和灵活的资源。

二、教育者要理解人本思想

1. 西方人本思想

美国当代心理学家卡尔·兰塞姆·罗杰斯是人本主义心理学的理论家和发起者、心理治疗家。他从人本主义心理学理论出发，创立了独特的“以学生为中心”的教学理论，极大地震撼了传统的教育模式，学生的自由被高度关注，“个别化”“个性”“主体性”等教学思想逐渐从传统的“以教师为中心”教学模式的禁锢中解放出来。近年来，罗杰斯的教育思想已越来越被西方的教育理论界所认同。他强调教育的目的不仅是传授知识，更重要的是塑造人格、完满人性，通过发展学生的潜能提高学生自我学习能力，以及“以学生为中心”的教学模式等，对于我们当前大力提倡的素质教育、教育创新及教学改革等都具有重要的借鉴意义。

被心理学史学家誉为“人本主义心理学之父”的美国的亚伯拉罕·哈罗德·马斯洛提出了需要层次理论和自我实现理论，认为人类的需要层次有高低不同，低层次的需要是生理需要，向上依次是安全、爱与归属、尊重和自我实现的需要。马斯洛作为人本主义心理学的创始人，充分肯定人的尊严和价值，积极倡导人的潜能的实现。马斯洛认为教育的目的就是开发人的潜能，促进人性的完美，使人向善，最终自我实现。这些观点对现代教育产生了深刻的影响。

由上述可以看出，人本思想重点探究人的本质，可以延伸出以下论点：

（1）人存在于独特的人类处境和自然生态中，具有自觉意识，包括对自己在与别人相处时的位置的认识。

（2）人是有意向、有目标的，能够意识到其行为可以引发未来事件，能够探寻人生意义、价值观和创造性。

（3）人是向善的（kindness）。

（4）人具有向上的潜能，不仅维持生命，还追求自我实现。

（5）人的社会性和向上性促使其自发地寻找发展机会，并运用自己的能力力争上游，提升生活质量。

（6）人有个体自由的认知，能够对未来做出建设性的选择并对自己的选择和行动负责。

2. 中国典籍中的人本思想

《文心雕龙·原道》中说“人文之元，肇自太极。幽赞神明，《易》象惟先。庖牺画其始，仲尼翼其终。而《乾》《坤》两位，独制《文言》。言之文也，天地之心哉！”

人类文化的开端始于宇宙起源的时候。深刻地阐明这个微妙的道理，最早是《易经》中的卦象。伏牺首先画了八卦，孔子最后写了《十翼》；而对《乾》《坤》两卦，孔子特地写了《文言》。《文言》之文，天地之心。天地之间是“人”，所以有“三正”，天正、地正、人正。人在天地间，顶天立地。人的本质就是能够把事情做到精细。

重人思想是儒家人本思想的重要内容。孔子认为，在国家管理者所关心的事物中“民”是问题的核心，应当居于首要的位置。儒家思想的精华在于以人为本，为当时的国家统治、国家治理服务。有些基本主张，如“民者，君之本也”（《春秋·谷梁传》），“群者，舟也；庶民者，水也。水则载舟，水则覆舟”（《荀子·哀公》），“爱民、富民、教民”思想都是现代组织管理最根本的“教科书”。《春秋繁露》记载：“天地之精，所以生物者，莫贵于人。”儒学把意识形态从重天命引向重人事，强调研究人，把人看成一切事物的中心，肯定人的地位和作用，承认人的价值和思想，显示出浓厚的人本思想。

老子早在两千多年前就提出：“故道大，天大，地大，人亦大。域中有四大，而人居其一焉。”（《道德经》第二十五章）老子把人放在了与“道”“天”“地”同等的地位，并且在遣词上对人的重要性加了砝码，从而阐明了人的地位，强调了对人的尊重问题。

总之，人本思想在教育上的显著特征是把人的“自觉意识”置于研究的中心，以人为本，提倡关怀人、爱护人、尊重人，强调人的情感与价值；偏向于以学生为中心的教育，强调学生在教学过程中的主体地位，强调人的自我实现和依需要来激励，强调教学中要创设良好的人际关系和课堂心理氛围，使学生能身心和谐健康地发展。

三、基于人本思想的人文关怀是教师职责所在

十七大报告在建设和谐文化中提到要注重对青少年进行人文关怀和心理疏导。人文关怀，就是具有人文性质的关怀，就是关心学生如何健康成长。十八大报告也讲到注重人文关怀和心理疏导，增加了“培育自尊自信、理性平和、积极向上的社会心态”，这些都属于人的个性、本质、价值观、人生观等。人都具有向上、向好、向善的品质，教师要培养学生拥有这样的社会心态。每个人将来成为社会人都是培养出来的，而不是一夜之间或者拿到毕业证就能成为社会人士的，学校要给学生这样的教育和准备。所以关怀学生，通过自己的努力，让学生具备所期望的品格，是教师的重要职责。

中小学生正处于长身体、长知识的关键时期，具有极强的模仿性和可塑性，同时他们缺乏辨别是非的能力，需要正面的引导和教育，使其树立正确的价值观。教师的能力也体现在他们的信念和价值观里。教师有这样的信念和价值观，就能把事情做好，这就是能力所在，而不仅仅是学业能力，要把学业能力加上教师的信念和价值观，形成自己的职业能力。因此，中小学教师更应具有人本思想及人文关怀的特质。这种特质是教师在教育过程中对学生的关怀，是教师作为学生精神关怀者的特定角色，更是促进学生思想品德成长和全面发展的特殊素质。

新时代对教师提出了新的要求，有理想信念、有道德情操、有扎实学识、有仁爱之心。其中“有仁爱之心”就是要求教师对学生进行人文关怀，用教师自身的思想、行为、作风和品质感染、熏陶和影响学生，以一种无声但有力的方式明确地告诉学生，人应具有怎样的求知态度和个人品德；以一种榜样的力量感染和激励学生，让他们去学习和效仿，这就是教育的传递。因此，只有接受人本思想的教师才会在教育中体现人本思想，只有对人文关怀感同身受的教师才会有形成“人文关怀”特质的可能，才有对学生施以人文关怀的可能。

四、教师施以人文关怀的途径

1. 以阅读为保障提升教师人文涵养

中国未来十年教育改革的核心任务是提高教育质量，达到这一目标的关键是提高教师素质，而提高教师素质的关键是充实教师人文涵养。

人文学识是教师必修的涵养，因为人文学识能够促进发展个人自觉，形成公民职责意识，有助于自我鼓励、自我反思。此外，还应让教师掌握人文教育能力和人文思考方法，这些是教师开通思路、常于反思、促进自觉、增进良知的必备技能。

学校要搭建平台、营造环境，促进教师自主阅读。我校成立致远书院，组建不同的阅读小组，提供必读、选读书籍，制定定期交流分享制度，发挥团队力量让书香致远。

要明确阅读价值取向，提升阅读文化品位。使教师明于判断，精于选择，将有限的时间用于读好书，如国学经典、历史、哲学、教育名著等。通过阅读形成大视野，拥有大胸怀，明白我们“根在哪里，魂在何处，路在何方”。

2. 以立志为契机激发学生成长潜能

志是指志向，志愿，志气，意志。《说文》：“从心，之声。志者，心之所之也。”《孟子》：“夫志，气之帅也。”《左传·襄公二十七年》：“志以发言，言以出信，信以立志，参以定之。”从以上可以看出，志是心愿所往，意愿是心之所向；是未表露出来的长远的打算；是想要、意愿，树立志向，下定决心；是能够通过努力、克服困难达到的。

心学大师王阳明有言：“立志而圣，则圣矣；立志而贤，则贤矣。”一个人的心是什么样子，生命就是什么样子；志向有多高，路就有多远。研究表明，12~20岁是人心智发展、理解能力最强的时期，教师要引导学生在关键期立大志、立长志、立好志。

志向的特点是历久弥坚，其作用是显而易见的。例如：

祖逖闻鸡起舞，发奋读书，立志恢复中原，击楫中流。诸葛亮临终前写给儿子诸葛瞻的家书中，教育他“非学无以广才，非志无以成学”。

詹天佑16岁到耶鲁大学读书，立志“将来中国一定要有自己的铁路”；周恩来立志“为中华之崛起而读书”。

激励学生立志，要考虑不同年龄段、个体差异等因素。比如，习总书记激励青年要有远大的理想和坚定的信念，把自己的小我融入祖国的大我。在小学阶段，我们要对学生进行初期的生涯规划教育，开展百种职业进校园活动。我们学校的家长资源非常丰富，我们邀请各行各业的优秀代表到学校给学生讲解自己的职业特点、能力需求；邀请社会各界知名人士到学校做报告，让学生了解知识前沿动态；开展多种形式的社会实践活动，带着学生走向社会，到农村、企业、各政府职能部门、博物馆、科技馆等地参观，激发学生对劳动的敬畏感、对知识的崇拜感。同时，采取诸多“润物细无声”的方式，如读名人传记、演讲、举行各种仪式、借助关键事件等，让学生受到潜移默化的影响和熏陶，从内心深处生发积极向上、自强不息的力量。

3. 以关爱为纽带培养学生人文精神

教师要笃信人有向上、向善、向好之本性。这是实施人文关怀的前提和基础，唯有如此，才会认同每一个学生都有属于自己的“花期”，当遇到特殊孩子时，会以“上帝派一只蜗牛带我去看风景”的心态去关爱他、陪伴他。

因为教师编制的限制，我们现在还没有专职的心理咨询老师，心理健康教育课的效果无法保证，对全体学生的心理正向引导和对特殊孩子的科学帮扶都不系统，这是我们需要努力改变的。首先，对全体教师进行心理学知识的培训，让所有教师都肩负起心理健康教育的职责；其次，引进社会力量，配备专业教师，研究系统课程，有计划有步骤地予以实施；最后，充分利用国家课程中的资源，以课堂为主阵地，对学生进行价值观和理想信念教育。

教师对学生施以人文关怀最重要的一条是要培养学生的人文精神。北大国学院院长袁行霈曾说：“弘扬人文精神，有助于国民素质的提高，而提高国民素质，应当视为一个国家战略。人文精神的核心是尊重、爱国。”

首先，教师要尊重学生，把学生看作独立的、平等的人，在教学中，容纳学生的不同见解、看法、思想和情感；客观地理解学生，真诚、积极地与学生相处，从而赢得学生的尊重。

其次，坚持优良传统中的价值观：尊师。尊师是基础，学生只有尊师，才能信道，才能敬学；最终才能知“道”，成为对国家社会有用的人；才能治学、齐家、平天下。

最后，大力加强爱国主义教育。“爱国”，无论怎样强调都不为过，而且学生年龄越小这一意识形成得越深厚、持久。首先，要充分利用每周的升旗仪式，精心设计国旗下讲话，让学生在每周的升旗、唱国歌、宣誓中强化对祖国的认同和身为中国人的自豪。其次，抓住各个重要节点，如开学典礼、建队节、建党节、国庆节等，开展相关活动。最后，敏感捕捉特殊事件的教育契机，如这次全国抗击新冠疫情，医护人员、科技人员、军人等挺身而出，奋战在一线，各行各业涌现出许多可歌可泣的先进人物；全国各地支持武汉，为武汉捐款捐物，众志成城，万众一心，势必打赢这场疫情阻击战。我们要教育学生关注疫情，关注社会，为战胜病魔尽自己的微薄之力；要教育学生思考，这场疫情警示我们什么，我们如何去看待。杭州的郭简老师给学生写的信，不但激励了她的学生，也激励了无数中国人。

4. 以课程为载体提供学生发展所需

教师实施人文关怀的一个重要表现就是提供学生发展所需，教师的课程安排要有很多的思考、准备 。一要探索学生需要学的。根据新教材、新课标的要求，看学生需要什么。二要理解学生想要学的。针对学生的需求进行准备，如果是学生当下需要的、认知范围内的，那就正好给予；如果觉得为时过早，就先理解，理解就是不否定，用不否定的方式告诉学生，然后帮助他们。三要提议学生应该学的。学生应该学哪些，是情理上的，不是规定的；学生若接受，就给予。这些都基于教师的探索和对学生的了解。

我校正在探索学校课程体系建构，形成了“北斗星”课程体系，该课程有以下特色：

引领未来：当下教育的目的一定是为了学生更好地适应未来，课程要有前瞻性，要培养学生主动探究未来世界的内在驱动力、好奇心、想象力和自我管理能力。

看见个体：每一个生命都有其存在的价值。课程要有丰富性，提供更多的学习资源，搭建更多的展示平台，让不同特质的学生都有发展的空间。

一起发光：未来社会更强调合作共赢，就像自然界中的“共生效应”。课程要有共生性，既指学生与学生之间的相互合作、相互学习，也指师生之间的师生共学、教学相长。

该课程包括七大领域，对学生在每个领域的发展进行评价后授予相应的称号，如文礼星（人文领域）、才艺星（艺术领域）、智多星（数学领域）、好奇星（科学领域）、和雅星（德育领域）、活力星（健康领域）、世界星（国际领域）。

下一步我们要聚焦每一个领域，组织学科教师研究学生需要学、想要学、应该学的内容都有哪些，梳理国家课程、地方课程包含的内容，依需开发校本课程，满足学生个性化需求。

5. 以适合为目的营造学校内外环境

一方水土养一方人，优质的沃土培育出优质的新苗，环境的好坏影响着世间万物。选择适合的生长空间尤其重要，物种如此，人尤其如此。小学生心智尚不成熟，受环境影响很大，所以，营造适合学生发展的空间环境和人文环境极为重要。

营造校园物质性文化环境的方法和手段是多方面的，从校园建筑整体布局风格到个体建筑物的风情，从教育设施到功能各异的教育场所，从室内环境到室外环境的布置，等等，皆要求体现人文信息。美好和谐的物质性文化环境，对身处其中的师生的人文素养提升大有裨益。比如，在校园种植菩提树，菩提树是智慧吉祥的象征，代表一种美德，提醒人们珍爱生命，学生在校园里每日观赏菩提树，更能深刻理解“一花一世界，一树一菩提”的内涵。我校在校园甬道两侧各种了10棵银杏树，春夏季叶色嫩绿，秋季变成黄色，让人赏心悦目。同时告诉学生银杏树又叫公孙树，其意就是生长缓慢，寿命极长，从小苗到结果需要生长几十年，一般来说都是爷爷栽树，孙子得果，教育学生要学会等待、学会付出。

在营造物质文化的同时还应重视人文环境的创设。有的学校在不同年级给学生提出不同的目标，如中一：自爱；中二：自信；中三，自知。有的学校打造教室文化，提出“干净、安静、心净”“无菌、无尘、无影”等目标。新加坡一所学校提出培养“诚实、公平、尊重、可信赖”的学生。我校提出了“光润教育”理念，培养“心灿烂、思宽广、行光明的有志少年”，各个班级都结合学生年龄特点形成了各具特色的班级文化，如“小蜜蜂班”：勤劳、团结；“小主人班”：自己的事情自己做；“翠竹班”：每天进步一点点；等等。

以上有形的和无形的人文环境，让学校的一草一木、一砖一瓦、一言一行处处透出浓浓的文化气息，增加了学校的人文因素，师生身处其中，不知不觉地受到熏陶与感染，从中获得情感、态度、气质、信仰、价值观等人文方面的启示。

五、结语

“人文”，在于追求卓越，不能限于一般；要做事精到，不需追求完美；要下一定的功夫，不能投机取巧。“人”在于其价值，“人生”在于其意义，“人生哲学”在于其智慧。无论哪个学科的教师对学生施以人文关怀，都要开阔职业观，要“创造价值，产生意义”。

北大钱理群教授说：“上大学，不仅要求知识、学技术，还要培育自己的人文关怀。所谓‘人文关怀’，就是要关心人之为人的精神问题，注重自我和他人的精神成长。”

本书的阐述基于人本思想下的人文关怀行为，强调教师自身必须充实人文涵养，丰富人文情感，学习哲学智慧，提高生活质量。在教育工作中，要关注学生需要，回归教育本质，尊重学生生命成长规律；承认学生个体差异，注重因材施教；相信每个人都有向善、向上、向好、的潜能，发挥学生主观能动性。这些都是新时代教育大力倡导的，也是人本主义教育理念所强调的，理解了这些，人文关怀的行为才更加科学有效，更有助于学生健康人格的形成。人文关怀能够创造出良好的学校生态系统，使学校、教师、学生在良好的人文环境中得到持久的发展。

平衡教育惩戒中的几种关系

教育惩戒是管理和教育学生的一种方式。教师实施惩戒，不仅表现为一种权利，更是教师的一种义务和责任，不可不用，亦不可滥用；既要做到有法可依，也要做到有法必依。惩戒权的明确化与规范化，一方面促进教师敢管、善管；另一方面也能够在尊重儿童权益的同时，保障教师的合法权益不受侵害。结合学术界专家学者和广大教育实践者的充分探讨，我认为在教育惩戒中应平衡好以下几种关系。

一、平衡立法统一与教育自主之间的关系

我国《义务教育法》《教师法》等法律，早就对教师的教育教学权和对学生的指导评价权做出了明确的规定。教师享有教育教学权和对学生的指导权，因而包含了实施惩戒的权利，这源于教师的专业自主权。2019年6月，中共中央、国务院颁布的《关于深化教育教学改革全面提高义务教育质量的意见》提出，“制定实施细则，明确教师教育惩戒权”。同年11月，教育部出台了《中小学教师实施教育惩戒规则（征求意见稿）》（以下简称《规则》），完整地界定了教育惩戒权的概念，指出“教育惩戒是教师履行教育教学职责的必要手段和法定职权”，力求为依法治教提供法律保障，表明了我国坚持依法治教的决心。

《规则》共22条，对教师惩戒权的必要性、实施原则和惩戒的程度要求等做出了明确的指导性规定。学校和教师作为惩戒的主体，在实施教育惩戒的时候，具有行使教育教学的专业自主权利，可根据具体的教学情境和学生的个性特征进行差异化对待。所以，立法规定的共识性的惩戒方式和惩戒程序等之间难免会出现失衡。“在惩戒原则上，除了合法性之外，应以教育性和差异性为准，强调惩戒的教育目的和教育效果，注重个体差异，而不可套

用行政处罚的原则一味追求纠错或平等。”（24，申素平，2020）因此，除立法之外，学校应加强制度供给，借鉴国外中小学支持教师教育惩戒的有效经验，通过专业协商和家校协商等民主机制，“构建适用于不同学校和不同学生群体的教育惩戒层级体系”和“内容体系”（25，秦鑫鑫，2020），发挥校规、班规等自主空间在教育惩戒中的重要治理功能。

二、平衡社会期待与教师素质之间的关系

自联合国教科文组织发布《关于教师地位的建议》之后，教师的专业人员地位已逐渐得到社会的广泛认可。社会和家长对学校教育寄予了很高的期待，一些家长对教师的专业素养却缺乏足够的信任。这就导致教师在行使教育教学自主权利，特别是实施教育惩戒的时候，会遇到很多障碍和困扰。因此，平衡好社会期待与教师专业素质之间的关系，才能更好地为教育惩戒提供有力的社会保障。

很长一段时间，我们都秉承“严师出高徒”“师道尊严”的教育信条。“严师”无可厚非，因为孩子心性并未成熟，缺乏正确的认知，教育惩戒是必要的。但这种教育理念有其成立的必要前提，“严师”本身应是良师、匠师及人师。教师既然被定位于专业人员，那么这支队伍就必须具备让社会信服的专业能力和良好的职业道德素养，这是保障教育惩戒能够恰当、合法回归的根本前提。“教师教育惩戒权是对教育本质的回归，教师教育惩戒权具有权利和权力的双重性质，也有其限度。”（26，劳凯声、蔡春、寇彧，2019）《规则》也明确为教师实施教育惩戒提供了目的依据，惩戒权的讨论乃至立法并不意味着教师可以肆意妄为，任意打骂、体罚和变相体罚学生。因此，无论是政府、学校，还是教师队伍自身，都应努力提升教育的专业技能，这样才能更好掌握教育教学的话语权，维护教育的尊严。另外，学校要积极引导家长有序参与学校和班级相关事务的管理，保障家长的参与权、知情权和监督权。特别是在教育惩戒方面，“引导家长参与学生行为规范与教育惩戒方式的制定，学校与家长就教育惩戒的必要性、教育惩戒的手段、教育惩戒的过程及教育惩戒争议处理等方面形成一致性意见。”（27，秦鑫鑫、刘竑波，2019）

三、平衡法律赋权与监管运用之间的关系

此前，青岛和广东立法明确中小学教师惩戒权的消息曾一度引发热议，很多一线教师的反应比较一致："不敢，给我也不敢用！"更有甚者不希望对教育惩戒立法。

如今，家庭物质条件优越，学生多是独生子女，只能接受表扬和赏识，受不得半点批评和惩罚。常常是老师的几句批评就会引发一些极端事件，当事教师不可避免地成为众矢之的。所以，一些老师只能"畏手畏脚"，力求明哲保身。一方面，需要社会各方就教育惩戒达成共识，改善当下教育的生态环境，研究制定具体实施细则，加强对惩戒权的监管运用，促进教师敢管、善管，既尊重儿童权益，又保障教师的合法权益不受侵害。另一方面，我们还须明确惩戒的后果承担和权利救济。这不仅包括当学生因不当惩戒行为受到侵害时，如何获得权利救济，还要包括当教师在合理行使惩戒权遭受不公待遇时，如何维护自身合法权益。此外，建立多维惩戒监督体系，不仅完善校内申诉和家校联动，还须"建立学校与公安部门长期校内合作机制，推动警察驻校常态化。建议政府在政策层面赋予驻校警察执法者、教育者双重身份，明晰驻校职责和权限。构建学校与司法机构参与的校外惩戒合作机制"（28，罗朝猛、张洁，2020）。这样，既有助于学校管理的科学化、合法化，做到规范惩戒，同时也能够有效增强惩戒的强制性和权威性。

教育需要惩戒，教师正确而恰当地行使惩戒权，实质上是对学生负责任，缺少了惩戒的教育是不完整的教育、脆弱的教育。随着我国依法治教工作的全面推进，教育惩戒的要求也水涨船高，这也意味着我国的教育改革正在蓬勃发展。但我们也应清楚地认识到，教育惩戒不是包治百病的良药，立德树人工作任重道远，我们仍需坚守教育初心，上下求索。

第三章

学习之光

沁润人文涵养

校长是学校发展的领航人、“聚光灯”，校长必须做终身学习者，坚持专业阅读，每日自我反思，领悟教育之道。

磨难是福

——读《论语心得》有感

静静的夜晚，沏一杯清茶，点一盏明灯，细细品读《论语心得》，生动的案例、精辟的论述和鲜明的观点无不感染着我，其中第二章“心灵之道”中有一段话：“既然生活中的缺憾不能避免，那么用什么样的心态来对待这种缺憾就非常重要了。心态不同，也许会带来完全不同的生活质量”，这给了我很大的震动，也让我反思最近的工作和思想。

说实话，从走上校长这个岗位，我就感到了前所未有的压力，1000多学生在这个狭小的校园里，安全如何保证？去年在中小学综合评估中，我校名列第四，我如何在此基础上让学校有更好的发展？如何让老师们在这里愉快地工作，实现自己的人生价值？每一个来到学校的孩子都承载着整个家庭的希望，怎样使学校的教育达到家长的期待？一切的一切都压在我的心头，以致常常深夜惊醒。后来我探问内心的自己：你做校长的最终追求是什么？当然是办一所有质量、有特色的学校，让教师成长、幸福，让学生成才、快乐。怎样才能做到呢？必须依靠全体教师，让每一位教师都成为学校的主人。出去开会，与其他校长交谈，我总是很肯定地说：“我很幸运，有一支不能说特别优秀但是非常团结、有大局观念、踏实肯干的教师队伍。我的观念是：每个人都有优缺点，你只要发扬了优点，或者学习了别人的优点，弥补了自己的缺点，把自己的本职工作做好了，就是优秀的。”有了这样的心态，我感觉不再孤单、不再弱小，因为我的背后有一支强大的队伍。

每年暑假，学校的工作非常多，修下水道、改建车棚、修建平房、修桌椅、练鼓号、一年级招生，等等，千头万绪，我几乎每天都要守在学校，比正常上班时间还要累。这些还没什么，但当改建车棚的过程中学校附近的居民来大吵大闹时，当个别家长无理取闹时，当有的工作不能顺利开展时，就感到非常委屈：放假了，不但不能休息，还要忍受这些。可以说，我的家庭非常幸福，条件也比较优越，我在家是什么都不管，也从来没有什么事让我操心，但在学校什么人都可能遇到，什么话都得听。再读这段话，我再一次审问自己：当校长是为了享受吗？当然不是。应该是为了自己心中对教育的那份热爱，为了实现自己教育理想的追求，为了达到办一所好学校的目标，既是这样，就应该承担这一切。不经历风雨，怎能见彩虹。经过一个暑假的辛苦，看到一切都达到了预定的目标，我的心中充满了喜悦。

今后无论遇到什么困难，我都将用下面的这段话来告诫自己："当一个不幸降临了，最好的办法就是让它尽快地过去，这样你才会腾出更多的时间去做更有价值的事情，你才会活得更有效率，更有好心情。"

读《辩证法随谈》：求真求实

我自认为是爱读书的，因为大多数时间我是与文字打交道的，或翻阅报刊，或在网上浏览，或到书店“猎宝”，更多的业余时间是捧一本喜爱的书以最惬意的方式来读，这不是爱书、爱读书吗？但当这本《辩证法随谈》摆到桌上时，却怎么也提不起我阅读的欲望，总感觉辩证法一定是枯燥无味、理论性太强的内容，于是就这样让它沉默了一周。周末收拾书桌，它再次映入我的眼帘，局领导推荐这本书肯定有它的价值，是什么呢？在静静的夜晚，沏一杯清茶，伴一盏柔灯，我轻轻翻开这本设计简洁明快的《辩证法随谈》，一页、两页，一编、两编，不时停停、画画、写写，通俗又深刻的观点如翻山越岭后的片片好景令人赏心悦目，如一夜醒来千树万树梨花开，真是别有一番意境。

本书把马克思主义唯物辩证法的原理应用于对具体问题的分析和解决上，既有立场、观点、方法，又覆盖工作、学习、生活诸多方面，随兴而谈，触景生情，有感而发，不拘形式，时时处处应用了辩证法，点点滴滴体现了辩证法。其中给我印象最深的一段话是：“我们想问题、办事情都必须坚持一切从实际出发，居安思危，埋头苦干，一点一滴地积累，一步一个脚印地前进。”读罢心中感受颇多。

一、居安思危与继承、超越

我校在前任校长和全体教职工的共同努力下，办学水平和社会声誉逐年提高，多项活动受到了上级领导和家长的认可。从接过这副重担，我就常常告诫自己：成绩仅代表过去，我决不能安于现状，一定全力以赴，不辜负领导和师生的信任。多次酝酿、讨论之后，我决定走一条继承—借鉴—超越的路子。

首先必须纵向继承。一所学校之所以能正常运作，在管理上一定有许多被实践证明是行之有效并且约定俗成的做法在起作用。所以要择其善者而从之，并且全力倡导，发扬光大。剪纸艺术是我校多年来形成的特色，如何将其做大做亮是我们一直在思考的问题。这学期我们定制了50本小册子，将学生的作品分类存放，有传统的“喜”字、“福”字、十二生肖、花鸟鱼虫、京剧脸谱、成语故事、伟人像、奥运福娃等20多个种类，我们还积极与各地的剪纸艺术协会联系，请他们指导作品，并申请加入成为会员，从而使我们的剪纸课程走向正规与成熟。我们还积极参加各级各类的书画比赛，使学生们的剪纸作品走出校门，走向全国甚至世界，在山东省第三届书画大赛中，我校选送的七幅剪纸作品全部获奖，其中一个银奖、两个铜奖。暑假期间我们还将重新修订剪纸艺术教材，增加知识性和趣味性，并融入情商教育，使学生们在锻炼动手操作能力的同时陶冶情操、培养健全人格。

其次是横向借鉴。“十步之内。必有芳草。”“他山之石，可以攻玉。”虚心向一切先进学习，广泛地借鉴，把各种好经验、好做法与自己学校的具体工作相结合，烙上自我的印记。我把一切可以利用的时间都用来读书，做剪报、摘记，把优秀学校的成功经验进行归纳、总结。渐渐地，一个观点在我头脑里清晰起来：教师是办好学校之本，我们唯有拥有了最好的教师，才能办出最好的学校。在竞争日益激烈的今天，教师们也都希望通过各种形式的培训使自己的业务水平不断得到提高。因此，我树立了“培训是最大的福利”的理念，尽可能地创造便利条件让教师参加各种业务培训，满足教师发展自我的需求。凡是在德城区举办的活动，我要求学科所有教师都参加，因为亲身参与比让参加培训的教师回来讲效果要好得多。如果有外出学习，我都尽量跟上级主管部门多要名额，让更多的教师有机会到外面开阔视野。教师成长的速度和水平与教师在学习上的投入成正比，这是已经被无数优秀教师的成长足迹所反复证明的一条基本规律。学校给教师们订了各种教学杂志，购买了《优秀教师一定要知道的14件事》《好课是这样炼成的》《教育小语》《教育碎思》《学生第二》《师道实话》等近百本优秀书籍，规定每周三下午为教师阅读时间。每周这个时候是校园最美的时刻，阅览室里每位教师挑选一本书坐下来，屋子里静悄悄的，偶有教师换书也是轻手轻脚，真的好喜欢这种氛围，这种弥漫着书香、浸润着文化的氛围。整个下午，只要不上课的教师都在这里静读、思考。躺在书架上的书“活”起来了，它们将变成教师新的知识、新的理念，它们将以教师为桥梁，传递到学生心中，这是多么美妙的事情啊！读书与学习让一些年轻教师迅速成长起来，这学期五位刚参加工作两年的教师参加了讲课比赛，其中三人的录像课被选送到市里参赛。当然，这只是一方面的成果，我更看重取得成果的过程：教师们的学习氛围逐渐浓厚，年轻教师的进取精神逐渐增强，渴望提高、争取优秀的念头逐渐强烈，这些将是促进学校发展的不竭动力。

二、脚踏实地与“小题大做”

如今，“务实”精神作为一种传统美德，仍然在我们当代社会中熠熠生辉。在品格上，它是政治的象征；在学习中，它是求真的基石；在工作中，它是追求实用高效的原则。

人大附中校长刘彭芝在“21世纪校长论坛”中说：“当校长，作风要务实，工作要扎实，要有实心，明实理，讲实话，办实事，求实效，立实功。”这样一连串的“实”字精神说明，做校长最重要的当有一种注重实际的务实作风。在此基础上，我认为校长还应有“小题大做”的精神。学校的管理都是由一件件小事组成的，如果因为是小事而不加重视，或者得过且过，那么制度就会形同虚设，教师和学生处于应付状态。学校的卫生环境一直是个头疼的问题，学生随手扔垃圾，洁白的墙砖一道道污渍，走在楼道里，就像自己穿了一件很脏的衣服，不愿抬头。为了彻底解决这个问题，我们先召开专题班主任会，请优秀班级介绍经验，大家形成共识，然后少先队制定详细的卫生检查细则，派专人每天两次检查，每次检查的结果都公之于众，并在班主任考核量化时单独列项，这样每个班级都行动起来了，每个学生都有了保持环境整洁的意识，早晨、中午都有学生在打扫自己的卫生区，墙面、地面每天都是整洁的，学校面貌焕然一新。

有的教师在私下里说：“把卫生抓这么严，这不是小题大做吗？”在教师会上我对教师们讲：“一屋不扫，何以扫天下？我们都是平常人，我们所做的也都是一些极为琐碎、极为平凡的小事。然而，我们不能因为平凡琐碎就懈怠，学校管理工作的大事就是由每一件平凡的小事堆砌起来的。做好眼前每一件平凡的小事，尽量做得尽善尽美，这样我们离成功就会越来越近了。”

有位哲人说过：“最平常、最容易做的事，也是最难做的事，谁做好了最平常、最容易的事，谁就会取得非凡的成功。”我们确定了“用书籍滋润心灵，用剪纸传承文化，让习惯改变人生”的办学目标。成功的必要条件是养成良好的习惯，习惯塑造性格，而性格决定命运。我们决定以书写习惯的养成为切入点，制定了写字教学规范要求，每个学科的作业检查都以学生的书写为重点。我们还编印了给家长的一封信，介绍了学校的工作重点，请家长予以配合，这样教师、学生、家长都统一了认识。期中考试时，由教导主任对学生所有试卷的卷面情况进行打分，书写工整、美观者加分，态度不端正、书写潦草者减分，全校各个学科共4000余份试卷，无一遗漏。古人云：“字乃人之衣冠”，“心正则笔正”。写字不仅仅是手下功夫，还关系到一个人的道德修养和气质。在当今的独生子女群中，有不少孩子脾气急躁、缺乏耐性、做事独断专行。而写字，因其是一个长期反复、耐力持久的过程，是一个循序渐进、充分调动学生主动性的过程，学生在这个过程中需要自我约束、自我教育、自我提高，因而它对学生陶情养性，改掉身上的一些坏毛病有不小的作用。学生各种良好习惯的养成任重而道远，我们将不遗余力去实现。

三、点滴积累与步步留痕

我喜欢读书，既倡导教师读书，更鼓励学生读书，阅读是美丽的，而坚持才是更美丽的。博览群书，多吸收课本之外的知识，可以更好地体察人间冷暖，洞悉浮生世象。用窦桂梅校长的话来说：读书就是用精神的牙齿咀嚼她，用思想的胃肠消化她。好书的滋养可以使自己高贵起来，她充实着思想的流脉，支撑着人格的大山，在书中与历史对话，与高尚交流，与智慧撞击，从而打下沉实而厚重的人文素养。读书不能有很强的功利性，不可能三五日就见到效果，它是从量的积累到质的升华的过程。为了使学生的读书热情持久高涨，我们开展了丰富多彩的读书活动：一至三年级开展班级图书交换活动，班与班之间定期对图书角的图书进行交换，这样不仅让学生多看了好书，还增进了兄弟班级的友谊；四、五年级开展“图书漂流”活动，学生们将自己看过的闲置旧书，以班级为单位，拿到红领巾图书漂流市场进行低价出售，等价交换，书市上学生们自行设计售书海报、宣传语、荐书台，场面热闹非凡，不少学生在书市上淘到了自己喜欢的图书，通过低价购买或用自己的书交换，在交流过程中，还提高了学生的口语交际能力；六年级开展了“捐赠一本书，感恩母校情”活动，在学生毕业前夕，学校向他们发出倡议，用实际行动表达对培育自己六年的母校的感恩之情，捐赠仪式上学校还为每年捐书的学生回赠了纪念卡。

学校在“小语论坛”注册了“用书籍滋润心灵——萤火虫家园”，并对所有的语文教师进行网络知识培训，鼓励他们把自己班级开展的读书活动及读书收获发布在论坛上，以达到资源共享的目的。学期末，进行“书香班级”“小书迷”评选表彰活动，一学期读10本以上图书的学生，可以直接到校长室领取特别的礼物；班内有三分之二的同学读10本以上图书的班级，可以直接被评为“书香班级”。每年一次的读书节是学生最企盼的节日，活动的开展调动了广大师生的积极性，形成了班班争创“书香班级”，人人争当“小书迷”的良好读书之风。

家庭是学生读书的另一重要环境，学校成立了由5位教师和22位家长组成的“故事天使”演讲团，故事老师每天下午课前为学生讲道德小故事，“故事妈妈”每周来校为学生讲故事。这一举措为读书活动注入了活力，成为学校一道亮丽的风景线。

一本好书将影响一个人的一生，《辩证法随谈》就是这样一本给人启迪、促人深思、使人警醒的好书。任何时候，它都是指引前进方向的明灯。

开创面向未来的新时代

——《大家三小》读后感悟

在《大家三小》这本书的前言中，刘可钦校长解读并回答了中关村三小到哪里去，为什么去，怎么去，这三个问题。

第一个问题：学校应该是一个什么样的地方？也就是说，我们要到哪里去？

要回答这个问题，就需要我们重新审视对学校的既定认知，重新思索司空见惯的问题。过去我们习惯性地认为，学校就是学习知识的地方，而今天，学校的功能日益扩大，其人际交往的功能越来越突出。也就是说，学校已成了学生与同伴一起学习，并在这个过程中学会自省、合作、互助，培养良好的社会行为和个人品质，实现共处、共融、共进的教育场所，而不仅仅是学习孤立的知识或技能的地方。

学校教育也不仅仅是师生之间的事情，学生之间、教师之间和家校之间的关系同样是学校教育的重要组成部分，而连接这几组关系的纽带就是学生。学校中最重要的关系也是学生与学生之间的关系。所以，我们常说学生最好的老师是同伴。

因此，学校的任务就不仅仅是组织学科学习，还要组织多样化的学习关系。良好的学习关系不应仅仅发生在学生和教师之间，而应是教师、学生、家长、学校管理者、社区及其他关联方的总体的良性互动关系，这些关系能构建起一个科学、专业、绿色、可持续发展的教育生态，形成一个教育共同体。

第二个问题：变革的动力来自哪里？也就是说，我们为什么要出发？

一个优秀的教师需要不断反思和更新原有经验，才能保持职业生涯的青春活力；一所优秀的学校需要拥有创新力，才能走向卓越。所以，我们不能满足于既有的成绩，依赖传统的路径继续走下去。我们必须重新反思办学目标和发展路径，以全球视野谋划和推动学校的教育创新。因为未来的学校将是学生的足迹所至及人际关系所在，应该成为为每个人创造成长机会的博物馆，成为每个孩子都向往的温馨家园。

第三个问题：如何抵达这个目的地？也就是说，我们如何鼓起那份充满自信的“未来，正因我们而来”的创新勇气？什么样的教与学能够帮助学生面对未知的生活？什么样的教育空间才是未来学校的样子？什么样的教育才能更好地激发人的潜力与创造力，帮助人类迎接未来的深度挑战，让我们的生活与社会变得更美好？

中关村三小借助新校区建设，全面开启了“面向未来，重塑学校”的创新实践。以空间变革为支点，以教与学的变革为先导，系统设计学校的价值体系，创新课程安排形式和教学组织形式，提供开放、共享的空间支持，形成“班组群”的新型教育组织形式，构建以学校为中心的教育生态系统，推动学校展开全面而系统的变革，努力实现对单一的班级授课制、分科教学、固化的教学空间结构、封闭的学校与社区关系等方面的整体突破。

我似乎找到了中关村三小高位发展的密码。

1. 追求共进共赢的目标

中关村三小的教师团队有共同的目标和追求，形成了团结共进的团队文化，每个人用心了解对方、解放自己，与对方通力合作，为共同的事业汇聚更多的力量，使学校的可持续发展得到了保障。

2. 追求集思广益的过程

中关村三小建立了宽容的、相互尊重的、有效的交流与沟通环境。在这样的环境中，每个人都能敞开胸怀，打开思维，集思广益，为团队、学校、社区做出自己独特的贡献。

3. 追求“第一次就把事情做对”的效果

“第一次就把事情做对”意味着无论对自然和社会环境，还是对他人的成功经验，都要常怀谦卑和敬畏之心，换位思考，这样才会让彼此的合作变得可能且愉快，从而共同把事情做对、做好。在有效沟通、交流的基础上，即使彼此达不成共识，也能充分理解对方的需要。这为学会合作、共同解决问题提供了可能，也可以使之后的学习和工作变得专注而轻松。

4. 追求基于实证数据的科学且专业的决策

中关村三小设计了基于网络的数码学校。数码学校通过大数据的收集分析、应用和反馈，促进了学校教育共同体成员共同成长，有利于教师们发现问题、改进问题、找到差距、加以提升，最终实现共进共赢。所以，科学的数据，可以为学校和部门的决策提供有力的支持，让学习和工作变得更专业、更简洁、更准确、更有效。

5. 追求从容而坚定的教育信念

中关村三小为每一个学生提供大家庭般温暖而又专业的鼓励、支持、期待和帮助，教师们帮助每个学生获得尊重，让每个学生拥有成功的体验和成长的信心，为每个学生提供成长进步的空间和可能。

这五个密码，不也正是我们学校今后发展要坚持的原则吗？

变革学校管理模式

——读《大家三小》有感

中关村三小的管理模式由原来的“金字塔型”变革为“矩阵架构”，由原来的单一线条变为现在的“职能部门”“级部”“众创基地”三条线，从对这三条线的解读，我们可以看出中关村三小的管理“以育人为目的、以服务为宗旨”，以实现“多元参与，分工明确，决策畅通，减少内耗”的目的。

我特别欣赏中关村三小管理的几条价值追求和原则。

互补：每个团队和部门要相互配合，形成合力，协同创新。

简化：程序简单，快速响应，降低管理成本。

发展：眼中有事，心中有人，既做成事，又推出新人。

创新：经常反思各工作流程是否合理，敢于改进创新。

其实，剖析“管理”这个词，可以分为“管”“理”两部分，“管”是制度、决策，“理”是计划、执行，无论是学校、部门、年级还是具体到一个班级，都是“三分管，七分理”，甚至是“一分管，九分理”。一次班主任培训会上，李艳华老师分享了管理经验，其中最重要的一条是“言必行，行必果”，这很值得我们学习。

管理的目的是什么？可以简单归纳为六个字：做成事、发展人。在做事的过程中，成就教师，发展学生。“做事”是前提、是根本，所以我们要营造简简单单的人事关系氛围，跟同事、跟家长、跟学生都应如此。这样，我们就能专心做事、用心研究，才能真正体会“累并快乐着”的感觉。

学校无论设立什么样的部门，有何种管理模式，只要方向正确、目标明确、定位准确，就一定能发挥服务、引领作用，就一定能无往而不胜！

让组织成为可以自我生长的机体

——读《学校如何运转》有感

"一个健全的组织，应该有自己的五脏六脑，有大脑可以思考，有肺可以呼吸，有肠可以消化，有心提供动力。每一个组织的领导者，应该真正把一个组织当作一个健全的生命，认真研究其生长规律，小心呵护它的三头六臂，用心感受它的喜怒哀乐，把自身的力量和组织的生命适度分开，认真权衡自己在组织中的力量，小心把握自己用力的分寸，有所不为有所为，和整个组织的人们一起，齐心协力，让组织成为一个可以自我生长的机体。"

李希贵校长在"后记"中的这段话，对我触动特别大，学校要想持续不断发展，要想后劲十足，就要有一个健全的可以生长的组织读完整本书，再回头梳理每一个章节的内容，发现有几个贯穿全书的核心价值观。

一、建立健全的相互支持的组织

从每一章的题目看，这本书就是介绍学校内各级组织的构成及如何履行职责的。它从功能角度将组织结构分为五个部分：战略高层、中层管理者、教育教学一线、支持人员和研发平台。这与多数学校的层级结构是大不相同的。前言里介绍了五部分的人员组成和职责划分，后面每一章详细介绍了每一部分，这五部分不是上下级关系，不是指挥与被指挥关系，而是为达成学校战略目标及完成共同任务相互配合、支持、服务，这样就增强了合作，减少了内耗，提高了效率。

二、倾向教学一线

这是全书的核心观点，不仅把“教育教学一线”单独作为一章进行阐述，而且其他章节的很多内容也都表达了“服务教学一线”的观点。

比如，讲到了中层部门多数应该归为职能部门，这些部门支持、服务于教育教学一线，或是为一线师生搭建平台。再如，支持人员要从服务别人，特别是服务一线中找到自己的价值。

我觉得李校长是在表达这样的观点：不要让教师为资源的使用花费过多精力。比如，一个年级要开展一个项目学习之后的汇报，确定好方案后，教导处要协调教师的课程安排，总务处要安排好活动场地和需要的物资等，如果还需要其他部门的支持，都要全力配合，而不是让一线教师自己去协调各个部门。这项工作中，这个年级组的师生就是支持人员的客户，支持人员要主动倾听客户的声音，分析客户的处境，考虑客户的需求，给予切实的帮助。如果能做到这些，一线教师工作创新的积极性就会大大提高。

三、关注学生成长

“学生成长”是一切工作的出发点和落脚点。年级制中有下面的表述：“把每一个学生都作为一个责任中心，要整合所有的力量聚焦每一个中心。”由此，足以看出学生的重要地位。

对各个支持人员的要求也是以有利于学生为原则，如提出要把科任教师作为自己的客户，最大限度地为教师的教育教学提供信息、咨询、辅导，最终真实地影响学生，因为科任教师才是离学生最近的，他们的努力最能转化为教育效益。

即使是对教师的评价，也把师生关系作为最关键的要素。我们平时总是把“一切为了学生”挂在嘴上，但有些学校的很多制度和做法其实并没有落实，很多是考虑管理是否方便，是否是熟悉的方法，实施起来是否不那么困难……

四、刺激教师行为正向改善

北京十一学校的职级晋升和薪酬体系、荣誉体系非常系统、具体，但学校不仅仅是为了对教师进行评价和排队，而是为了更好地刺激教师行为的正向改善，这才是评价的真正价值所在。

虽然我们无法决定教师的薪酬，这一直接刺激教师的评价不能实现；虽然我们的职级晋升制度还没有实行，但我们看到了落实的希望，我们可以借助这一制度，来确定每一职级相应的岗位职责，以此来鼓励教师继续前进。另外，我们可以建立校内的荣誉体系，从教学、服务、师德、管理等方面设立不同的荣誉体系，让教师的付出以及其做出的成绩得到认可。

五、践行学校倡导的核心价值观

每所学校无论是否有成文的表述，都在有意无意地践行着一些价值观，这是一所学校优秀校园文化的基石，是师生的行为准则。

任何一个组织，都应该进行组织战略的管理，包括以下几个主要方面：组织使命和战略目标、关键成功因素及指标、战略改进领域、价值观和行为准则。这些看似虚，却可以做得很实：用文字固定下来，用师生的故事去阐释和传播。

这是我读过的专门介绍学校组织的书，很有感触。我原来对组织研究得太少，只是沿着原有的轨道前行，没有更多地去思考如何让它运行得更快、更顺畅。当然，我现在的理解也只是浅显的一部分，需要找到一些能为我们所用的，在实践中再去体会。

不忘初心　方得始终

——杭州学习感悟

接到去杭州学习的通知后，我就在想：这次去，主要学什么呢？怎样才能在短短的一周时间内有更多的收获？这时读到了李希贵的一篇文章《学校转型：从管理走向领导》，里面有一段话启发了我：只有改变自己，才能改变别人；只有领导改变，一个组织才有可能改变。那种自我感觉良好、故步自封、不再改变自己的管理者，其任何希望改变别人、改变组织的期待必然落空。因而，任何一位校长都要从改变自己开始，才能真正找到一所学校的转型之路。因此，我给自己的定位就是：学习跟岗学校校长的办学思想、管理思路、办法举措，借以反思自己、丰富自己。

跟岗的五天，我们陶醉于卷入式学习，吸收一切有用的信息；回来后的每一天，我们如老牛吃草般反刍，细细回味每一个细节，认真梳理每一点感悟，开始自上而下的改变。

一、自我提升：用文化灿烂生命

与两所学校的校长交流的时间虽然不多，但我能感受到他们对学校发展的思想引领、长远规划，他们的言谈具有学者的风范。苏霍姆林斯基说：“领导学校，首先是教育思想的领导，其次才是行政上的领导。”反思自己几年的校长经历，行政上的领导要大于思想上的领导，这肯定不能适应学校长远发展的需求，所以必须让自己成为有着自我规划和设计、有着科学决策和管理、有着教育家心态和智慧的文化人，用思想引领师生发展，用文化营造生命成长的环境。

具体来说就是要博学、善思、勤写。其一，广泛地阅读书籍，使自己的视野从某一专业领域拓展到更多领域，从更广阔的视野反观教育，为学校教育找到更好的发展途径。其二，学会观察，善于反思，不仅能观察到别人不易察觉的现象，而且能发现各种现象背后的本质及价值，经常总结成功经验，反思失败教训，以便敏锐捕捉学校发展的生长点。其三，勤于写作，多写管理笔记、教育随笔，积累研究素材、成功的案例和工作的情感。更为重要的是要注重办学经验和校园文化精神的提炼，努力探索适合学校实际和发展需求的管理模式，形成自己的办学特色和管理风范。

生命如莲，文化似水。校长是一种“高度专业化的职业”，做好校长的工作，需静下心来读书、思考、学习和研究。

二、干部培养：激活内在潜能

美国通用公司原总裁韦尔奇曾说：“在你成为领导之前，成功与你自己的成长有关，但你成为领导之后，成功和别人的成长有关。”所以，做校长一个首要的任务就是培养干部。在跟岗的两所学校，每一位给我们培训的干部都是既有实践经验，又有理论水平，能干亦能说，这给了我很大的触动，让我认识到提升干部队伍的综合素质刻不容缓。

1. 让学习成为常态

中层干部的思想境界、理论水平直接决定着学校决策的贯彻和执行力度，所以我们要改变中层干部只做事不思考、只输出不吸收的现状，建立“四个一”学习制度，即每学期一本理论书籍、每月一次读书沙龙、每周集中学习一小时、每周写一篇管理心得。

2. 让责任权力同在

李希贵校长说过：“当你不敢把权力交给别人的时候，你永远做不成事，因为你永远是用一个人的智慧指挥着一批人作战，这注定好不了。”我将细化学校各项工作的分工，改变管理科室的设置，逐步实现扁平化管理，让中层干部全权负责自己职责范围内的事情，做到主动承担、甘于奉献、实事求是、勇于创造。同时，采取项目负责制、执行校长制、挂靠年级制等措施，给中层干部提供施展才能的舞台，体会不同角色的责任与担当，从而提升干部的管理能力。

一人难挑千斤担，众人能移万座山。培养一支优秀的干部队伍意义深远，拥有优秀的干部队伍能把学校办成一个智慧勃发的生命场。

三、教师发展：为生命拔节搭建平台

教育的发展、质量的提升，其决定性力量在于教师。学生发展需要教师引导，而教师发展需要校长引导，因为校长是“师者之师”。在大关小学，有旭日学校的丰富课程，有研修小组的专业研究，在德胜小学，有教师综合素养大赛，这种基于校本的草根式组织和活动有效地帮助和促进了教师的成长。

梳理我校在促进教师专业成长方面的做法：我们有教学节、名师成长俱乐部、青年教师读书会等。但细细斟酌，我们对青年教师的培养还存在碎片化、随机性，因此下一步我们想在这方面有所改进，准备成立青年教师种子工作室。

种子意味着生命的勃发，它孕育着希望，种子的力量超越一切。我们命名为“种子工作室”，寓意青年教师像种子一样，始终葆有生长的姿态和力量。教科室负责制定实施方案：一是根据教师需求安排培训内容，主要由校内优秀教师或有经验的教师担任培训员，使培训接地气，解疑惑，解难题，点燃青年教师对教育的激情；二是通过成功杯教学大赛激励青年教师苦练教学基本功，做到一年入门、三年成熟、五年成为骨干，三是不断发现优秀苗子，提供各种机会，扶植他们，宣传他们，把他们值得肯定的做法放大、再放大，让他们引领着青年教师群体一直向上生长，生长。

我始终认为，教育工作不是谋生之术，而是心灵之约、情感之学。我一直想拥有这样一支教师队伍：他们不断思考教育的本源和责任，创建多元的教学风格，以一种博雅姿态，带一份草根情怀，带领学生沉静、沉醉地学习，培养学生求真质朴的品格。

我知道，路还很长，但我矢志不渝。

四、课程建设：让生命在课程的润泽下成长

学校课程是培养未来人才的蓝图，今天的课程就是明天的社会。为学生开设最适合的课程，是促进全体学生全面健康发展、践行素质教育的重要途径。

大关小学的求美课程体系，德胜小学在“万物育德，人以德胜”理念下的德育课程、社团课程、实践课程，都为学生成长提供了丰富的营养。

学习回来之后，我阅读了一些介绍课程的书籍，对课程的概念和内涵有了更明确的认识。课程是按照一定的社会需要，根据某种文化和社会的价值取向，为实现学校教育目标而组织制订的一套有目的、可执行的计划，它规定了培养目标、具体内容和实施的方法，并有一套可以具体实施的策略及恰当评价的方法。

课程，包括文化课程、活动课程、实践课程、隐性课程。文化课程包括国家课程、地方课程、校本课程，活动课程包括阳光体育、大型活动、兴趣小组等，实践课程包括社会调查、学生会、团委等学生团体组织的自主活动、综合实践活动，隐性课程包括除了上述三类课程之外的一切有利于学生发展的资源、环境、学校的文化建设、家校社会一体化等。

对照分析我校的课程建设现状，我们开设了以“尚文致美”为主线的20多门校本课程，每年有读书节、体育节、艺术节、英语节、成功节等活动；有生存能力大赛，参观博物馆、气象馆，拉练、春游等实践课程。学校能够精心设计校园文化，注重家委会建设，然而我们对国家课程校本化的研究不够深入，缺少各类课程实施的评价体系。因此，今后很长一段时间我们需要做的是：第一，让国家课程落地生根。认真研读课标，深度理解各年段具体要求，研究学生实际和教师所具备的能力水平，实现国家课程的校本化实施。第二，建立课程评价体系。对于学校的其他课程，我们仅仅有了实施的方案，但目标还不明确，评价方式也仅限于评奖，还需进行系统思考，在学生培养目标的统领下整合各种课程，实现评价主体、评价形式的多元化，真正让课程为每一个学生的自主发展提供充足的营养。

五、完美教室：书写生命传奇

从孩子入学那天起，几位教师和几十个孩子相聚在一个叫“教室”的地方，生命中一段最重要的时光在这个地方度过，大家的成就与挫败、悲哀与喜悦源自这个地方。

但同样是一间教室，或者平庸、冷漠，或者完美、温馨，对于每个穿梭其间的孩子的意义完全不同，对于每个生命成长的意义也完全不同。

所以，我们学校德育处提出了“缔造完美教室，书写生命传奇”的班级建设方案。完美教室的元素包括：

自创的班级文化

自定的班级制度

自生的班级课程

丰富的经典书籍

多彩的班级活动

我们先从班级的环境文化和理念文化入手，做了许多工作，多数班级有了起色，但班级课程和班级活动如何自主开展，班主任还是没有头绪。

在大关小学，两位班主任的报告让我惊喜不已，因为他们培植班级文化、设计班级课程的做法与我们提出的缔造完美班级的方案有异曲同工之处，他们的报告正是培训班主任的最佳教材。

学习回来后，我们组织班主任观看了视频，召开了座谈会，使班主任有了直观的认识。下一步我们将通过四个步骤达到班班有特色：一是发现典型，大力宣传；二是重点帮扶，总结经验；三是校区推动，现场观摩；四是班班展示，特色彰显。

缔造完美教室，让教室里的每个孩子穿越课程与岁月，朝向有德行、有情感、有知识、有个性、能审美、爱读书的生命丰盈、成长，不是为师者最大的快乐吗？

学习的结束是另一种开始，心中的梦仍在继续，脚下的路依然在延伸，我将怀揣希望，引领我的团队，向着成功教育展翅翱翔！

好校长是“圣园”之魂

——江苏名校跟岗学习

记得有一次在汇报工作时，局长问我：“当有一天学校的外部环境、硬件设施全部更新，实现了高标准现代化的目标，校长的价值应重点体现在哪里？”局长并没有让我立即回答，却引起了我的深思。是啊，在经历了十年新课程改革、教育环境不断优化、教育理念日渐更新的今天，校长，要走向何方？

在为期五天的江苏名校跟岗学习中，长江路小学宋红斌校长的专题报告给我打开了一扇门，让我找到了前行的方向。

一、校长要成为文化的图腾

按照长江路小学的工作安排，我们有幸参观了五所小学，我亲眼看到、亲耳听到、亲身体验并用心体悟“文化的力量——引领心灵的变化”，可以说，一校一经典，一校一文化。简单概括如下：

学校理念文化解读

学校	文化内涵	具体呈现
长江路小学	和谐创造美　美在和谐中	和馨教师团队　和畅学生社团 和乐学校课程　和煦德育教育
新城小学	倡导全纳教育，为每个孩子健康快乐发展奠基	葫芦丝民乐，弘扬传统；童诗诵读，厚实底蕴；书法绘画，陶情冶性；歌舞健美，艺术熏染；球操游泳，健康阳光
夫子庙小学	学而不厌，诲人不倦； 百年夫小，世纪希望	校园十景　小小孔子研究院 小星星社团

续表

学校	文化内涵	具体呈现
中央路小学	人本善爱，格致中和；以学立教，适性中和	小班化教育　“健康 创新”校训
珠江路小学	百年老校，翰墨飘香；书法教育，浸润心灵	小小汉字研究院　书法教材

除了新城小学，其他四所学校面积都不大，没有恢宏的建筑、华丽的装修，但几乎走进每一所学校，我都能感受到先哲的思想、后人的传承、今人的努力、长期的坚守。以长江路小学为例，20世纪80年代末，“长小”人就提出“和谐教育”的办学思想。30多年了，几任校长都以和谐教育为主线，不断开拓新的研究视野，让这一品牌更精、更细、更优、更响。站在校园的任何一个角落，那浓浓的文化气息如景似画地展现在我的面前，那种自然、清新、细腻、滋润扑面而来，轻轻的、细细的、柔柔的，就那么悄悄地钻进我的心中。一所学校，有了文化，就有了气质，有了精、气、神。文化养校、文化管理、文化德育、文化课堂，如此淋漓尽致地尽显在我面前，让我更深地体会到文化是一座桥梁，桥的这一头是学校，桥的另一头是校长。宋校长给我们解读和谐教育：“这是一种以和衷共济、内和外顺、协调发展为核心的教育理想。有四个子系统：学会关心、学会学习、学会健身、学会劳动。‘君子和而不同，小人同而不和。’‘和而不同’是和谐教育的内在诉求，它要求充分尊重创造性、差异性，善于处理各种错综复杂的矛盾，广泛参考、借鉴、学习不同意见，兼收并蓄，博采众长，达到理想的状态……”听着她充满激情的声音，看着她沉醉的神情，我觉得她仿佛就是文化的使者，沐浴在和谐文化中，那种自然之神韵是我所敬仰和追随的。

曾经自得于学校剪纸艺术的传承与发展，我以为这就代表了学校特色文化的形成，现在看来，这仅仅是学校文化的一个小枝丫。学校文化是以文化理念、文化价值取向为核心的物质和精神的总称，它包括学校的硬件设施、教学用具、自然环境等物化形态，也包括价值取向、校规校风、学校传统等观念形态，其中，文化价值取向起着方向性的作用。

稍感欣慰的是，从去年开始，我也同教师们一起梳理整合学校的文化传统，提出了“让每位师生走向成功”的办学宗旨，确定了“尚文致美”的核心办学理念，致力于打造“博学修涵养，善教启心智”的教师队伍，培养

“书香韵雅趣，乐学成良习”的新湖学子，并在不同的活动中践行上述理念。以上措施虽然取得了初步成效，但还没有被所有师生所领悟，没有渗透于师生心灵深处，没有外化为高雅的素质。这就需要我们进一步将之与学校课程整合，使之衍生出强大的力量，成为学校凝聚力和活力的源泉，使学校品质卓然，绽放神采。

二、校长要做“第一小提琴手”

课程文化是学校文化的核心，能促使学校多样化、个性化发展。学校通过实施健康、舒展、充满灵动的课程，全面提高学生的综合素养，这是一种高远的、高品质的课程实施和行动。两年前我就开始关注学校课程结构的构建，但内心又觉得这应该是教学副校长的事情，校长最后把把关就行了，导致现在仅停留在成立了十几个社团、能够定期活动的层面。我深知，这绝不是课程，却又不知从哪些方面入手去促进。带着种种疑惑，我们聆听了宋红斌校长的两个报告：《让一朵浪花汇入和谐的乐章》和《嵌入：从课程结构到教育理念的突破》。她从学校的课程理念、课程目标与设置、课程结构、实施与评价等方面详细阐述了“以嵌入式教学特色为代表的和乐课程”建构的全过程。我听得格外认真，也格外激动。对，这就是我所希望的课程文化：将原本孤立的国家课程、地方课程、校本课程有机融合，使国家课程校本化，校本课程特色化，从而培养出灵动而快乐、纯净而活泼的学生。那么，在实施的过程中，校长的位置在哪儿呢?

听着、记着，思着、悟着，我渐渐明白了：在专业引领和学校课程构建上，校长不能仅做“指挥家”，还要做学校的“第一小提琴手”，决定整个“乐队”的主旋律。因为学校课程是学校工作很重要的一个方面，而校长是总设计师，校长不能把工作全部交给教学副校长去做。校长要定准学校课程发展的基调，确定清晰的课程理念，从目标到内容到方式到评价要全程参与研究，有一个完整的规划，这样副校长和教师实施起来才不会失控，不会有偏离的音调，才能演奏出优美和谐的乐章。

规划学校课程设置，课程的成功实施是一种心智交融的过程。校长首先应该主动接受新的教育思想和课程理念，以身作则，研读相关文献资料和研究成果，加强自己在课程领导方面的理论修养，提升业务能力。其次，要组建骨干教师团队，这是课程实施走向深入的立足点。最后，还应建立资源中心，充分挖掘本校教师的优势资源，同时寻找专家、家长、社会资源，使之成为学校课程实施的强力支撑。我相信，不久的将来，我们也会构建出基于学校实际的适合学生发展的完整的课程体系，满足学生全面发展与个性发展的需要。

如果把校园比作培育人才、铸造栋梁的“圣园”，校长的办学思想就是圣园之魂。让我们都坚守儿童的立场，遵循教育规律，不追求澎湃的波涛，却执着于源远流长，在时间的长河中默默地浇灌和等待，等待着花朵自然绽放，等待着果实自然成熟的那一天。

学习　践行　发展

——第十四期全国基础教育改革动态研修班心得体会

初冬时节，我们一行30人带着些许期待与憧憬，或者还有些许牵挂，走进了国家教育行政学院——我国教育系统独立设置的教育干部培训院校，参加第十四期全国基础教育改革动态研修班。本次研修班是根据教育部党组指示精神，按照《教育部办公厅关于2014年教育部干部培训班次计划的通知》要求而举办的，培训内容丰富，讲课的老师都是知名专家或校长。两周的时间紧张而又短暂，但每一天都很充实、有意义：和专家学者直接对话，汲取最新的教育思想和教学理论，让我们开阔了视野，增长了见识，提升了理念。

一、这是一次高层次、高规格、高水平的培训

为期两周的研修班，国家教育行政学院学习安排紧凑，教学内容丰富，学习形式多样。教学内容共分两个单元：第一单元是学习贯彻落实十八届四中全会精神，建设完善现代学校制度；第二单元是改革创新学校管理，提升学校教育质量。学习形式以聆听专题报告为主，辅之以分班研讨、名校考察、校长论坛等形式。两周共听了13场专题报告，内容涉及学习贯彻十八届四中全会精神、建设现代学校制度、义务教育质量检测、行动研究与名校长名师成长、国外基础教育改革动态、学校发展规划与学校科学管理、校长的办学理念与学校品牌建设、素质教育与新课程改革、信息化技术的教学应用、学校预算管理等办学的方方面面。

分班研讨的中心内容是各校的办学特色：小学教育面临的热点、难点问题及政策建议；校长论坛的主题是创新学校管理，全面实施素质教育；小班教学的内容是群策群力工作坊，战略规划制定流程。我们还考察了北京外国

语大学附属学校，亲身感受了大气精致的校园文化。

以上所列内容，既有教育部领导的高层次宏观政策层面的专题讲座，又有专家、教授、学者对教育理论、教育现象、教育问题的深层次剖析，还有北京等地许多名校长在学校管理及管理的操作层面的经验介绍。本次培训既有深刻、生动、前沿的理论讲座，又有学员相互之间的原汁原味、风格迥异、丰富多彩的办学经验交流，让我每一天都有收获、有感触。

二、这是一次提升理论、推动实践、震动心灵的培训

1. 坚持依法治校

教育部的两位司长分别解读了十八大《中共中央关于全面深化改革若干重大问题的决定》和教育部印发的《全面推进依法治校实施纲要》，指出：依法治校不仅仅是一种办学理念、管理思想，更重要的是它是一种治理方式、治理制度、治理秩序，所以要学校坚持“育人为本、全面发展、促进公平、提高质量、安全和谐、充满活力、依法办学、科学治理”的基本理念。应把法制教育纳入国民教育体系，从青少年抓起，在中小学设立法制知识课程，改善学校法制教育的内容和形式。教育内容要系统化，教材要科学化，注重宪法教育，以推进社会主义核心价值观教育，利用社会法制教育资源，丰富青少年法制教育的形式。

2. 改革质量评价

基础教育质量应以学生发展为核心，把促进学生健康成长作为学校一切工作的出发点和落脚点。胡平平教授给我们展现了一套全新的质量检测体系，她说，统考统测是甄别、评比、选拔，检测是诊断、指导、提高；统考是检查主课成绩，检测是全面检测学生的综合素质和相关影响因素；统考是一份试卷考所有学生，检测是多套试卷考样本……不同的评价影响着学校课程的设置和学生培养目标的制定及全面实施素质教育的落实程度，意义重大。

3. 校本教研内向化

现在各个学校的校本教研大多存在着方式单一、随意性强、没有长期规划等问题，对此，学校都急于解决却苦于没有实效型的方法。陈雨亭教授给我们提供了“良药”，即以内向型校本教研作为对学校进行综合改革的切入点。“内向型校本教研”是指学校植根于本校情境，构建多元对话平台，引

导教师们组建各种研究团队，融研究、交流、合作于一体，以行动研究的方式研究解决自己实践中的难题。这种方式最重要的概念是行动研究。陈教授通过具体案例讲解课题研究的各个步骤，很有操作性，我们将在这方面进行探索、改革，使校本教研真正助推教师成长、质量提升。

4. 建设现代学校制度

教育规划纲要提出："推进政校分开、管办分离。适应中国国情和时代要求，建设依法办学、自主管理、民主监督、社会参与的现代学校制度，构建政府、学校、社会之间新型关系。"这就明确规定学校要根据新形势、新要求建立现代学校制度。建立现代学校制度，就是让权利回归学校，回归校长、教师，回归学生、家长、社区，回归所有相关利益主体，重构权力结构，建构新规则，实现新职能，建构教育管理及各方面运行的新机制，让教育发展回归应循的专业化逻辑，真正以学生为本，以满足公民教育诉求为本，实现教育公共利益的最大化。我们必须深刻领会，与时俱进，使学校管理更为科学规范。

5. 科学制定战略规划

最后一次小班教学是"群策群力工作坊"。我们在杨红霞老师的带领下，运用SWOT分析、头脑风暴、SMART原则、2×2矩阵、同类整理等科学的工具为吉林船营区第九小学进行诊断并设计远景规划。这是一次实战性、参与式的教学，我们分为四组，每个环节都参与讨论、归纳、解读，既了解了战略规划的制定流程，又亲身感受到了它的巨大作用。回到学校，我将其应用到学校重大决策的制定和问题的解决上，发挥了团队的强大作用，让教师成为推动学校发展的主力军。

思想的升华　行动的落地

——第七届新学校论坛学习汇报

第二次参加新学校论坛，我依然充满了期待，拿到资料袋里的代表证，扫描后面的二维码，两天论坛的议程出现在眼前：四个半天，六大板块，二十几位校长的分享交流，教育名家的主持和点评，以及校长的第一次、捕捉教育时机、校长的选择题、成长供给站、跨界对话、观察员视野等，每一项内容仅看题目就极具吸引力。

这次学习对我冲击最大的是李希贵校长的报告《从世界观到方法论》，让我看清自己以前外出学习所看到的，多数是方法论层面的东西，是照猫画虎，而没有学到方法背后的价值观；也让我明白，人之所以有做法上的差异，归根结底是世界观的不同。所以要想改变人的做法，首先要从改变世界观开始。回到学校，我给教师们也做了《从价值观到方法论》的微报告，通过几个小的例子让教师们知道世界观和方法论的定义，然后让教师们给“教师”“学生”下定义，找关键词。教师，是传道授业解惑的人；学生，是受教育的人。如果关键词定义在“的”的前面，教师和学生就是教育与被教育的关系，是有着高低之分的；如果关键词定义为“人”，那就是平等的，教师和学生应该是各自独立、互相尊重的。在这种价值观前提下，教师应该如何处理和学生的关系就很清楚了。

其次，校长要清楚自己最主要的职责，分清哪些是重要紧急事件。会议期间，我们参加了一个问卷调查，40道选择题，要确定所给出的事情对校长而言是重要紧急、重要不紧急、不重要紧急、不重要不紧急中的哪一种。乍一看觉得每一项都是重要且紧急的，但我们知道肯定不是这样，后来讨论确定凡是有分管部门的都是不重要不紧急的，甚至有的在日常工作中明明被我们当作重要紧急的事情，如接待检查安全的副局长、接待政协委员进校园、社区商讨文明共建等，都是不重要不紧急的。结果是400分的题只得了320分。这充分说明，实际工作中，我们做了太多不是校长应该干的事，我们替太多的人背了猴子，以至于我们自己没有时间读书思考规划。回来后，我也试着在做某件事情之前先问问自己：这是谁的事？对我而言重要吗？紧急吗？尽管这样做了，还是有些分不清，如对个别在工作上需要注意方式方法的教师，是让工会主席谈，还是自己谈？如期中考试后各教研组的分析会，自己是否全程参加？等等，还有很多都拿不到桌面上的小事，占用了大量的时间，这也说明自己需要改进和提升的太多了。

再次，移植必须接地气，让课程从自己的学校里生长出来。几乎所有的学校都在进行课程建设，三级课程的整合、全课程的尝试、校本课程的开发等等不一而足。听的过程是激动的，大脑也在高速运转，在选择哪种课程适合搬到自己的学校，甚至想着会后再单独联系，问问更具体的做法，有没有现成的教材可以借鉴。但最后一天上午秦建云校长的报告，让我对自己的想法感到汗颜。

秦建云校长到新疆克拉玛依第一中学进行教学改革，用实践去探索北京十一学校的做法是否具有普遍意义。上任之前，他观察到一个普遍的现象：所有进入十一学校学习的人，思想上都高度认同，觉得这是自己梦想的教育，应该去实施。但离开时，行为上都绝对的谨慎：干不了。谈到的原因都是：生源差、教师专业水平不高、场地小、资金不足等，却没有人谈自己与这场变革之间的关系。秦校长开始思考问题背后的真正原因，探寻每个人内心深处最本质的东西是什么，那就是不自信，本人不自信，就会对别人产生不信任。

所以他决定到克拉玛依后首先增强教师的自信，从而带动对别人的信任。他做了几件事提高教师的自信：一是保留“克拉玛依第一中学”的校名。二是让一中的教师自行决定是否进行变革。这两件事让教师们感觉学校是自己的，变革是自己的，而不是十一学校的。三是教师自己建构学科课程。一个学校的某个学科的结构是什么样的，应该是这个学科的教师决定，校长只能决定办学的方向，但不能决定学科发展的框架，因为校长是外行，不专业，所以必须由教师自己建构课程体系，写出教学手册。四是不提供学科教师援助，让教师自己去努力，自己去承担。他坚信，同时也让教师们看到：自信是干出来的，不是别人教出来的。

克拉玛依第一中学的变革成功了，他们的课程是从学校里生长出来的，是接地气的，是可持续发展的。由此我想到了我们学校现在做得最好的校本课程：剪纸、数学绘本、数独等。这些课程之所以坚持数年还蓬勃发展，就是因为它们是教师们自己研发的，是从教学中一点点成长壮大的。所以，今后我们无论参与什么教学改革、开发什么课程，可以学习借鉴，但仅仅作为参考，而不是移植、复制，必须潜入水中，自己去试试水的深浅；必须培植自己的土壤，自己经历课程建构的全过程，唯有如此，才会让课程之树郁郁葱葱。

最后，只有职业倦怠，没有专业倦怠。在李振村校长、高峰校长等教育大家的报告中，我看到了他们所在学校教师的干劲和热情，他们有思想、有活力、有创造，为什么同是教师，他们没有倦怠感？仔细分析，这些教师不仅仅把教师当作一种职业，而是在每天的教育教学中体验到了专业发展的快乐和学生成长的幸福。

是的，每位教师都是一座富矿，合理开采加工都能成为黄金钻石，校长要给出支持系统和引导系统，让教师看到自己工作的价值，找到专业成长的富足感，找到自己的制高点。我们现在创建的教师职业个性化成长工作室，就是为有个性、有思想、有追求的一线教师服务，搭建平台、提供帮助，为他们成为名师、成为教育家助力护航。职业个性化成长工作室最大的目的，是点燃许多普通教师的理想与激情，让他们知道教育可以非常美丽，教师可以非常幸福。没有教师的发展，学生成长就成了无本之木；没有教师的研发，课程就成了无源之水；没有教师的实践，理想课堂就成了水中之月。我们要坚定地把教师和学生一同放在“学校的正中央”，关注最先奔跑的教师，带动更多的人行动起来。

未来，我们已来

——参加北京新学校培训感悟

新的信息时代似“忽如一夜春风来，千树万树梨花开”，以迅猛之势强烈来袭，不容我们质疑与反应，就被裹挟其中。“互联网+”、VR、AR、“未来学校”“数字校园”“智慧课堂”“全息镜头”“码书”“码课”“iPad乐队”……众多教育、非教育的概念与理念，冲击着我们的眼球与神经，挑战着我们业已熟悉和习惯的思维方式、教学方式抑或行为方式。作为学校领头人，我们以什么样的态度面对这些变化，以什么样的方式迎接这些挑战，决定着学校发展的方向，决定着学生发展的高度和宽度。从北京学习回来，我一直在思考并与教师们不断地交流，便有了以下感悟。

一、走向新校长

近几年，教育界热衷于研究学生核心素养，提出了各种关键词，其实，我认为我们更应该研究校长的核心素养。在北京学习期间，给我们做报告的有几位校长：汪正贵、孙立功、刘艳萍、梁峰。每位校长风格不同、经历不同、成就不同，但又有些共同点，我总结，这就是优秀校长的核心素养。首先，他们都有强烈的教育情怀，在用整个的心做教育；其次，他们都喜欢广泛阅读，具有开放包容的胸怀面对时代；最后，他们都有较强的领导力和执行力，能将思想转化为技术，将观念转化为行动；当然，还有创新学校内涵发展的创造力、激发教师内在潜能的人格力量；等等。

在校长这个岗位上有十年之久了，学校规模从小到大，师生数量从少到多，我也从而立走到不惑，但与很多优秀校长相比差距依然很大。在当前这个信息技术飞速发展的时代、在这个教育发展日新月异的时代，我该走向哪里？我给自己的定位是：做一名新校长。

教育部颁布的《义务教育学校校长专业标准》，系统构建了校长的六项专业职责：规划学校发展、营造育人文化、领导课程教学、引领教师成长、优化内部管理、调适外部环境。这就是我从一个“老校长”向“新校长”迈进的方向。基本路径是：

（1）阅读—实践—反思—写作。阅读是一种吸纳，可以让人拥有自己的精神世界，促进精神发育。我将扩大自己的阅读领域，把哲学、管理学、国学的书籍纳入自己的阅读范围，同时把在阅读中产生的想法与实践有效融合，不仅仅坐而言，更注重立而行。反思、写作是一种内化，平时自己写得也不少，但多数是流水账式的记录，深层次的总结比较少，以后要克服惰性，力争让自己站在一定的高度上规划学校的发展。

（2）改变管理金字塔。“把教师和学生放在学校的正中央”是我一直想要实现的愿景，但现实管理中，领导层发号施令在学校内还是占有很大比重，这种操作方式会给学校今后的发展造成很大的瓶颈和障碍。所以，学校管理必须转型，让教师和学生站在管理的最上层。一是要分解权力，不同的部门，不同的委员会、项目组都明确自己的责权利，让所有人员迸发管理的智慧。二是打破行政架构，变管理的“行政模式”为管理的“专业模式”，采用项目管理，让非行政的优秀教师成为项目负责人。三是实施“团队管理”，让教师们抱团行走。四是让学生参与学校管理，凡是学生能够策划、主持、实施的工作都放手让学生去做，教师幕后指导，给学生更多施展才华的舞台。

（3）提升课程领导力。课程改变，学校才会改变。作为校长，首要的是提升自己的课程领导力。首先，要精确定位自己的角色——谨防因“我就是对的”而走进“沉默螺旋”怪圈。要从“藏宝于民”走向“献宝于民”，让学校课程原汁原味，充满个人魅力，充满时代气息，最终沉淀为学校自己的文化。其次，要大胆“放权”，推进“国家课程校本化，校本课程教师化”的策略，让教师拥有最大自由的“自课程”权利，把自己的特长、优势，甚至是兴趣爱好，变成课程研发、供给的源头活水。再次，要善于盘活课程供给的强大力量——学生、家长、社会平台。最后，鼓励家长开发“生活技能、职业素养”方面的微课程。

二、成就新教师

教师是学校最核心的要素，也是一种非常重要的教育资源，其举手投足之间都是一种言传身教、一种潜移默化、一种没有痕迹的德育。直接作用于学生发展的是教师，所以，校长的一个重要使命，是促进教师主导发展，成为“新教师”。

“新教师”有什么特征呢？他们赋予知识以生命与色彩，对其有独特的见解和感悟；他们能分享自己对生命、生活的思考与体验；他们对课堂驾驭灵活自如，充满教育智慧与激情；他们有志于人类普遍的善，怀有未来世界更加美好的思想，并引领大家走向这个美好未来……这些有着高尚境界和人格追求、有着宽广人文情怀的“新教师”，才是引领教育走向光明与未来的灯塔，才是学生核心素养的源泉。当我们拥有一支这样充满思想的高素质教师队伍，以人文思想引领学生精神上的成长，用思想点燃思想，用优秀培养优秀；当我们的教师不再仅仅为了知识，仅仅聚焦在成绩上，我们的教育就能不惧考试，赢得考试。

发展教师的指导思想是，努力构造有利于“自组织发展”的文化生态，“自组织发展”的标志是众创、众治、众享。因此，推进组织发展，学校要建立共享的愿景和目标，要构建分布式、网络状组织结构，让每一位教师仿佛站在网状结构的节点上，看到多个方向的发展可能。只有这样才有利于教师选择自己感兴趣的方向，学习探究，提升自己。

我们的具体措施有以下几点：

（1）成立“渐渐读书会”。建立《教师阅读章程》，明确这个阅读共同体的形式、时间和频率，以及每一位成员必须完成的基本阅读要求和结果呈现的参考形式。

（2）成立“新师者论坛”。每周至少两位教师作为主讲人，向全体教师介绍自己近期正在读的书，分享自己的阅读收获。

（3）发展“职业个性化成长工作室”。要相信每一位教师都是优秀的。优秀不是与他人比较，而是与自己比较。只要找到自己的闪光点，尽情地让自己光芒闪耀，你就是优秀的。鼓励教师参加工作室，进行大胆尝试，大胆改革，大胆实践，学校给政策、给支持、给平台，把教师内在的人性力量唤醒、激发、放大。

（4）开发教师课程。我们鼓励每位教师在融合国家课程和校本课程的基础上，依据个人文化底蕴、兴趣特长，根据学生素质发展要求，创设自己的教师课程。

由一个人、一个项目、一个窗口，去唤起一批人、一批项目、一片天地，由一批人再去唤起更大的一批人、更大的一片天地，用自组织学习发展的力量让每一个人都走在向学、向上的大道上，成为助推学生健康成长的“新教师”。

三、引进新技术

接纳变化才能一直创新，在“互联网+教育”的背景下，“传统教师”必须向“新教师”转变，要懂新技术，会用新工具。新技术的植入必然会使课堂形态发生相应的改变，也必然会挑战教师业已习惯的备课、上课与作业批改方式。“习惯成自然”的惯常模式必然会因为技术和互联网的介入而发生变革。但教师要做的不是去自动屏蔽，而是应当主动接纳与学习新技术，研发技术如何与学科进行深度融合；把控“互联网+教育”的最新动态；感知课堂上反馈器的引入让评价及时科学地生成，智能平台让课堂轨迹随时被记录，网上批阅让学业评价及时被看见。嵇成中教授的报告让我大开眼界，也使我原来僵化的思想受到冲击，我必须带领教师们与新技术亲密接触了。

我们的具体做法有以下几方面：

（1）通过专家讲座、课堂观摩、案例研究等形式让教师感受到新技术带来的课堂变化，产生学习新技术的强烈愿望。

（2）推荐多款实用性APP，让感兴趣的教师使用、推广。

（3）与科技公司合作，引进先进的教学软件及学生用教学设备，成立实验班级，在英语学科进行研究。

（4）成立微课研究团队，实现课堂教学方式的转变。

四、实施新评价

这些年，我经常在矛盾中反思：当儿童进入学校，成为我们的学生，我们该如何期待学生的成长？

希望学生是文明的，是受过教育的文明人；希望学生有担当，有社会责任感；希望学生是心地善良的人，能够为他人着想；希望学生有创新能力，能做出一番不一样的事业；希望学生学业有成，享受成功的快乐……我们到底希望学生变成怎样？我们有权利随心所欲地“塑造”学生吗？

不能这样！教育不能贪得无厌地要求学生，不能永远没有满足地期许学生、鞭策学生。我们需要反思：教育的根本目的是什么？我们需要重新读懂儿童，我们要尊重学生的个性。我们要追求的是“教育质量”而非“教学质量”。我们要欣赏学生的差异发展，欣赏学生的不同特质，追求每一个独特个体的成长。

在学习期间，我们参观了两所学校，接触到的学生都彬彬有礼、落落大方，都乐于交流，而且很会沟通，每个学生都充满阳光。我们制定的学生培养目标也是致力于培养这样的学生，而评价决定着教师们施教行为的方向，评价不改，培养目标就很难完全落地。所以，我们要成立评价改革课题小组，建立系统的发展性评价系统，让每一个学生都能发现自己的闪光点，看得到自己的进步，让他们在小学六年里能一步一个台阶走向属于自己的顶峰。

未来已来，我们做好了准备。参加培训的五天，我看到了自己的不足与差距，虽然有些是我们现在还不能改变的，但我们可以做自己能做的，改变自己能改变的，理想的教育就能实现。

新情境　新社群　新评价　新工具

——第三届中国教育创新年会

从来没有参加过这样的学习：

如此高强度——从早晨8：30开始到晚上9：30结束，每天13个小时，除了中午晚上吃盒饭的时间能稍事休息，其余时间都在桌前端坐，可以毫不夸张地说，连去洗手间的时间都没有预留。

如此高科技——网上报名、自主选座、扫码报到、课程直播、超星阅读、移动厕所、方便充电装置、全程会务小助手、全电子会务系统，等等，而且还有新工具板块，演讲嘉宾那里有一大堆好用好玩的软件与我们分享。

如此高容量——一天24位专家做报告，虽然主题不同、内容各异，但都围绕教育改革、课程融合、学校评价，带给我们深深的思考。

如此高质量——所请专家涉及不同的领域：学校校长、课程名师、教学专家、艺术评论家、自媒体创始人、教师进修学校院长，来自不同的国家和地区，如芬兰、印尼、美国、北京、重庆、深圳、成都等，每一位都是各自研究领域的名副其实的专家。

……

正如会议手册所述：

整个现场就是一场当代教育艺术的展示与表达；

整个流程就是一场对教育新概念、新工具的示范运用；

整个流程就是一个发现与解决教育当下核心问题的“蒲公英盒子”；

整个会议就是一段高质量、沉浸式、情境化的体验学习；

整个学习就是一场有主题、有机制、有互动、有挑战的社群分享时光；

……

三天的学习时间不长，带给我们的冲击却是一波又一波。

1. 让设计成为一种思考方式

这次年会布置了很多体验空间，如沪江CCTalk、超星在线课堂、立起来剧场艺术统整课程联盟、万物启蒙课程空间、深圳小学智慧课堂、泰思考试评价、蒲公英校园文化环境艺术展，等等，每一个空间都能看出精心的设计痕迹。我印象最深的是“立起来剧场”，所有的展台都是用普通的纸盒子搭建的，不同的纸盒拼插组成了形状各异的展台，上面摆放孩子们的作品，成为参观者流连忘返的空间。还有“万物启蒙课程空间”，孩子们的思维导图有规律地展示在墙壁上，下面的小桌上是孩子们的作品集，不仅有文字，还有过程性的照片，每一本都是一次项目学习的全记录，最特别的地方是孩子们自己当小解说员，给参访者介绍自己的成果，让我们看到了课程的魅力所在！再有CCTalk体验空间，让参访者坐下来，自己录制一个直播视频，然后上传，马上就能在网络上看到，录制最短1分钟，很方便，参与的老师络绎不绝。每一个空间都有其设计的理念，让我们感受到了别样的教育场景。

2. 戏剧改变教育

一群八九岁的孩子用舞蹈表演《诗经》、竹子生长的力量、蜡染的传统美感，让我们真切感受到大自然的力量。香港戏剧教育专家叶逊谦老师跟20位小朋友初次见面，在短暂的相处时间内，他却真正用戏剧带来了一场教育的改变。台上20位小朋友和台下1500多位“大朋友”，帮助叶老师一起完成了演讲的“PPT”。表演玩电脑，表演打游戏机，表演抢微信红包，相信大家都能很快给出反应。可如果是“表演一朵花”呢？你会一成不变地摆出从幼儿园里学到的“向日葵”姿势，还是还原出关于花朵的各种想象？如果再进一步“表演一种颜色”呢？你的思维又能发散出多少种关联？

正如英国教育家Sir Kenneth Robinson说的：“We don't grow into creativity， we grow out of it . Or rather we get educated out of it.（我们不会越大越有创意，有的时候，我们反而越大越没有创意。更确切地说，我们被教育成了一个更没有创意的人。）”

通过表演，台上的孩子，甚至台下的成年人，都有了更多的想法。而戏剧教育所带来的最精彩的部分，不是台前的花，而是激发孩子们的想法。

今天，我们亲自感受到了戏剧带给孩子们的想象力和创造力！

3. 未来已经来临，只是尚未流行

这句话准确概括了现在这场史无前例的教育进步：不仅因为人们可以运用互联网、智能化等工具手段，在学习中增加更多互动的空间、有趣的过程、便捷的沟通与共享、有效的理解和记忆，以及搭建社交化、个性化、情境化的成长平台，而且在这波数字化浪潮中，无数的学校正在“整体提升教育智慧”，从观念、结构与机制层面，转向真正的“数智化”时代。

我们必须站在科技的前沿，接纳并积极使用新科技、新手段、新平台。这次学习，专家不仅仅介绍了各种新工具，而且现场进行了演示，让我们立即体验，如“讯飞输入法”“超星学习通”“视+AR”三维立体技术、网络直播微课制作、“狸米APP”等，我们充分感受到了新技术带来的便捷与高效。

虽然我们的办学条件还不能完全满足未来学校、未来教室的条件，但我们要有“改变能改变的，改变必须改变的”理念，做现在能做的，如方便教学的一些APP，可以让教师们用起来；网络直播课程，可以让教师们学起来；微课的研究，可以让教师们做起来；学校网络都能达到班班通，那就把用网络能解决的问题先做起来，量身定制智慧、生态、审美的学习空间，实现移动学习、跨学科学习、探究式学习。

当然，在技术运用的过程中，我们眼里看到的应是“人”和“课程”，聚焦人的发展和构建能培养学生面向未来核心素养的课程体系，数字技术应该像空气一样自然地浸润学生的整个学习过程，凸显人的发展和课程的构建。

4. 让“指挥棒”正确指挥

有人说，“人的一生常被他在学校所受的评价划定轨迹”。是的，各种各样的学校评价正设计着千千万万学生和这个世界的未来。新评价时代，学业水平如何考？综合素质如何评？潜力与天赋如何激发？张人利、赵桂霞、卢志文等五位专家的报告根据各自学校的实践探索给我们指明了方向。

翔宇教育集团总校长卢志文说，人们都在思考一个问题：导致应试教育的为恶之源是什么？大家认为是评价。导致应试教育的罪魁祸首是什么？大家认为是考试。考试、评价的确是有指挥棒效应，但指挥棒有问题，就要把指挥棒扔掉吗？怕噎着我们就不吃饭吗？我们应该让指挥棒正确指挥。

评价要多元，要注重发展、注重过程、注重导向，提升六大核心素养是评价学校的一级指标。评价学校，要从管理、设备、课程、教师、执行力和培养目标等方面进行，而不是不顾学生的成长、教师的工作量、学校的教育过程，只看成绩的短期行为。

教师评价的依据是职责，教育需要的是诚信自觉，教师的评估也需要发展性评价，使教师的专业和品行得到提升，而模糊评价能使评价更有指导提醒、合作提效的作用。

现在我们对学生的评价也多是重分数、重结果，而没能评价学生的素养和过程，所以评价改革不是制度问题，而是技术问题，应该以技术主导的评价改变经验的评价。上海蔷薇小学的评价改革让我们看到了希望，他们把学生的电子证变成了课程卡、激励卡、实践卡、健康卡和成长卡，当一个学生回答一个精彩的提问，老师就用他手中的魔法棒指向这个学生的电子卡，墙壁上的电子屏立刻显示出这个学生获得一朵小红花。用这种方式从品德、学习、健体、艺术等各个方面评价学生的综合素养，并且能每周分析、每月分析，形成对学生的促进性评价报告。

现在我们各个学校都开始使用“云校”，开发云校平台，实现对学生综合素质的评价，让学生每天学习生活的轨迹清晰可见，让学生的进步成长有据可查，这是我们下一步要努力去做的。

5. 什么都可以等待，只有学生发展不能等待

学生发展靠的是教师发展，目前学校都很重视教师的培训。上海嘉定区教师进修学院花洁副院长总结，现在的教师培训有三方面的缺失：一是缺失促进教育专业发展的新生态，二是缺失与学生发展的对接，三是缺失符合时代发展特征的设计。

她提出当我们把教师的培训看作一个活动的时候，我们的思维就可以打开。她提出“教师社群学习”，指通过设计和运营，使来自不同年级、不同学科或不同学校、不同区域的教师基于相似的兴趣、任务或价值观，有组织、交互式地进行群体学习，促进教师个体的学习与发展。

这种学习需要优秀的任务、清晰的目标、不断强化的障碍和挑战并即时反馈。现在我们的连片教研、教师抱团学习、邀请专家指导等，就符合教师社群学习的特征。由此看来，我们的路子对了，下一步就是认认真真按照培训方案去落实，激发教师们原有的研究意识，培养研究能力，让他们从工具人转变为目的人，参加学校的课程改革，成为学生成长的重要引领者和陪伴者。

面对每一场相遇，我们如何打开，世界就如何向我们打开，期待我们的学习与改变，让心灵如花绽放，让生命拥抱世界，让学校有不一样的可能，让学生有灿烂的精彩！

在行动中探索学校发展的新路径

再一次跟随季苹教授的脚步，走进学校、走入课堂，聆听报告、思考追问，虽然不是自己的学校，但卷入式的学习也让我对自己的办学方向、课程建设、队伍培养等进行了深入的反思，更坚定了自己“在行动中研究，把研究的成果付诸行动”的工作思路。

一、收获

1. 学生研究的再定义

“研究学生”，这是一个我们常挂在嘴边，却又无法真正说清楚、做明白的话题，也是一个在当下教育内涵发展阶段极具现实意义和重要价值的命题。

现在，我们平日的教育教学工作，绝大部分时间是花在教材和教法的研究上，花在课程体系的构建、教学经验的交流和总结上，即使有对学生的研究，也是限于了解学生对知识的掌握程度，这当然需要，但对学生的身心发展状况的研究比重太轻。

季教授谈到，要把学生作为独立的人来进行研究，关注学生的身体需要、学业发展需要、基本的心理需要（如安全、自主、同一、优越性等）。这就需要教师通过与学生更多的情感交流，更加深入而细致地了解学生的需要、动机和情感特征，进而更加个性化地、灵活深入地关注和处理学生情感发展的差异性、丰富性，达到促进学生情感发展、使学生实现认知和情感协调的目标。这样，我们就能找准学生的“精神兴奋点”，找到与学生的心灵相接之处，弄清学生究竟需要什么，知道学生在关心什么、思考什么、谈论什么、渴望得到什么，在这一前提下，我们再去确定采用什么样的教学内容和教学方式，显然就会使供需接轨，从而避免教学的盲目性和无效性。

2. 培养目标的再认识

自2014年跟随季教授学习，我开始对培养目标有了初步的认识：在学校工作这个系统中，学生培养目标既是学校确定教师发展目标和学校发展目标的依据，也是进行校本课程设计和学校管理机构设计的基本根据。我们开始在教师、学生、家长中调研，了解共同的期望，确定关键词，大体形成了对学生培养目标的基本描述。

这次季教授对四所学校的诊断，都有对培养目标的追问。比如，生态、生命、品格等不断提及的名词具体内涵有哪些？“让每个孩子绽放精彩”中的“绽放”如何让孩子理解？生命教育理念下“健康、诚信、乐学、善思”中每个词的具体描述是什么？等等。这些追问引起我们的深入思考。确实，培养目标不是浓缩的词句，不是写在纸上的口号，而是要渗透在所有的学校课程中，要成为教师每天进行学生研究、诊断和指导的依据。所以，我们确定的目标，要得到所有师生、家长的认可，要深刻领会其内涵，要明晰其实施途径，进而内化为每位教师的理念，外显为学生的文雅言行。

季教授还多次提到学校的培养目标里应有“热爱生活”的内容。她说，要把学生看成独立的人，站在人的角度去思考教育。那么，教育的基本作用是让人活得更好，教育的使命是让生命之花绽放、让生命舒展。所以，学校设置的课程、教师的教育行为都要给校园里的每一个生命带来希望，让每个学生认识到生命的意义和尊严、生命的责任与美好。从这个角度来看，我们的培养目标还是有些片面，重知识、能力、兴趣，轻生活体验、情感需求，是需要调整和完善的。

3. 课程建设的再思考

近几年，“课程”一词上升到了前所未有的高度，似乎校长不懂课程就跟不上时代发展。但课程到底是什么，如何定义，它的内涵和外延各是什么，又说不太清楚，以致有人形容：“课程是个筐，什么都能往里装。”

从百度上搜索的内容来看，课程是指学校学生所应学习的学科总和及其进程与安排。狭义的课程是指某一门学科，广义的课程是指学校为实现培养目标而选择的教育内容及其进程的总和，它包括学校教师所教授的各门学科和有目的、有计划的教育活动。对课程的分类也是多元的：核心课程与外围课程；国家课程、地方课程与校本课程；显性课程与隐形课程；基础型课程、拓展型课程和研究型（探究型）课程。

四所学校都已经形成了自己较为系统的课程体系，非常值得我们学习借鉴。那我们在整理自己学校的课程体系时应注意什么呢？我觉得还是要有对课程的深层次的认识，不是追求形式的美观、内容的繁杂，而是要看是否从学生中来，是否满足学生的发展需要，是否站在学生成长的角度设计或开设，绝不能仅仅为课程而课程。季教授说，课程是对一种事物不断丰富的过程，开发一门新的校本课程是简单的，但课程目标的制定和有效落地是复杂的。

所以，我觉得，学校从学生终身发展需要的角度出发，为学生学习生活中的点点滴滴赋予教育的价值，成为有意义的资源，这才是课程。我们要梳理学校现有的曾经被我们称为课程的教材或活动，去伪存真，把现有的开好，在此基础上，开发学生需要的，不断丰富学校的课程体系。

二、行动

1. 重视顶层设计

几位校长的汇报和季教授的诊断，让我对学校顶层设计的重要性有了更深刻的认识。通过顶层设计，学校办学目标、办学思路、课程实施可以更加清晰，学校的各项工作可以得到统筹和兼顾，可以找到工作的落脚点，做到事事有依据，减少工作的盲目性。

设计的牵头人必须是校长，这也要求校长不断学习，掌握最新的教育动态，形成自己的思考，立足学校实际，确定最初方案；然后必须经历自下而上的研讨，校长要对整体设计充分解读，让全体师生讨论，广泛听取意见和建议，在此基础上修改；继而解读、讨论、修改，经历两三个来回，让这个过程成为凝聚师生精神和目标的过程。

2. 提升教师素质

教师是教育事业改革发展的第一资源，是立教之本、兴教之基、强教之源。教师队伍的专业水平和整体素质决定着教育质量。教师是影响学生学业成就的关键因素，如果教师供给及其质量有问题，那么发展教育的努力也将会以失败告终。再先进的教育理念、教育思想，如果最终落实不到教学一线，指导不了实践，就只能是一句空话。

3. 思想是行动的先导

人的思想是改变这个世界最为绵长、最为温柔但又最为强大的力量。我们要从改变教师的思想开始，用读书交流、微讲座、微论坛等形式，让教师对培养目标、核心素养、课程建设、学科育人、最新的教育质量观等理念层面有清晰的认识，并意识到其对学生终身发展的重要性，改变教师只重知识传授的教学方式，让教师跟上教育改革的步伐。

三、注重实践实效

培养目标的制定、课程的实施都要源于学生实际，回归到教育教学实践，把理念转化为具体的行为或活动，而不能纠结于制定的目标，课程的设计是否全面、是否涵盖了学生成长所必需的所有素养；不能停留在理论的完善层面，而是要行动、要实施，像北京十一学校那样“在行动中研究，再把研究的成果付诸行动”。哪怕我们只制定了一个目标，只设计了一个课程，但我们扎扎实实去做了，每个学生都达到了预期的目标，都在课程的参与过程中得到了锻炼和提升，我们的目标就是正确的，课程就是合理的。

行动是提升的前提。我们将把课堂作为研究的主阵地，从关注教师的教转变为评价学生的学，从关注知识的获得转变为关注学习方法的优化、兴趣的培养、品质的提升。同时，优化各种活动课程，从追求形式的新颖转变为过程育人的落实，让目标意识、育人意识、成长意识贯穿活动始终。

四、走向核心素养

核心素养是什么？它指学生应具备的适应终身发展和社会发展需要的必备品格和关键能力，强调个人修养、社会关爱、家国情怀，注重自主发展、合作参与、创新实践。其根本特质不在于量的积累，而在于生命个体品质与气质的变化和提升。联合国教科文组织界定21世纪公民必备的素养是学会求知、学会做事、学会共处、学会生存、学会改变。

这次学习让我又有了新的认识：教育是人与人心灵交融的学问，当我们擎起生命的大旗时，心与心的融通如此简单，天涯即咫尺；当我们眼中无生命时，咫尺即天涯，师生之间如隔寒冰。因此，从核心知识到核心素养，它的另一层解读就是从关注“物”到关注“人”，这也是课程改革深度推进的强烈信号。

所以，我们要从单一的知识学习目标走向多元的核心基础培育，从复杂而有深度的知识学习走向间接够用的知识学习，从庞杂的知识体系中寻找最核心的知识架构，从注重知识积累结果走向注重学习的过程与能力、素养的提升。一切从师生成长、生活需要出发，对人的生命予以尊重，树立全方位育人观，使学生在自由快乐的氛围中学会学习，享受学习，全面而富有个性地发展。

教育改革不是一蹴而就的，但没有迈开双脚的开始，就永远也到达不了终点。关键是行动，做到就会得到，成长才是王道。

“大师”的真谛——谈教师素养

2020年1月3日至3月27日，在省教育厅的统筹安排下，山东省齐鲁名师、名校长建设工程人选一行48人，远赴新加坡南洋理工大学攻读教育管理硕士。我非常荣幸成为其中一员，重新以学生身份来到大学校园，开始“书卷多情似故人，晨昏忧乐每相亲”的求学生活。

梅贻琦先生曾说：“所谓大学者，非谓有大楼之谓也，有大师之谓也”，在南洋理工大学的学习让我深刻领会了其意义。三个月的时间，我们系统学习了四门课：《管理教育变革》《教育政策制定》《经济学》《教育科学研究方法》，四位老师“道德文章，堪为师表”，均具“大师”风范，却又各具风格，自成一派。从每位老师身上散发出的独特魅力，我悟到了成为“大师”的真谛，也对新时代教师应具备的素养有了新的认识。

博学善教，循而诱之。张延明博士讲《管理教育变革》，他纵览古今，精通中外，将四书五经中的思想、哲理深入浅出地娓娓道来，并结合现代教育的新要求和典型案例具体阐释学校如何进行变革与创新。我们从一个个典故、一张张图片、一部部经典中懂得管理的要义：“君子以作事谋始。”“求木之长者必固其根本，欲流之远者必浚其泉源。”“可久则贤人之德，可大则贤人之业。”……张老师的善教令我们折服，他精心设计每一个细节：西装和领带的颜色，每节课手里拿的扇子的画面，甚至他所喝的茶的种类和颜色都要有助于教学。张老师的才学、品行值得我们一生追随。

率先垂范，起而行之。陈惠萍博士通过《教育政策制定》这门课让我们了解新加坡的教育制度和教学理念。新加坡实施“以学生为本，以价值观为导向”的教育，教师的角色主要是辅助员、资料供应者和学生的学习模范。陈老师为了让我们领会这一教学理念在课堂中的具体实施，她身体力行，进行了一系列课堂改革。她的每一节课都有明确任务：练习苏格拉底式提问、运用批判性思维辩论、依据教育哲学设计未来学校等。学习方式都是探究式、小组讨论汇报式、情境分析式。这样的课堂老师看似很轻松，实际上她要进行大量的前期准备，每次上课陈老师都带着两个大袋子，装着教具和供我们研究讨论需要的资料。有一次，为了表彰优秀小组，陈老师如魔术师般从袋子里拿出了精美的巧克力，其用心程度可见一斑。正是陈老师用心策划的一节节体验式课堂，使我们感受到“以学生为本”绝不能仅停留在口头上，“教”的方式的改变才会带来“学”的真实发生。

高屋建瓴，严而待之。刚开始，周孙铭博士的《经济学》似乎是一道迈不过去的坎，老师口中简单的“两条线”（供给曲线、需求曲线），我们总是没有感觉。看着上课时一脸茫然的我们，老师不急不躁，用生活中的案例阐释，用一道道烧脑的习题分析，让每一个同学上台讲解，接受“拷问”。他安排两次考试，成绩还要呈现出“正态分布”，要具有“信号作用”。老师的“严”换来了我们的“勤”，课堂上认真听，课间休息追着老师问，课下抓紧一切时间研。不知何时，那一条条线似乎有了生命，我们跟着老师了解经济发展的规律，知晓新加坡政府的管理秘诀，分析新加坡的公积金政策。很多同学着了迷，以至于在其他课上都用经济学的观点回答问题。“严师出高徒”绝对是至理名言。

视生如子，仁而爱之。最后一门课是程元善博士的《教育科学研究方法》，程老师人如其名，敦厚善良，教学不辞辛苦，精益求精。他总能把枯燥的定量研究、定性研究、直方图、效度等术语用小视频、小案例等形象地表达出来，对我们毕业论文的方向确定、研究方法选择很有帮助。最令我们感动的是程老师对我们生活上的关心和帮助，他给我们介绍哪个食堂有可口的中国菜，哪个药店能买到防疫物资。回国前，同学们的很多生活用品都无法带回，程老师主动提出：“你们的东西可以放到我的房间寄存。”老师的一句话解除了我们的后顾之忧，48个同学的物品挤占了老师原本就狭小的生活空间，我们表示歉意，老师却说：“还行，我一个人没问题，这样你们回来时就不用再买了。”如此朴实的话语道出“师者大爱”，我们唯有用更加努力认真学习回报老师。

大师就是如此，能够让学生“高山仰止，景行行止。虽不能至，然心向往之”。习近平总书记曾讲道：“一个人遇到好老师是人生的幸运，一个学校拥有好老师是学校的光荣，一个民族源源不断涌现出一批又一批好老师则是民族的希望。”这次狮城求学，让我更加深刻地认识到：培养好老师是一所学校能够可持续发展的奠基工程，是实现学生成人成才目标的前提和保障。明确好教师素养标准，系统设计教师素养提升路径，提供真实而有效的帮助和支持，将是我们不断为之努力的方向。

狮城回归话教育　不忘初心创未来

新加坡南洋理工大学的校园四季葱茏、风光旖旎、处处皆景。我们就读的国立教育学院是新加坡唯一的教师教育学院，在QS世界大学教育学科排名中位列世界第十二、亚洲第二，学院拥有治学一流的教师队伍、与时俱进的课程设计、先进完善的教学设施、高效人文的管理理念，置身其中，使人油然而生一种“非学无以广才，非志无以成学”的责任感与使命感。我一边学习必修课程，一边阅读书籍、观察了解，探寻新加坡教育闻名世界的密码。

密码一：严谨的教师培育与管理体系。在新加坡，要进入教师行业，必须经过专业的师范教育，考核合格后取得教师资格证。南洋理工大学国立教育学院是全国唯一一所师范学院，全国的教师都是由此培养毕业，保证了入口关。其教师专业发展及培训的道路也是直接和明确的。一名新教师从教不久，学校领导就明确告诉其职业生涯的三种选择：①教师—成熟教师—资深名师；②教师—主任—校长；③教师—科研实践—教育理论专家。学校也早早地把教师划分成几类：资深教师方向、科研方向和学校管理方向。然后制订不同的培训计划，由专人负责，从而提高教师培训的有效性。

密码二：与时偕行的教育理念和制度。新加坡的教育经历了四个阶段：求生存阶段—求效率阶段—因材施教阶段—“以学生为本，以价值观为导向”阶段。他们的国家教育大略为“重思考的学校，好学习的公民”——旨在把新加坡国民培养成具有思考能力和奉献精神，以及对家庭和社会及国家具有强烈责任感的人。为此，他们推行更灵活、更多元化的教育制度，给学生提供更多选择。

密码三：完善的品格与公民教育课程。新加坡特别重视公民道德教育和品格养成教育，除了每天朝会要唱国歌、宣誓及日常的礼仪教育等，还有一门特别重要的课程——品格与公民教育——被列为教育体系的核心。其课程标准主要的考量是新趋势和世界走向，目标是传递价值观和培养技能，使学生学会承担家庭及社会责任，同时明白自己在打造国家未来的过程中所扮演的角色。我想，这正是新加坡国民素质较高，对国家也非常认可的重要因素吧。

密码四：设施完备的学习和锻炼空间。在南大的校园里，除了有几个较大的图书馆，还到处摆放着供学生学习交流的桌椅。每所学校都有很大的操场，社区里建设有标准的笼式足球场、健身器材、人行步道，早晚都能看到锻炼的人群，真正实现了随处可学、随时可练。

三个月的学习，我对教育有了更多理性思考，当然，最重要的是立足本土，学以致用；尊重差异，躬身实践。疫情当下，我们需要跳出窠臼，迎接不确定；我们也要勇于坚守，强化基本盘。

行动一：培养人本主义教师。教育的目的不仅是传授知识，更重要的是塑造人格、完满人性。教师是实现这一目的的关键因素。人本主义教师的特征是实施以学生为中心的教育，提倡关怀人、尊重人，强调人的自我实现和依需激励，通过在教学中创设良好的人际关系和课堂心理氛围，使学生能身心和谐健康发展。学校要通过创造有凝聚力的文化进行教师人文关怀，要形成共同认可的学校愿景和教师行为价值系统，通过引领教师广泛阅读形成大视野，拥有大胸怀，明白我们“根在哪里，魂在何处，路在何方”。

行动二：重视学生核心素养的培育。人工智能时代，技术越进步，越要重视对人的价值引领。学校要加强《道德与法治》课程的实施和评价，发挥其统领作用；要增厚课程资源，培养学生创造性思维和提高解决问题的能力，鼓励创造，宽容失败；要更加关注学生心理体验，帮助学生学习沟通和交流的技术方法，增强其社会性。要注重体育、艺术、劳动课程的开发和实践，让学生体验美好，愉悦身心。

行动三：迭代升级教与学的方式。一场疫情让每位教师变身为在线主播，隔着屏幕，无法及时捕捉每一个学生的信息，教师必须改变原有的教学方式，更多地扮演学生学习兴趣的激发者，资源的推荐者、分享者，共同体的学习者、教练和帮扶者，而这些也正是一位教师应该有的角色。相应地，学生的学习方式必须改变，更多地采用任务式、情境式、项目式、主题式、综合性学习，激活学习动机，激发已有的知识经验，多感官参与，多形式体验；还有共同体学习、洞穴式学习，既重视学习者之间的互动交流讨论，又有独处时刻的自主静思。

行动四：让环境为教育教学赋能。学校环境与育人功能直接相关，大班额彻底消除后，应充分拓宽场域边界，为空间注入课程基因，把教学资源放在离师生最近的地方。比如，图书放在教室里、走廊里，音乐、美术、信息、场馆等设备设施全天候对学生开放。打破固定功能的设计思维，促进学习区、活动区、休息区等空间资源的相互转化，给学生提供更多活动与交往的空间，弥合正式学习与非正式学习之间的界限，营造师生心理感觉最舒适和最安全的空间形态。

求学机会弥足珍贵，感恩所有给予我支持、帮助和在背后默默付出的人。怀揣教育初心回归校园，我看到了不一样的课程，看到了学校中央的人，更看到了德州教育美好的未来。

第四章

故事之光
丰润校园师生

校园是产生故事的地方，每一天都有美好发生，让我们一起讲好学校故事，传播学校文化。

师生是学校故事的主人公

鞠躬问好的小男孩

12对双胞胎里有一对小男孩，表现得与众不同，主要是很有规矩，能按照老师的要求很快做好事情。开学第二天我在校门口执勤，他俩排队走过来，见到我，都停下来鞠躬，说“老师好”，那么彬彬有礼，很有绅士风度。在开学典礼上，我把两兄弟的表现讲给其他学生听，让学生们都用实际行动践行“向光生长，生命绽放”的学校理念。果然是身边的榜样最有影响力，课间，我发现很多学生都向老师鞠躬问好。低年级的学生适合模仿性学习，我们要善于发现校园里的美好，及时捕捉每一个闪光点，让学生在优秀文化的熏陶中走向优秀。

教学生写一手好字的张老师

今年一年级班级多，新教师和年轻教师多，为了保证一年级的教育教学质量，给学生打下坚实的基础，我们从其他年级选了几位有经验的教师到一年级任教，给其他教师起到引领作用，其中就有张红展老师。这是一位既有经验又非常认真负责的老师，去年刚刚教了一年级，虽然只有一年时间，却同家长和学生建立了很深的感情，足以看出她对学生用情之浓。周四下午，看到她原来班里学生假期的作业，我被“惊”到了：学生们写的字工整、美观，结构合理，笔画有力，让你难以相信这是一年级孩子的作业，况且还是假期的作业。张老师介绍，她一直重视学生的书写，假期里依然每天进行指导，她用教师的坚持成就了孩子的良好习惯。由此可见，一年级打好基础是多么重要，像张老师这样重视基本功、重视习惯养成、持之以恒进行训练的教师是多么可贵！

培训新老师的老师

今年有25位新入职教师，多数都是刚刚大学毕业，没有任何教学经历，更谈不上经验。为了让他们尽快成长，缩短新手期，开学仅仅四天，我们便安排了两个晚上进行培训。培训师都是我们自己的老师，五位老师培训了两天，内容有班级管理的、有家校沟通的、有如何高效工作的、有如何保持阳光心态的，各具特色，却都原汁原味，是每位老师的独家秘籍。尤其是刚刚工作两年的单莎莎老师，现身说法，讲了自己改学科、当班主任、主动上公开课、认真做好每一件小事的心路历程。她用自己的成长经历告诉新教师："凡事多看'另一面'，哪怕教育生活再平淡、再细琐、再压力重重，一个教师也可以生活得积极明亮，因为你既能脚踏实地又能心存高远，你的内心总有阳光。"两天的培训，让我对每一位授课的老师有了全新的认识，每位老师都是一座宝藏，学校要善于挖掘，要搭建平台，让宝物闪耀光芒。

学校故事是学校文化的核心，"光润教育"的品牌树立，"向光生长，生命绽放"的理念表达，需要用一个个有生命力的故事去积淀和呈现，有故事的学校更有魅力，更具风采！

每个人都拥有自己的故事

靠谱的秋琳

秋琳是刚刚工作四年的美术教师，却也因工作需要教过道德与法治，还负责德育处的一些工作，今年接手学校的公众号编辑，又被总务处相中，开始接触财务工作。为什么一位老师这么“抢手”，得到多个部门的青睐？最主要的是她有两个非常优秀的品质：“靠谱”和“精益求精”。

什么是“靠谱”？有三个特点：凡事有交代，件件有着落，事事有回应。暑假期间，我让秋琳负责新校区部分文化建设项目的沟通和施工，她能及时与设计师交流方案，催促施工方按时施工，发现问题会快速反应，她还会定期发送图片或信息告知工程进度，让我了解最新进展，以便安排后续工作。

靠谱的人就是这样，答应做的事情一定会有结果，还能在结果出来之前有阶段性的信息反馈，一件事情结束之后一定会将完成情况第一时间进行汇报，而不是等待领导询问。

什么是“精益求精”？通俗地讲，就是已经很好了，还要追求做得更好。学校公众号是学校最重要的宣传阵地，其内容和质量从一个层面反映出学校的办学水平。张玉立老师负责时做到了精益求精，秋琳接手后延续了以前的好传统。有一期“校长讲故事”，我仅仅给了秋琳文字稿和几张学生写字的图片，其他没做任何要求。原以为她把文字稿排好版，加上那几张图片就可以了，没想到她呈现出了一个立体的、内容丰富的作品：加入了我的照片和简介，还辗转找到故事中提到的孩子和老师的照片。大家读完公众号的内容也许只用几分钟，秋琳的制作却可能需要一两个小时，她的精益求精让学校的文化传播得更久更远。

《诗》云：“如切如磋，如琢如磨。”切磋，追求完美；琢磨，追求卓越。人生于世，无法干很多事，故每干一件事，便应发挥到极致。不懈追求，精益求精，是成功的最佳途径。

自发成立的“家庭教育工作室”

2018年10月，郭娇娜、孙萌萌和盖鑫等几位老师自发成立家庭教育工作室，给家长分享教育理念、方法和育儿经验。11月20日，工作室的第一课“从‘阅读’到‘悦读’”开讲，拉开了工作室的序幕。后来他们定期组织讲座，内容包括如何利用家务劳动培养孩子的能力、父母关系对孩子的影响、孩子遇到困难该怎么办等许多方面，还有的老师开始带领家长阅读，如《正面管教》《陪孩子走过小学六年》等。每次活动都是他们自己发布公众号，自己布置会场，自己主持，自己总结，不知不觉他们已默默坚持了一年多时间，只有上学期因为疫情没有开展活动。

这学期开学前，郭娇娜老师告诉我，他们工作室的成员又增多了，而且有九位老师已经准备好讲座内容，准备开学后第二周开始活动，由王艳芳老师先讲。我听了惊讶且感动，也在思考：一个教师的民间组织何以能够坚持和发展？原因之一：有热爱研究、热心服务的组织者；原因之二：有志同道合、追求发展的同行者；原因之三：学校给予了充分的信任和支持。

鸡蛋，从外打破是食物，从内打破是生命。人生亦是，从外打破是压力，从内打破是成长。工作室的老师由内而外的成长愿望，让他们努力找到适合自身发展的方向，做自己想做的事，工作并快乐着。

学校可以做的，是让老师们感受到工作本身的美好和价值，然后他们可能就会自觉超前一步，多做一点。教育发展仰仗什么？是多少老师觉醒了，停止抱怨，停止塞责，代之以持之以恒、一步一个脚印地行动，这才是希望所在。

“公开课”没有年龄

不知何时，各学校似乎有了个不成文的规定：45岁以上的教师可以不用每学期讲公开课了。于是，一些曾经在省市级获得过优质课奖项或被评为教学能手的教师没有了展示课堂的机会，他们的辉煌在年轻教师那里似乎只是“传奇”，只能“耳闻”，无法“亲历”，成了年轻教师无法言说的遗憾。

如何打破这种壁垒？这学期，教导处经过前期充分沟通、精心策划，邀请了10位45岁以上优秀教师上引领课，后因特殊原因，有两位老师的课改期再上，最后确定了八位老师。通知一出，青年教师兴奋起来，克服各种困难调课，铆足了劲要一睹这些教师的风采，从他们听课之后的感悟中我们可以感受到这种迫切的期待。

电子屏上写着“45岁以上优秀教师引领课”，定位非常准确，从八节课的教学效果看，八位老师的优秀是当之无愧的，他们同时做到了四个“引领”。

引领了一种精神：课堂是神圣的，无论教龄多长，无论多么有经验，无论这本教材教了几遍，每一次教都是新的，每位老师都进行了充分的备课，展现了精湛的教学艺术。他们毫无保留，愿意把自己摸索总结的经验传递给年轻教师，充分展现了“聚是一团火，散是满天星”的湖滨精神。

引领了一种规范：八节课涉及了低、中、高三个学段，老师们都注重学生学习习惯的培养和学习方法的渗透，呈现了语文课的厚重与激情、数学课的简约与理性。他们都注重知识点的及时巩固，同桌互查，马上读一读、说一说、写一写，让学生上台讲一讲，每个环节都得以夯实。

引领了一种特色：八位老师各具特色，有的厚重，有的简约，有的激情，有的沉静。课堂就应该百花齐放，要根据不同学科的科目特点，不同教师的风格特点，不同学生的个性特点，从教育规律出发，采取相应的适合自己的教学形式。长期以来，对小学换老师的利弊有很多争议，其实从学生发展的角度分析，适当频率地更换老师是有好处的，能让学生接受不同风格老师的教育，了解更多元的理念和文化，也能避免学生因不喜欢一位老师而厌学一门课程的问题出现。

引领了一种理念：立德树人，以德为先。教师对学生的教育是潜移默化、润物无声的。比如，每次上课前把自己打理干净，做清爽的人；把每节课都当成训练场，喜欢学生认真听课的样子；热爱自己的班级，愿意为学生加油；还有的老师经常给学生讲一些优秀人物的故事，激励学生向他们学习。故事的力量是无穷的，我们看到有些班级的学生那么彬彬有礼，安静又不失活泼，不疯闹，不浮躁，这是长期以来优秀文化浸润的结果。每位老师都要注意搜集一些优秀的故事，经常讲给学生听，让学生在自己的课堂上得到品性的滋养。

我们学校发展目标中有一项是“教师亮课堂”，所以公开课不是年轻教师的专利，当这些原来优秀、现在依然优秀的教师再次“发威”时，年轻的教师们，是否感到了压力山大？

学校最神圣的地方是课堂

大师的课堂

在大师们眼里，课堂无比重要，是神圣而不可亵渎的。

文学大师梁实秋先生有一条规矩：每逢周四晚上不见客。这是为什么呢？原因是第二天梁先生要给学生上课，他得备课！梁先生说："这么多年，我上课前一晚都做准备，有时靠在椅子上，自个儿静静地想，说不定就会有新的了解、新的发现。"

朱自清先生一位同事曾回忆说："先生把上每一节课都当作大事来对待，哪怕是很熟的教材，课前也要精心设计，仔细预备，进课堂时还十分紧张。"

钱理群先生回母校，南京师范大学附属中学请他为学生讲讲鲁迅。为了三天的课，钱老写了七天教案，前后准备了一个多月。钱老说："担心讲不好，战战兢兢，如履薄冰。"

大师之所以成为大师，为世人所敬仰，与其治学严谨、教学态度极端负责密不可分。

新入职教师的课堂

为了帮助新教师尽快熟悉教学常规，知道如何备好一节课、上好一节课，在优秀教师的引领课之后，教导处安排了新教师的亮相课，五天25节课，涵盖六个年级四个学科。虽然新教师都是第一次亮相，但令人欣慰的是，在这些课堂上，我也看到了他们的敬畏。

（1）很亲切地叫出所有学生的名字。虽然与学生相处的时间只有十几天，但每一位老师都认识了全班学生，提问时能很自然地叫出学生的名字，有一些也学着师傅的样子只叫学生的后两个字，显得很亲近，一下子拉近了师生间的距离。在最短的时间内认识学生，这是一个教师的基本功，是走近学生、了解学生的前提。

（2）教态自然，阳光自信。虽然大部分老师原来没有从教的经历，没有真正在讲台上历练过，但丝毫没有新教师的生涩和胆怯，每一个都精神饱满，落落大方，展现出教师良好的精神风貌。

（3）能有效组织课堂教学。学校对新教师最担心的是把控不了课堂。一是控制不了学生纪律，课堂秩序较乱。二是掌握不了教学节奏，或者讲得过快，早早完成预定任务；或者前松后紧，前面太啰唆，后面只能草草结束。但这种担心一次都没有出现，反而出现了几节意想不到的好课，无论是教学环节的设计、重难点的突破，还是对学生的评价与激励，都有眼前一亮的感觉。

在每天放学后的评课环节，从各年级教研组长的评价中，我们了解到了这批年轻教师更多的细节：

（1）虚心。上次师徒结对仪式上，我开玩笑地说："以后年轻老师都要称呼结对的老师为'师傅'，一声'师傅'就是一份责任，他们就会对你多一些指导。"这些老师真的做到了，对师傅都很尊重，很虚心地请教各种问题。师傅们也是倾囊相授，很多年级组都是团队作战，多个师傅同时带多个徒弟，不分彼此。年轻教师要想尽快成长，最直接、最有效的途径就是向身边的优秀教师学艺，谦虚好学的态度是得到别人帮助的根本。

（2）努力。成功没有捷径可走，唯有脚踏实地地努力。很多教研组长评课时都提到了新教师的努力：多次磨课，中午不回家，在学校里备课，晚上睡不着，脑子里想的都是教案。玉亭也感慨地说："看到他们，也想到了自己当年第一次上公开课的情景，太难了。"是啊，哪一位优秀教师不是在一节又一节公开课的磨炼中成长起来的呢？年轻，就是要拼一拼。因为每一点进步都不会从天而降，每一个阶段的成功也不会靠运气就可以获得，化梦想为现实的道路，是一个人勤勤恳恳、一步一个脚印做事的过程。

顾明远先生说过，课堂教学是培养人才的主渠道，提高教育质量，首先要把课教好。作为教师，课堂是我们体现专业价值的阵地，珍惜课堂、研究课堂、提升课堂是我们永远的课题。

学校活动要为育人目标服务

达到何种教育目标，是学校活动的根本性问题；其出发点，应该是培养什么样的人。

我们学校的育人目标是“培养心灿烂、思宽广、行光明的有志少年”。我们对每一个关键词进行了具体的解读，以帮助学校管理者依据目标设计教育教学活动，也帮助每一位教师更好地将目标融入日常，做自带“光源”的人，做点灯人，引领学生向光生长，生命绽放。

2020年难得国庆与中秋双节相遇，校园里到处是欢乐祥和的气氛。9月30日上午，旭日东升，温暖的阳光普照大地，筹备已久的“经典诗文育湖滨教育之‘光’ 传统文化‘润’学子弘毅之魂”爱国主题朗诵比赛拉开了帷幕。一部部经典的爱国作品被稚嫩的童声真情演绎，一个个感人的场景被定格在舞台上，我们发现，优秀的育人活动，是为枯燥的育人实践注入生命与灵魂的最佳载体。

在活动中我们看到了学生的投入。李希贵校长说：“开展全校性活动有三个重要原则，其一就是人人都有参与感。”我们也一直秉持这样的原则，只要是班级集体性活动，便做到“一个都不能少”。在这样的活动中，你会发现，无论是平日里多么调皮好动的孩子，还是多么特立独行不合群的孩子，只要站到台上，都努力约束着自己，表现得精神抖擞。这是强烈的集体荣誉感在发挥着无形的作用，所以，爱国、爱校、爱班级不是说教产生的，一定是学生在亲身参与中感悟到的，进而内化为自觉的行为。

在活动中我们看到了教师的力量。在每次活动中，教师是什么？是导演、编剧，更是精神领袖、航标灯，教师的样子就是学生的样子。记得去年我也曾在活动结束后做过评价：老师是否重视、是否参与其中是活动能否成功的关键，学生也是在老师对待一项工作的态度中学习自己做事的态度，老师认真对待，学生会耳濡目染，自己的事也会全力以赴。老师无所谓好坏，学生亦会如此，做事就会“差不多就行了”；老师什么事都精益求精的班级，学生的状态一定是积极向上的。可喜的是，今年每一个班级都那么昂扬向上，更多的老师和学生同台演出，或深情朗诵，或娓娓道来，或激情四射，或委婉悠扬，带动了台上的学生，也感染了全场的观众。还有的老师不顾身体的伤痛、声带的不适，放弃休养，在台下指挥。是的，“老师应该像一束光，照亮学生的方向。当还年幼的我们没有形成正确的价值观，老师就是那个为我们指明方向的人，带我们走出黑暗，看海阔天空。”（周小平）

在活动中我们看到了师生的情谊。每次活动，都能看到老师们为学生忙碌的身影，早晨天气有点凉，老师们嘱咐学生穿好外套；比赛前检查每个学生的服装、道具，不时给单独表演的孩子补妆；学生上台后，最紧张的是老师，班主任在台下指挥着，另一位老师则忙着找有利地形拍照、录视频；比赛结束后不忘给每个学生来个特写，留作纪念。今年刚刚入职的马丽老师全程给学生的朗诵录像，结束后她说：“孩子们太棒了，我感动得都哭了。”我看到了她红红的眼圈，我知道，虽然才一个月，她已经融入了这个班级。“看见学生的模样，接住学生的忧伤，捧住学生的欢畅。教育，不是决胜千里之外，而是温润一步之内，有时候，一步就是一生。”（李建华校长）还有李倩老师，两个多小时，她一直站着观察班级队伍，就为了照顾到每一个学生，为了让一年级的小不点儿们懂得集体活动的规矩。不求回报地无私付出，这就是教师的伟大。

在活动中我们看到了家校的融合。活动是最能促进家校和谐关系的平台，很多班级充分考虑了家长愿意参与孩子活动的心情，把家长作为自己的“同盟军”，请不同的家长做不同的事情。有老师说：“这样的活动就是拼家长，哪个班家长资源多，亮点就多。”其实不然，这拼的是平时教师和家长的关系，拼的是教师的影响力，拼的是家长对教师的认可度，拼的是班级里家长们的凝聚力，拼的是班级正能量，拼的是家委会的威信。这些都是日积月累的，是班主任要用心经营的。很多班级的家长早早来到学校，有化妆师、摄影师、排练师，有的在台上助阵，有的在后台服务，有些家长看得出是班级的常客，与孩子们很熟悉了。我喜欢这样的场景，亲如一家，不，应该说，家庭和学校就是一个“大家”，因为我们有着共同的目标，我们朝着同一个方向出发。为了这个“大家”更和谐、更聚力，我们每一位老师还需努力。

去年讨论学校育人目标时，很多老师表示喜欢“心灿烂、思宽广、行光明、志高远”这样的表达，读着就好像看到了学生应该有的模样，那就让我们一起践行“光润教育”理念，让教育拥有温度，让学校充满故事，让活动链接目标，让学生自然生长。

传承女排精神

电影《夺冠》感动了无数人，也让中国人有一种来自心底的勇气和力量。

中国女排的精神传承了三代人，从1984年到2020年，在中国女排36年的故事里有责任有担当、有胜利有失败、有挫折有成长、有伤痛有泪水。记得有一句口号是这样的："胜也爱你，败你爱你，不拼不爱你。"我们之所以爱女排，不单单是来自成绩上的突破，更来自她们永不服输、永远拼搏的铁血精神。

细数里约奇迹，中国女排其实一路走得并不平坦，甚至有些跌跌撞撞。小组赛发挥不佳，提前遭遇东道主、上届冠军巴西队。要知道眼前这个对手，曾经在过去八年里，连续18次战胜中国队。在里约球馆漫天的嘘声下，女排姑娘们最终顶住了压力，顽强地战胜了巴西队。半决赛和决赛的对手荷兰队、塞尔维亚队都曾在本次比赛的小组赛上战胜过中国队，但女排姑娘们就是凭着一股不服输的精神，无论领先还是落后，一分一分地咬，一分一分地追，一分一分地拼，最终凭借两个3：1勇夺奥运冠军。

2019年女排世界杯比赛中，中国队取得11连胜的骄人成绩，成功卫冕世界杯冠军，第10次荣膺世界排球"三大赛"冠军，为新中国70华诞献上了一份沉甸甸的礼物。

习近平总书记亲切会见中国女排代表，高度赞扬中国女排展现出的祖国至上、团结协作、顽强拼搏、永不言败的精神面貌，他说："女排精神代表着一个时代的精神，喊出了为中华崛起而拼搏的时代最强音。"

郎平的理念影响了很多人，也让女排姑娘们思考"为什么要打排球"，是啊，为什么？是为了梦想、尊严和传承女排精神。我们有很多老师披星戴月辛勤付出，为什么？为了自己肩负的责任和守护教育的良心。孙振刚老师参加讲课比赛，十几次试讲，几个夜晚通宵达旦，为什么？为了自己更加优秀之后培养同样优秀的学生。孙萌萌老师和三年级数学组研究命题，每周出检测练习，群内研讨，为什么？为了学生学得扎实、学得高效。

郎平曾说，女排精神不是赢得冠军，而是有时候知道不会赢，也竭尽全力，是你一路虽走得摇摇晃晃，但站起来抖抖身上的尘土，依旧眼神坚定。人生不是一定会赢，而是要努力去赢。

作为教师，我们需要给学生讲讲女排精神，激励少年从小有梦想、有行动，因为少年时期是人生的播种期，埋下一颗怎样的种子，就会收获怎样的人生。

名师如何炼成

2020年10月16日，为期一周的德州市第二期名师人选跟岗培训活动圆满落下帷幕。

在结班仪式上，我跟名师们交流了些许感悟。

两个感谢：一是感谢德州市教科院给我们提供了这次跟名师共同成长进步的机会。说是“名师跟岗”，其实是名师们勤奋好学的精神、严谨认真的态度、高超的教学水平给我们的老师做出了榜样。二是感谢我们学校的团队，从学校领导到中层干部到学科组长，以及每一位提供课例研讨的老师，从接到任务到呈现出每一个精彩的培训活动，他们付出了很多，表现出了极强的凝聚力和向心力。他们尽最大可能丰富培训资源、培训形式，不仅充分挖掘我们学校的优势资源，还从德城区聘请专家、从其他学校聘请名师做报告，只为让跟岗的名师们学有所获，不虚此行。每一位老师都展现出“湖滨北”“心灿烂、行光明”的大家风范。

名师之“名”：名师的“名”应该表现在哪里呢？首先，名师要能助力学生成长，“成为名师”的出发点和落脚点都应该是“为了学生”，所教班级的学生无论是品德还是学识都应出类拔萃，表现不凡，既有共性的特点，如感恩、善良、好学、善思等，又能张扬个性，有主见，有志向。所教学生表现“出名”的老师才是真正的“名师”。其次，名师要能引领学科特色，名师应是一定范围内的学科带头人，至少要是学校的学科专家，要研究学科发展的方向，明确学科素养，上好国家课程，开发校本课程，形成独特的学科文化。最后，名师要能促进学校发展，学校的发展依靠教师，所以名师要发挥辐射作用，带团队、带徒弟。一花独放不是春，百花齐放春满园。名师要将自己的经验分享给年轻教师，促进年轻教师快速成长。

名师之“路”：定“向”。知道未来的路在哪里，朝着哪个方向迈进。

德州名师只是一个台阶，还有更高的目标在不远的前方。所以，既要有三年发展规划，也要有长远规划。要思考这三年做什么、怎么做、做到何种程度，要为更高的目标做哪些准备。定“位”。明确自己的研究课题，确定自己的教育教学主张，寻找最有力的理论支撑，丰富成果形式，不仅仅是发表文章，讲公开课，而是要让研究成果可推广，惠及更多的教师和学生。定“力”。名师是需要磨炼的，要能够“凝聚力量”，坚持读书、写作、实践、反思、改进，要能耐得住寂寞，“板凳甘坐三年冷”，尤其是回到学校，面对很多繁杂事务的时候，也要始终保持初心、恒心。

近期孙振刚老师在三级讲课比赛中的表现，也让我看到了名师成长的样子。从9月22日报名参赛那一刻起，孙振刚老师就开启了《牛郎织女》的研磨之路。

作为年轻教师，他有一股拼劲，连日来废寝忘食、通宵达旦地钻研教材、确定目标、设计教学环节，第二天又精神饱满地进行试讲、修改，再试再改……近20次的磨课加上对自己近乎严苛的要求，才使得他能够在学校、北部联盟、德城区、德州市的激烈角逐中脱颖而出！

当然，年轻教师的成长离不开学校这片“沃土”。为了参赛，学校成立了优秀教研团队，一起研课、磨课。在这个过程中，有合作，有争论，有推倒再来的痛苦，也有柳暗花明的喜悦。“十一”的八天长假，孙振刚老师没舍得浪费一天，团队也陪了他好几天，大家精诚合作，各抒已见，帮助孙老师深挖教材，精准备课。

接到孙振刚老师将代表德州市参加山东省比赛的消息后，大家无比振奋，区教研室语文教研员于秋婷老师也加入了我们的教研团队。她肯定了孙振刚老师的教学能力，肯定了学校对孙振刚老师的强有力的支持，并从教学设计、课堂表现等方面提出了具体建议。

相信孙振刚老师能够在这次经历中收获成长，期待他再接再厉，再创佳绩。也期待更多的教师成为“名师”，共同开创德州教育更美好的未来。

在那个时刻等一等

2020年10月25日是重阳节，也是中国的传统节日二年级的道德与法治课中有一课《团团圆圆过中秋》，教材中也提到了重阳节，又称为“老人节”，因为“九”与“久”谐音，有长久、长寿之意，而且秋季也是一年中收获的黄金季节，所以，农历九月九日重阳节被认为是祝福老人长寿的好日子。

人以德为本，德以孝为先。尊老爱老是中华民族的优良传统。

最近在河北石家庄街头有一幕非常温暖，一位满头白发的老爷爷拄着拐杖，步履蹒跚。在老爷爷身后，车辆已经排成长队，然而没有一个人鸣笛，催促老人快走。相反，这一刻大家像是有着某种默契，跟在老人身后，久久等待。

多么和谐的一幕。

按照常理，应该只有第一辆车的司机知道前面是个老人，后边车辆的司机们恐怕是看不见的，但是大家表现出莫名的同心，所以这张照片感动了很多人。

前段时间，也有一个视频感动了无数人：9月3日，江苏常熟富兴路和香榭路路口发生了感人的一幕。一位老人腿脚不便，动作缓慢，走到马路中间时对向车道已变绿灯。此时，所有汽车都不约而同地停在路口长达25秒，静静地等待老人过马路。路过的志愿者看到后主动搀扶老人过了马路，这一幕在朋友圈中也获赞无数。

还读到过一个故事：在一次网球公开赛男子单打赛场上，观众席几乎坐满了人，大家都目不转睛，期待着比赛尽快开始。两名运动员也摩拳擦掌、跃跃欲试，发球运动员数次将球举过头顶，蓄势待发。但裁判微笑着示意他再等一等。

裁判迟迟不肯鸣哨开球，观众席上开始躁动起来，持球运动员再次将球举过头顶，期待着裁判开球的哨声响起——在网球场上，裁判有着绝对的权威，纵使如此，裁判也不能随意延误比赛。在观众的不满声中，运动员也不禁向裁判耸肩表达自己的不解。

在万众瞩目的赛场中，裁判仍然不急不躁，他微笑着指向观众席。这时候大家才发现，有位老人正步履蹒跚地走向自己的座位。赛场一下子安静下来，大家的目光转瞬间变得温柔，两名运动员垂手肃立，耐心等待着那位老球迷落座……

这个镜头在随后的日子里被电视台反复播放，播放次数甚至超过了网球场内精彩镜头的次数。许多观众认为，这个画面堪称那次比赛中最温馨、最经典的镜头。

三个故事中的司机、裁判都在遇到老人时选择了“等一等”，这是那个时刻对老人最大的尊重。

孟子曰：“老吾老以及人之老，幼吾幼以及人之幼。”法国著名作家司汤达说：“老人受尊敬，是人类精神最完美的一种特权。”当然，尊重也是相互的，当尊老爱老成为社会风气之时，也特别希望每一位老人言行得当，拥有被尊重的资本。

无体育，不教育

法国思想家伏尔泰说："生命在于运动。"

脑科学研究表明，把时间"浪费"在体育运动或者跑步上，学生成绩反而会提高。

因为在运动时，人会产生多巴胺、血清素和正肾上腺素，这些重要的神经传导物质都能够提升人的全方位状态。不仅如此，运动还能提高人的心肺功能、血管功能，改善代谢，提高身体灵敏性和平衡能力，调节体脂，让人更有活力!

孩子只有身体好，才能学得好玩得好，才能交到好朋友，才能获得受益一生的各项能力，拥有一个好未来。

姚明在一次会议发言中提出："没有体育的教育是不完整的，离开教育的体育是不牢固的。"

周三，学校社团活动时间，操场上热火朝天，足球、篮球、羽毛球、跳绳、跳皮筋等各种运动社团占满了整个操场，奔跑、跳跃的身影散发着活力。这样的场景才是学校应该有的样子。

然而，体育不光是锻炼，还有体育精神，如果只是锻炼，那就跟广场舞没有区别，只是活动筋骨而已，与"教育"无关。真正的体育教育是通过身体运动来改变和提高自身的各项"品质"。

目前最需要改善的是大课间的活动。虽然受场地限制，班级距离有些小，学生伸展不开，但有些班级没有让学生认识到课间活动的意义，学生站队速度慢、做操动作不到位、跑步态度不认真，把锻炼当成负担，应付了事。这看似只是课间活动的问题，其实反映的是一个班级的精神和风气，责任意识、自律意识、规矩意识都是在一件件小事中形成和巩固的。有的班级头痛医头、脚痛医脚，总是问题不断，根本症结在于没有把教育和班规落实到每一项工作之中。

坚持、责任、面对困难，是课堂和书本都教不出来的品质，而体育课程则是一个良好的训练手段。

当我们评论学生近视率增加时，是否每天认真组织学生做好眼保健操?

当我们批评学生写作业不认真时，是否每天督促学生做好每一节广播操?

当我们抱怨学生没毅力时，是否在每天的跑步时鼓励学生“坚持就是胜利”?

……

“教育”不是出了问题时的“说教”，是在真实场景下的“言传身教”：有的班级每天带领整整齐齐的队伍早早到达操场；有的班主任每天大课间和学生一起运动；有的班主任在学生体测时给学生加油鼓劲；有的班主任经常了解学生体育作业完成情况，对跳绳不达标的学生进行督促；有的班主任把每天的站队做操当作队列队形训练……

体育是生长在阳光下的一门学科。我们要上好每一节体育课，用好每天一小时锻炼时间，表达对运动的热爱、对体育的致敬。因为，体育强则少年强，少年强则中国强。

班级长相

班级是校园最基本的单位，是儿童价值观与行为方式生成的最重要的场所——班级长相如何，直接决定了学校长相如何，以及每个孩子长相如何。

班级的长相由什么组成？教室内物品的摆放、文化墙的布置，学生的学习状态、精神面貌，任课教师对班级的整体评价，班级群的自然生态，等等。

班级会有哪些长相呢？

积极进取。这样的班级老师和学生都是昂扬向上的精神状态，无论是班级纪律检查、各项常规评比，还是参加学校活动，都会努力争取最好的成绩，他们有勇争第一的精气神和具体的行动。在这样的班级里，学生会有强烈的集体荣誉感，会自发自觉地为班级服务，而学生自己也会在这样的班级氛围影响下产生上进心，努力做得更好。

博雅大气。这样的班级被浓厚的文化气息所包围，这里的文化不是环境文化、物质文化，而是精神文化。在这样的班级里，学生是儒雅的、大气的。听讲时，他们专心致志；回答问题时，他们积极热烈；集体活动时，他们落落大方。这样的班级会产生一种独特的魅力，学生浸润其中，生发一种涵养和气质。

文明有序。这样的班级注重培养学生的文明行为习惯，强调规矩意识。学生做事会很有条理，待人接物很懂礼貌，在公共场合从不大声吵闹。比如，我们的一（1）班，虽然学生刚刚入学两个多月，却表现出了非常明显的班级长相，集会时，无论升旗还是做操，全班学生都排着整齐的队伍，而且队伍里是安安静静的，老师和学生都做到了“无须提醒的自觉”，这才是“有文化”。

纪律涣散。这样的班级是最令任课老师头疼的，40分钟的课需要拿出10

分钟整顿纪律，在其他班一节课能完成的任务在这个班需要更多的时间。临上课前会听到这样的班级乱哄哄的，甚至还有班干部敲打讲桌的声音。不仅是上课时，做操站队、放学路队、活动时，这样的班级也会如一盘散沙。当学生在特定的时间和场合不能约束自己的行为时，何谈有毅力追逐梦想。

不求卓越。这样的班级似乎对什么都是淡淡的，什么事情都跟着走，不落后也不求走在前面，有着“差不多就行了”的思想，缺少李云龙式“嗷嗷叫”的不服输气势；班级里的学生也是温顺的、不张扬的。在这样的班级里，没有太多的惊喜，没有兴奋的期待，班级生活平淡如水，无法给学生心灵的冲击和难忘的回忆。

……

班级的长相会有很多，而且每个班级的长相不是单一的，而是复合型的。班级长相如何很大程度上由班主任的带班风格决定，进一步说，由班主任对班级建设的认识程度和个人特点决定。加强班主任培训力度，提升班主任综合能力，我们任重而道远。

追求主体的强大，赢得结果的精彩

每学期进行阶段性质量检测期间，老师着急，争分夺秒讲解重点知识，似乎哪一点不强调就会被检测到；学生紧张，生怕成绩不好招来各方指责；家长焦虑，有的家长把更多的时间放在了孩子课本知识的学习巩固上，暂时改变了以往每天读书、锻炼的习惯。

成绩出来后，如果不是很理想，更是反应不一。第一种是找客观原因：指责试题质量，老师责怪家长不配合（家长责怪老师教得不好），埋怨学生（孩子）不听话，老师抱怨班级里学困生多（家长抱怨班级学习氛围不好），等等；第二种是分析主观原因：对教材的研究把握是否深入到位，每一节课是否能做到有效高效，每一份作业是否全批精批，是否了解每一个学生阶段性学习情况，是否在班级里营造了“比学赶帮超”的良好氛围，是否对学困生进行了及时帮扶，等等。

不同的归因会影响今后的改进措施和行动策略，所以，当遇到问题时，我们不能仅仅向外看，而是要向内找原因。

工作不尽如人意，你需要逃离的从来不是工作本身，而是自己安于现状、推卸责任、抗拒改变的思维模式，只有当你从每个毛孔里意识到你不能依靠任何人，不能总把希望寄托在外界，通过让自己强大才能获得成功时，你就开始快速成长了。

董明珠曾说过三句话，虽然是针对企业的，但仔细品读，仍会带给我们很多启发：

（1）做业绩，要上级盯着管着才去做的，请到富士康去，流水线才最适合你。

（2）天天想着要上级主动教你带你，请回到学校去，多交点学费老师或许可以一对一教你。

（3）要让上级哄着你做事的，请回到你妈妈身边去，长大了再来面对这个世界！

业绩是靠自觉自律、积极主动，优秀的人从来不需要别人天天盯着做事。

别人的光，点不亮自己的灯。世上没有强大的敌人，只有不够强大的自己。

中国首位获得诺贝尔奖的女医学家屠呦呦在获奖感言中说：“不要去追一匹马，用追马的时间种草，待到春暖花开时，就会有一批骏马任你挑选；不要去刻意巴结一个人，用暂时没有朋友的时间，去提升自己的能力，待到时机成熟时，就会有一大批的朋友与你同行。用人情做出来的朋友只是暂时的，用人格吸引来的朋友才是长久的。所以，丰富自己比取悦他人更有力量。种下梧桐树，引得凤凰来。你若盛开，蝴蝶自来！你若精彩，天自安排！”

一个不会游泳的人，老换游泳池是不能解决问题的。

一个不会做事的人，老换岗位也解决不了自己的能力问题。

大多数人想要别人改变，但不想改造自己。须知“我”是一切的根源，想要改变一切，先要改变自己。

关于家长会，绝不要开成“批判会”“分析会”“抱怨会”，那只能让家长对你的水平感到失望。应该开成“表彰会”：感谢家长们将近一年来对班级工作的支持和配合，给真心实意为班级做出贡献的家长们每人发一张奖状，赠送一个小礼物，或者仅仅读一读名单，说一声谢谢，营造家校一家亲的良好氛围；开成“愿景会”：总结班级本学期的新气象、新进步，畅想下学期的班级建设愿景，让家长了解班级的规划，愿意为共同愿景而努力；开成“目标会”：我们无法统一人的思想，但可以统一奋斗的目标，班主任要和任课老师协商，列出班级的发展目标，涵盖德智体美劳各个方面，让家长根据班级目标和孩子一起制定个人目标；开成“方法会”：我们是教师，是教育的专业人员，在家长面前的每一次发言都要体现我们的“专业水准”，要清晰、有条理地分析教育教学中反映出来的问题，要客观分析多方面的原因，尤其是真诚地分析教师真实存在的问题，同时提出改进建议。只有我们足够专业，家长才会更加尊重和配合。

我们都读过三个工人的故事，第一个工人认为在敲石头，第二个工人认为在修房子，第三个工人认为在修大教堂。前两个工人都把工做看作谋生的手段，工作的意义在于换得工作以外的东西，这种工作动机叫作外在动机；

而第三个工人从一点一滴的工作中透视出未来的愿景，从平凡的努力中积累未来的成就，对他而言，工作本身就是一种意义，心理学家把这种工作动机叫作内在动机。持内在工作动机的人，对工作更执着、更投入，更会享用工作本身的乐趣，也会更有成就，更容易得到乐趣，从而获得满足感。当我们在工作过程中遇到困难时，不妨先静下来思考一下，是他人的问题还是自己的问题。

用自己的光，点亮自己的灯，照亮前行的路，赢得结果的精彩。

各美其美，美美与共

我们学校的育人目标是“培养心灿烂、思宽广、行光明的有志少年”。为了把这一目标有效地落实到日常教育教学当中，我们对每一个词语列出了具体的要求，“行光明”中有一条是“一项好才艺”，老师们为了实现这个看似简单的目标，做了很多实际工作。

今年的社团种类和数量都比较多，教科研处充分挖掘了老师们的潜力，除了音体美学科的内容依然很受学生欢迎之外，我还看到了韩霞老师的美食社团教孩子们做寿司，每个孩子按照步骤很有条理地搭配各种食材，会做美食的孩子也会是善良和友爱的。

新校区的大厅里摆放了一架钢琴，让会弹钢琴的学生每天在上学入校期间弹奏，给其他学生带来艺术享受。第一天，一个六年级的女孩在弹奏时，周围站满了聆听的同学，很多是一年级的学生，眼里充满赞叹和羡慕。女孩弹得很投入，也能看出她的自信和自豪。

五年级有个男孩不太和别人交流，但英文歌唱得特别好，疫情期间的英语节活动，他的演唱赢得了师生的认可。或许他的性格还是如以往一样，但在演唱英文歌曲方面他一定是充满自信的，这会在以后的日子里给他面对困难的勇气和力量。

音乐组策划了“寻找若水的声音”校园小歌手大赛，给喜欢音乐的学生展示的舞台。当然，最重要的是让每个学生感受音乐带来的愉悦，用优秀的音乐作品陶冶情操，滋养心灵。

教学部门连续两年在公众号发布“小小朗读者”“数学小讲师”“英语小主播”“小小科学家”的作品，一个小小的平台锻炼了学生的口才，点燃了他们对数学、科学的探究热情。

世界是丰富多彩的，孩子的梦想也是五颜六色的。有人说，最好的教育就是鼓励学生做梦，然后帮助学生实现自己的梦想。最重要的教育过程无非是帮助学生“认识自己”，然后成长为理想中的自己。让青草长成青草，绿遍世界每一个角落；让牡丹长成牡丹，散发迷人的芬芳；让橡树长成橡树，成为真正的栋梁。各美其美，世界才会美美与共，绚丽无比。

认清教师的第一专业

教师的第一专业是什么？是“老师”这个专业，而非语文数学者云云。

我们的祖师爷孔子是什么专业？他的专业是“化人”，教人为人处世。

只有师德高尚、业务精湛、为人师表，方可担得起“老师”这个名号。

真正优秀的教师，既是优秀的“经师”，更是优秀的“人师”，而一流的“经师”必定是一流的“人师”，反之亦然。

教书和育人，两者具有内在统一性，不论是在“教书”中“育人”，还是在“育人”中传授知识，只要两相兼顾，可谓殊途同归。但无论是教书还是育人，其主体都是学生，教师如果不能引导学生积极参与，自觉体验，则无论多高明的设计，最终都会落空。

教师要学会俯下身子，甚至要蹲下来，要经常将自己的“高度”降低到学生的“高度”，这样看问题才准确，处理问题才有效。

其实这一节所表达的就是：教师在教知识的同时，一定要记着育人，教给学生做人的道理，引领学生更好地为人处世。

升旗仪式之后，学生向老师问好的多了，尤其是开始向保安问好，两位保安师傅都很高兴，他们缺的不是这一声问好，而是尊重。我们可以告诉学生，他们的一声问候带给别人多大的快乐，每一个付出劳动的人都值得尊重。试想一下，当感恩的种子在学生心里深深埋下，当我们不断地浇水施肥，以后能不开花结果吗？

昨天一位老师说：“一个人的微笑会带给别人很多的快乐。”确实如此。我们学校一直提倡微笑教育，微笑看似一种形式，其实是人心底的善良。

如果我们每一位老师既深挖教材，认真备课，在课堂上严谨治学，让学生打下深厚的知识基础，又能循循善诱，引导学生做一个正直的、善良的、懂感恩的人，那么我们每一位老师都既是“经师”，又是“人师”，学生幸哉！教师幸哉！

有效教学

教研室到学校教学视导，各科教研员都对学科教学提出了改进的建议和努力的方向，引起了我们对课堂教学有效性的更深入思考。

曾经在《教师月刊》上看到几段文字，是对有效教学的解读。

有效教学的核心要素就是学生的独立阅读和独立学习。

“家庭联产承包责任制”改变了农民、土地和政府的关系，把土地还给农民，激发了农民的生产积极性，但农民还是农民，他们的身份并没有改变。同理，要改变学生、教材和教师三者之间的相互关系，就要把学习的自主权还给学生。

当前课堂上很多所谓的“创设情境”其实是无效的，因为它放弃或淡化了学生的“独立学习”。若没有学生“独立学习”这个前提，“情境”就只能是教师自己的，而非学生体验的。

学生有阅读、有思考，教师有针对性地点拨、指导、讲解，这是评价教学的两个基轴或两条基本标准。

什么是有效教学？就是在教师的引导和指点下，学生能主动积极地学习。所以我们在课堂上一定要留给学生自主学习的时间，坚决杜绝“满堂灌”，要给学生留有思考、梳理的空间。常常见到这样的课堂，老师讲得口干舌燥，学生在下面无动于衷，只有少数几个学生配合老师的提问，课堂变成了老师和少数学生的一问一答，多数学生成了听众，甚至有的连听都没听进去。

余文森教授认为：“所有课堂教学、各个学科的教学，都必须建立在学生阅读的基础上，它是提高课堂教学有效性的最核心、最根本的抓手。”对此，我非常认同。以语文学科为例，对课文的最基本要求是读得准确、流利，准确就是不添字、不落字、不错字，流利就是比较熟练、通顺地读出来。但就是这最基本的要求，每个班级能达到的学生占多大比例呢？我想，大概不超过80%。这不能不引起我们的深思。其他学科亦应该思考，我们每天所熟悉、所掌控的课堂到底有多少是无效劳动。

陶行知先生曾说：“先生的责任不在教，而在教学，在教学生学。”这句话揭示了教学的本质，即教学的过程就是学习的过程，就是教学生如何学习的过程。

“教学生学”，就要让学生知道学什么、怎样学、学到什么程度，以及评价的标准是什么，也就是要让学生知道自己的“学习目标”。

一个人，只有明晰了方向，知道了目标，才会有主动性，才会产生内驱力。

课堂是师生共同成长的地方，如何让教师有针对性地点拨、指导、讲解，如何让学生主动地阅读、思考，如何让课堂的每一个环节、每一个设计达成预定目标，是一个需要长期研究的课题，我们都要为之不懈努力！

尊重与激活

未来的学校有以下不可回避的特点：全球性、开放性、互动性、定制性、实践性。这就要求教师具有学习能力、洞察能力、创新能力、优势智慧。

教师成长的因素，我认为可以用“啐啄同时”来概括。母鸡在孵小鸡时，小鸡在壳里边就有“啐”的声音，而母鸡从外边裂壳，这就是“啄”，同时意味着小鸡要破壳而出了，它需要母鸡帮助它。其意为：学校作为外部环境，对于一个教师的成长是非常重要的。

今天教师的发展，一方面是学生的需要，另一方面是时代的需要，其实还是每一个教师内心的需要。如果内心太久不变，环境对其来讲就等于零，所以二者的契合，时机把握很重要。

我常常在想，每个教师作为一个人的存在，有自己独特的东西，体现在人格、潜质、个性、需要等方面，这些东西在每个人身上都存在，所以我们今天做校长还是要创造一个教育的环境，让每个教师内在的东西在教育环境中得到激发，使教师得以真正地发挥出最大的潜质，助推自我发展，也实现对学生发展的支持。

教育对于教师而言就是尊重，这种尊重让每个教师获得了内在的激发，同时教育要营造一个自由宽松的环境，让每个教师在这个环境中去寻求实现自己最大发展的方向和路径，为每个教师创造价值。我相信每个人都是向上、向好的，今天学校的发展也要靠教师的这种价值创造。

一个学生的见识与境界取决于教师，而教师有了见识才能逐步地开阔学生的视野。学校要创造各种机会，让教师参加培训学习，实现自我的超越与发展。

学习力是学习动力、学习毅力、学习能力的集合体。学习需要“如切如磋，如琢如磨”；学习需要学会沉潜。作为一名教师，沉潜自己，勤学苦练，方能提升为师之素养；沉潜自己，博览群书，方能积攒为师之底气；沉潜自己，潜心教学，方能修炼为师之本领。

我们要相信研究的价值和力量，把研究做在离教育教学最近的地方，把研究做在离学生最近的地方，时刻让自己处于主动状态，善于从教育教学的困惑中“探求”，“小学问”用细心来“大”做。新的一年，要让研究成为我们的教育生活。

法国哲学家帕斯卡说：“人是一根能思考的苇草，我们的全部尊严就在于思想。”反思力是教师专业持续发展的必备素质，也是促进教师专业化发展的有效途径。一位具有强大反思力的教师一定见解深刻、独具慧眼、充满智慧、精益求精。

学习、研究、反思，让我们拥抱教育的力量，把每一天都当成新的一天出发。

学习的学习

“要好好学习”“要认真听讲”“要按时完成作业”“要积极发言”这几乎是老师给学生念的次数最多的“经”。我们曾一厢情愿地认为，只要不停地念这些“经”，学生就能学好，就会学了。事实上，这样简单机械的教导方式对学生的学习来说是远远不够的。实践告诉我们：学习也是需要学习的。

然而，我们很少看到关于学习方法、同伴交往、团队合作及情绪表达等方面的指导。而在今天更为开放的学习情境中，学习方法、思考策略方面的具体指导，对于帮助学生学会独立思考、小组合作、团队探究具有更为重要的作用。

中关村三小就在这方面做了很多研究，如学生合作的具体要求：“每个人都要倾听，不贬损别人；每个人都提出自己的问题；每个人都不要停留在（卡在）一件事上；每个人都能被关注、被需要；每个人在交谈时都要有眼神接触：当别人帮助你时要表示感谢；跟大家一起笑，而不是大家笑一个人；没有人感到不舒服。”

还有对学习过程的具体指导：“学习操作，有条理地使用工具、学具；学习合作，友好地对待同伴、主动在团队中担任具体任务；学习思考，可以用操作、模拟、解释、打比方等多种方式表达自己的困难和观点；学习倾听，了解他人与自己的不同，而不是只顾自己发言。”

类似这样的方法指导还有很多，仔细阅读，感觉确实能让学生知道如何去做事情。原来我们就分析过是让学生“记知识”还是“做事情”，其实“真实的学习”并不是说我们要推翻原有的教学方式，而是在继承的基础上，让师生的教与学回到真实的生活中去。教师眼里有了学生，有了学生的长远发展后，即便运用传统的课堂讲解方式，也能够通过教材内容的重新设计和与学生的充分互动，帮助学生获得学习方法、思维能力，走出“考什么，讲什么”，甚至是“不考什么，就不讲什么”的误区。

学习如何学习，将是我们长期的课题，也是我们“科学施教”的关键。

每个人都是学校的形象大使

过去的一个学年，全体教师以高度的责任感、智慧、勇气和激情投入学校的教育教学和日常管理，使学校有了较大发展，得到了上级领导及社会各界的一致好评。这份光荣更需要我们每一位同志用心呵护，去增添更大的荣光，只有人人维护这份荣誉，不断增添新的荣誉，才会使我们的学校持续优秀，形成品牌，实现“从优秀走向卓越”的目标。我们每一个人都是学校的形象大使，我们每一位同志的一言一行都代表着学校教职工的素质、水平和形象。我们的学生怎么看学校？我们的家长怎么看学校？他们看的就是我们的老师，他们接触的就是我们每一位教职员工。我们是具体可感知的学校。我们对待学生的一言一行，接触家长的言谈举止，都会在学生和家长心中留下好的或坏的具体印象。这已经不是我们个体的形象，而是学生和家长心中学校的形象，而且这种形象会留在学生和家长心中一辈子，进而通过学生和家长的口碑相传，形成社会中学校的形象。教育无小事，处处皆学问。好老师固然能给学校带来好的形象，但是一个有不足的老师，或者一个好老师不恰当的话语、不合适的细节带给学校的负面形象更是不可估量的。所以，我们每一位老师，当我们教书育人的时候，当我们接触学生家长和社会上每一个人的时候，我们的社会角色就是教师，需要时刻记住，我们是学校的形象大使，要注意自己的素质，包括自己的言谈举止，自觉为学校的形象增光添彩。

一、要以永不知足的学习态度影响学生

学习不能改变生命的长度，但可以拓展生命的宽度。一个不愿学习的教师一定是没有发展力的教师，一个不爱学习的组织一定是没有生命力的组织。所以，我们全体教师要做学生学习的表率，在学习的状态下工作，在学习中体会、感悟、升华。某种程度上说，人的差异不在于起点的差距，而在

于过程的努力程度。如何进行学习？我认为当前我们要做到以下最基本的几点：①要认真参加学校会议。吸取每次会议的精神，哪怕就是对自己有用的一两点信息都要记在心，用在行。②要认真阅读学校给教师指定的必读书目。那是给教师的“心灵鸡汤”，我们要认真阅读，吸收精华，积极撰写读书心得，交流读书感悟，丰富我们的精神内核。③要积极参加学校组织的集体备课，相互交流，相互沟通，相互促进，实现资源共享，优势互补，共同提高对教材的解读能力和把握能力。④要积极参加各种听课评课活动，吸取他人的教学智慧，提高自己的课堂把握能力，课堂是实现师生生命对话的场所，要让课堂有生气、灵气，教师必须要有激情和智慧，不断提高课堂效益。⑤要认真出好每次检测内容。命题出卷是对一个教师教材把握能力的考验，也反映了教师对学情的了解情况，我们要通过命题水平的提高来提高我们的教学水平。如果这些都做到了，我们的执教水平就上了一个新的台阶，家长对我们就多了一份信赖和信心。同时，我们这种永不满足的进取精神和严谨的治学态度也一定会影响我们的学生。

二、要以真诚细致的服务态度感动家长

某种程度上说，教师这个职业的存在实际上是为了完成一种服务，服务于社会、家长和学生。人们只是在教师工作过程中看到了其情感和体力上的付出与贡献，才觉得教师这个职业的伟大和高尚。所以，我们提出“做教育就是做服务，做服务就是做细节”的管理理念。我们必须把这一理念落到实处，执行到位。有了服务意识，我们就会耐心解答家长的疑难、困惑甚至是误解，直至家长满意；有了服务意识，我们就会公平、公正地对待每一个学生，不体罚学生，不歧视后进生；有了服务意识，我们就会关心、关爱每个学生，耐心细致地做好每个学生的思想工作，宽容学生的错误和过失，宽容学生一时还没有取得很大的进步。社会和家长的满意是学校的生命，我们自己也会在服务中增值。

三、要以自觉自动的工作态度赢得社会的认可

人最难的是认识自己，只有认识自己才会去改变自己。我们学校之所以赢得家长和社会的认可，靠的就是我们教师的那种精气神、扎实的工作作风和永不放弃的工作精神，以及自觉自动的工作态度。实践已经证明：一个教

师的工作绩效，与这个教师的学历、经历、拥有的知识量等方面不存在正相关，而与其责任心、爱心、耐心等非智力因素成正相关。所以，我们要有能力不足态度补的决心、不达目的誓不罢休的恒心，以及不断改变自我、成就自我的信心。我们要把辛苦踩在脚下，把敬业高举头上，使同行因我们的敬业而敬畏。敬业是一种态度，是一种品质，是一种持久力。敬业就是质量。敬业者必然不受利益的驱动；敬业者自能发现工作的乐趣；敬业者也自能于平凡之中孕育伟大，于平淡之中创造奇迹；敬业者也自能在繁杂的工作中寻找到职业的幸福感。

学校的形象是靠我们每一位教职工树立起来的，希望我们每一位教师都能成为学校的形象大使。让我们用“争取做到最好”来鼓励自己，让我们每一位教师都焕发出豪情与干劲，一同去创造今后更大的荣誉与辉煌。我们坚信，我们的明天一定会更美好！

主动把自己置于监督之下

谈到读书的重要性，每个人都可以说出一二，尤其是我们老师，给学生、给家长、给其他行业的人讲起来，肯定是口若悬河、言之凿凿。但自己做起来，就要打折扣，这不仅仅是一个人、一部分人会出现的问题，而是共性，因为如果不是有特别强大的自制力或者特别大的兴趣，很多人都做不到自己说的那样好。就如王静老师分享的，她读书真是废寝忘食，那是她的境界，一般人达不到。那怎么办？很多时候，我们需要外界的监督、相应的制度和同伴的影响，需要把自己置于一个透明的环境，让别人来监督自己。

比如，你制定了一个健身计划，每天早晨出去跑步20分钟，一天、两天能够做到，偶尔有一天，不愿起床了，就原谅自己："今天不去了，明天一定去。"有了第一次原谅自己，就会有第二次、第三次。假如换一种形式，找一个同伴，约定一起锻炼，每天早晨即使自己不想起床，想到还有同伴等着自己，就会强迫自己起来，锻炼计划就实现了。

今天，10个读书群都行动起来了，10位组长都很尽职尽责，制订计划，带头分享，还有几位组长及时进行点评。老师们都结合自己的教学实际谈了读后的感悟，不同的学科不同的内容，都是对今后教学的思考、对学生成长的反思，从大家写的文字中看到老师们开始读进去了，这就是成绩。正是因为我们有同伴的监督、同伴的互助，有提前的约定，读书的计划才得以落实。我想，今天老师们读书的心情肯定是各异的：主动的、新奇的、被迫的、不情愿的、试试看的。无论哪种都不重要，重要的是有了行动，假以时日，或许回头看自己的分享，竟然发现有这么多文字、这么多观点、这么多设想，原来自己也能通过阅读提升教学水平。

很多时候，想做成一件事情、实现一个很长时间以来都没有完成的计划，我们需要逼一逼自己，主动把计划告诉别人，请大家监督，或者邀请一两个同伴一起来做，互相监督、互相鼓励、互相陪伴。一个人可以走得快，但一群人才能走得更远。

不仅仅是读书，其他的如健身、练字、旅游等，如果我们不确定自己定的计划是否能实现，那么都可以主动先说出来，主动为之，才能离成功更近！

开放日，打开的是心胸，赢得的是信任

我们常说：“家校携手，共同助力孩子成长。”但很多时候，这种“携手”是单向的，即学校和老师给家长提出要求，家长按照要求去做。但为什么这样做，学校的理念是什么，老师的教育思想是什么，学校和老师又做了什么，家长不清楚，就会导致不理解，甚至产生误会。家长对学校和老师的态度及家长的教育方法很大程度上会影响到孩子的学习状态。所以，学校应该主动丰富自我，敞开胸怀，打开校门，打开教室，请家长进来，建设家校教育共同体。

学校的开放日就这样如期举行了，没有经过刻意的排练、精心的准备，只是大体安排了几项内容：随堂听课、查阅学生作业和教师备课、参加学校读书节表彰大会、与任课老师交流。每个班级根据家长的需求自主安排时间，我们的目的就是把学校原生态的面貌展现出来，把老师最普通的工作场景展现出来，让家长了解孩子在学校的真实表现，感受老师的工作状态。

早晨7：10，陆续有家长跟着孩子一起走进校园、走进教室，这时候来的学生还很少，早来的依照惯例开始晨读，并没有因为多了一些陌生的面孔而张望。有的家长在教室门外观察，有的进到教室随意翻看。一位家长在反馈建议中写道：“第一次这么早到学校，看到孩子们大声朗读的样子不由得让我回忆起儿童时代。”我们没有特别要求老师早到校全程陪同家长，我们就是要借助家长的“另一双慧眼”看到我们还存在哪些不足，应该如何改进。我想家长们肯定会感受到学校和老师的真诚，提的意见和建议一定是中肯的、客观的，活动之后的反馈也证实了这一点。

随着第一节上课铃响起，校园里安静下来。我来到大会议室，一些第一节没有听课的家长正在翻阅各科作业，我随机走到家长中间，跟他们交流，家长们都表示非常愿意参加这样的活动，还有家长很感慨地说：“第一次这么强烈感受到老师工作的辛苦，每一次单元测试，不仅仅是仔仔细细阅卷，还要分析每个孩子出错的原因，真不容易。”有的家长赞叹：“通过看作业，更能发现优秀的孩子之所以优秀的原因。我都拍了照，回去要让我的孩子学习。”二年级的一位家长跟我交流最多，她建议学校增加传统文化教育的内容，从小培养学生的爱国情感，通过丰富的活动，让学生懂礼仪、知感恩。她还介绍了自己家庭教育中的一些做法，很有价值。

第一节没有课的班主任老师都跟着到了会议室，解答家长的疑问，这时候的氛围是融洽的，与老师单独叫家长到学校完全不同。班主任不仅仅让家长看自己任教学科的作业，还让家长翻阅英语、美术作业，让家长们看到孩子们全方位的表现。一（6）班的一位家长说：“我的孩子在家不喜欢画画，没想到在课堂上画得还真不错。看来不能随意评价和批评孩子。”

翻阅着、评价着、交谈着，此时家长对老师的感谢是真诚的，老师对家长的建议是有针对性的，没有隔阂，彼此信任，因为我们都是“为了孩子”。

一上午很快就过去了，家长们意犹未尽地走出课堂、走出校园，带走的是不同的思考，留下的是真诚的建议。认真翻看每一位家长的反馈，很多语言让我感动：

“现在的老师们实在太辛苦了，作为学生家长，我愿意为老师分担我能力范围内的工作，做一些力所能及的小事。”［二（1）班家长］

“在每个同学的播报中，韩老师细致的点评，教会孩子们的不仅仅是知识，还有对父母的感恩，对生活的感悟。谢谢两位老师对孩子的付出！！！”［二（3）班家长，三个叹号代表家长的心情］

“程老师的特色阅读课既能燃起孩子们奔跑于阅读之路上的斗志，也能点亮孩子心中那盏阅读的明灯。李老师的话语诠释了一位数学教育者的幸福感，表达了一种境界和情怀。”［四（1）班家长］

……

家长们也提了很多合理的建议，让我们明确了改进的方向，比如：

重视学生的坐姿，预防近视。

希望学校多开展一些和家长的互动活动，让家长更全面、更及时地了解孩子在校情况。

丰富学校的课程，给孩子更多展示的机会。

……

我们会全面整理家长的意见和建议，制定改进的措施和方案，让开放日取得预期的效果。

打开。随着家长对学校各项教育教学活动的深度参与，校园的围墙一点点消融在家长眼中，伴随着围墙逐渐被消融，家长们会看到一个更加真实的校园和更加多元的教育。

期待。随着学校对家长扩大开放的广度和宽度，家长增加了对学校理念的认同、对教师工作的理解和信任，学校、教师、家长、孩子共同成长，共同发展。

聊聊复习

复习阶段考验的是老师整理归纳、提炼总结的水平。虽然复习时间短，但只要有全面的规划和科学的方法，还是可以提高学生学习质量的。

1. 复习要有规划

内容上：基础、重点、难点、拓展……

时间上：进行几轮复习、如何检测、串讲与归类的结合……

2. 复习要有策略

激发学生的积极性。

利用大脑的记忆规律。

通过训练让学生掌握做题技巧。

善用统筹学合理利用时间，了解学生对知识的掌握情况。

3. 复习的几个要求

（1）不仅有目标，更要有检测目标达成度的措施。比如，一年级复习偏旁，制定目标时就要思考：复习哪些偏旁，复习每个偏旁的名称、写法、意义，对学过的此偏旁的字进行归类；所有偏旁中哪些是学生熟练掌握的，哪些是易错的，哪些是需要重点记忆的；如何检查学生对偏旁的掌握程度，口头互查还是书面检测。总之，对每一节课复习的内容都要有检测，一来老师能了解学生对这部分内容的掌握程度，能让后面的复习更有针对性；二来学生也能知道自己学得到底怎么样，哪些会了，哪些不会，课下可以找时间再复习。这也相当于过筛子，能把书由厚读到薄。

（2）要突出重点，突破难点，避免面面俱到。复习就是要通过回忆旧知、归类总结，解决学习过程中遇到的困难和问题，所以复习一定是针对学生的易错点、易混点、理解困难点。这就需要老师做好功课，翻阅每个单元的测试卷和试卷分析，系统整理，这样才会让学生建立起知识体系，才会解决问题，整体提升。不然泛泛带过，只能是雨过地皮湿，学生仍在原地打转。

（3）避免表面热热闹闹，保证每个学生有思考、有记忆、有新的收获。不要复习学生已会的知识、已做过的题型，这会让学生觉得都会了，没有了求知的欲望。每节课都应有所拓展，应有挑战性的内容和题目，让学生跳一跳才能摘到“桃子”，这样学习的快乐体会得才会更深一些。

（4）要教给学生一定的复习方法，如列表、画思维导图、整理错题等。要引导学生学会自己复习。

（5）要严格要求学生，做题的格式、书写、基础知识的正确率等都要有明确而严格的标准。苏霍姆林斯基说：“只有要求学生在课堂上不犯任何一个错误，他才能够成为读写无误的人。只有做到在课堂上没有错误，才能做到在家庭作业中没有错误或少犯错误。”

严师出高徒，这里的“严”是严格，是高标准、严要求，是帮助学生养成良好习惯，打下坚实基础，是对学生负责。

名师出优生，这里的“名”是有科学的方法、严谨的计划、可行的策略及明显的成效，授学生以渔，让学生轻负高效，在复习中有成就感，而不是题海战术、疲劳战术，让学生对复习产生厌烦情绪。

做好研究，让复习事半功倍！

廉颇老矣，尚能饭否

“廉颇老矣，尚能饭否”出自南宋辛弃疾《永遇乐·京口北固亭怀古》，辛弃疾借此表达自己的决心：和廉颇当年服事赵国一样，自己对朝廷忠心耿耿，只要起用，随时可以奔赴疆场，抗金杀敌。同时显示自己的能力：自己虽然年老，但仍和廉颇一样，老当益壮，可以充任北伐主帅。

想到这个话题是因为总听到这样的话：“我都这么大岁数了，如何如何。”但多大才叫“岁数大”呢？于漪老师90岁依然奋战在教育一线，李吉林老师70岁依然授课讲学，吴正宪老师60多岁依然管理学校研究教学，这样的老师有很多很多。前几天看到一位老人80岁开始学画画，画出了很多优秀的作品。所以，年龄大或小是自己的感觉，是心态或环境决定的。在学校，只有在比较中产生的年龄大或年龄小，心态上我们都是年轻的。不然，50岁的觉得自己大，48岁的是大还是小呢？

很多时候是我们人为地给自己划定了一个界限，到了这个界限就不能做了、不应该做了，不然我们就与众不同、就与这个环境的氛围不相符了。比如，不能讲公开课了，不能当班主任了，这些都是人为限制，并不是能力限制。我们学校有很多老师都是特别优秀的班主任，也都特别有教育情怀，深受学生和家长欢迎，如果失去这么宝贵的财富，将是学校的巨大损失。所以，李艳华老师和邵敏老师特别让我敬佩，她们对学生的负责和爱将带给学生一生的福祉，当这些学生毕业时，一定会无比感激老师六年的陪伴。就像盖学毅老师说的，学生进入初中之后表现出来的优秀有我们小学老师的功劳。

还有很多老师用实际行动证明年龄只是一个数字。张秀君老师接过班主任的担子，尽职尽责，让一（1）班平稳向前；教六年级的张建荣老师、郭庆霞老师每天早来晚走，紧盯课堂，参与班级管理；赵红霞老师脚部骨折，坚持到校上课，难怪学生上语文课都不愿意下课，这里面有老师浓浓的爱、深深的情；宗媛老师每一项工作都精益求精，全心投入；张红展老师曾提出希望给予照顾，但我们看到的是她更充足的干劲；马立平老师分享学习收获，条理清晰，一针见血……

其实，每个人都有无限潜能，一个人的视野决定他能走多远。我们要始终保持积极的心态，学会拓展自己的认知边界，学会跳出自己狭窄的生存环境，站在更高的维度上审视、理解我们的职业、学科和自己的一生。任何时候我们都能自豪地说："廉颇不老，尚能征战；三尺讲台，任我驰骋！"

让学习发生在足迹所至

我工作的两所学校都是校园面积狭小、学生数量众多、人均活动面积严重不达标的学校，我曾经多次做过同样的梦：发现学校里竟然还有很大的一片空间没有利用，竟然闲置着，于是喜出望外，赶紧策划用来建图书馆、体育馆、艺术馆等。每次梦醒我都是满满的失落，以致到其他单位看到有空闲的大厅、宽敞的走廊，都恨不能挪到学校里去。

总是要回归现实的，在我们没有能力扩大校园面积的时候，唯一能做的是设计好、利用好现有空间。

首先，要确定设计理念。一所好学校应该是一座充满成长机会的博物馆，这样学校建筑就成了生命意义上的存在。学校空间需要帮助学生创造更多的归属感，让学生有更多自由发展的空间，形成生态社会多样的、多重的、积极的教育关系。也就是说，学生走在学校的每一个角落，都能有文化的浸润、艺术的熏陶，能感受到不同学科的魅力，还能有与同伴、与老师建立良好关系的场所。

其次，要有学生视角。制作的每一块展板、种下的每一种植物、悬挂的每一幅作品，都要考虑是否和学生产生关联，是否能吸引学生参与。如果我们所做的，学生视而不见、无所谓，那无论下多大的功夫都是无用功。所以我们每一间教室内的展板、楼道内的展板、校园里的宣传栏展示的内容一定是来自学生，他们自己创作、自己粘贴、自己维护，当他们参与进来，当这件事与他们产生关联时，教育的价值就有了。以后我们建学科教室，每一间教室的设计也一定是老师们自己去做，像装扮自己的家一样去装扮自己的教室，感觉肯定不一样。

最后，要有课程意识。学生是很在乎自己的权利的。上周在校园里看到四（3）班的学生围在他们班负责的花池旁，从里面捡杂物，几个同学捡得非常仔细；二（1）班负责的花箱旁也有几个同学在照看。每个班级的学生都对自己认养的植物很尽心，这就是责任心的培养。围绕种植，有很多课程可以开设。比如，查找资料了解植物的习性、种植注意事项；写观察周记，和植物一起成长；草发芽、花开放、果挂枝头时，美术老师可以带学生到操场写生；数学老师可以让学生根据校园面积探究植树问题……当老师是有心人时，你会发现学生的成长机会无处不在。

我们每个人都不仅仅是在课堂上、在书本上学习知识的，我们要把思维打开，把学生的视野打开，激发学生探究的内驱力，让学习发生在足迹所至！

教孩子从“追求赢”到“学会输”

前两天在回家的路上，我碰到了一对父子，孩子四五岁的样子，骑着小车，父亲走着，两个人在比赛谁走得快。孩子的小车骑不快，父亲跑两步就到孩子前面去了，几次下来，孩子不干了，哭闹起来：“不比了，不比了，爸爸坏！”父亲无奈，从兜里掏出糖和玩具枪哄孩子。这样的场景在现实生活中太常见了，在当前赏识教育成为主流的时代，似乎谁都不愿意输，也无法以更好的心态去面对失败。但这样对孩子的成长真的完全有利吗？

在任何领域，有效的学习都包括不断地尝试和失败，突破性的过程中，也总有寻找解决方案的失败与暂时搁浅，这种动态的进程应该是课程的核心内容，失败是所有过程的重要组成部分。我们应该这样庆祝失败：“太棒了，现在我们终于知道这样是行不通的，终于可以将这一条从列表上划掉了，让我们开始尝试另一种方法吧！”从失败中学习是学习过程中非常重要的一部分，但很多时候我们常常排除掉了这个部分。

李希贵校长写过一篇关于教学生“学会输”的文章，文中谈道：“没有永远的赢家，在生活与学习中，孩子们会遇到各种各样的挑战或者困难。早一点让孩子去练习如何面对这些‘小插曲’，才能让孩子走得更远。”

人在顺风顺水的时候，你往往看不出他的差别。只有遇到挫败时，才能看出人的伟大。这就是我们佩服诸多英雄人物的原因，他们在失败后没有放弃，而是从挫折与失败中吸取经验教训，直至最后成功。

李校长的儿子小时候特别喜欢和他的爷爷下军棋、围棋、象棋。为什么？因为每次都是爷爷输，后来李校长看不过去，主动和儿子下，每次都会让儿子输。尽管儿子不愿意，但李校长每次必须让他跟自己下，必须学会输，不然特别危险。

现在社会上也兴起了“挫折教育”，但很多人对其理解存在偏差，挫折教育决不能仅仅是让学生经历挫折，更重要的是让孩子在经受挫折的时候，知道有光明。为什么有些孩子跳楼？就是他经受挫折时，觉得自己完了，觉得自己一败涂地了。人生不是这样，我们必须让孩子知道，败了不要紧，败了一定还是有光明在的。但光靠说教是不行的。只有在一次次失败中，大人带着孩子去寻找，是不是还有一线亮光，是不是就可以走出来了。经过几次后，孩子就能知道挫折后有光明，没有更大的人生风险。

让孩子尽最大努力“争取赢”是应该的，教会他正确“对待输”也是必要的。

教师——实施素质教育的关键

我最近读了很多教育刊物，对当前的教育进行了深入的思考。在全省大力倡导素质教育的今天，虽然我们一直强调“减负”不等于“减质”，不进行分数评价不等于没有评价，但是从当前教育现状来看，无论是家长、学生，还是教师，都有了不同程度的放松，那么怎样才能保证课程方案的有效实施，保证学生真正地全面发展呢？我觉得最重要的还是提高教师素质。

多数小学都是主科老师跟班走，一个班的学生要跟着同样的老师上两年、三年甚至六年课，老师的思想、言行、对生活的态度和价值观将直接影响所教的学生，若是一个负责任、有爱心的老师，带出的班级肯定是积极向上的；若是一个斤斤计较、仅仅把教书作为一种职业的老师，带出的班级将是消极的、自私的。孩子价值观的形成很容易受到身边人的影响，尤其是相处时间最长的父母和老师，因此我们要想培养出优秀的学生，首先要培养优秀的家长、优秀的老师。

决定一个人能否优秀的因素很多，我觉得思想态度应是首位的，能力是第二位的。我们有很多教师日复一日年复一年地在教，但是他们从来没有在教的过程中找到乐趣，心中也从来没有涌起一种爱的热潮，这样的教师永远也不可能取得教育上的成功。而一个真正热爱教育、热爱学生的教师，会全身心投入工作中，会千方百计发挥自己的特长，努力改变自己，弥补不足之处。一个有理想的教师，会不断地追求成功、设计成功，并擦出成功的火花。态度决定一切，只要愿意，每个人都可以成为了不起的人物。

教师是一种特殊的职业，他所做的一切都是在为未来做准备，是着眼于孩子的一辈子。所以教师必须勤于学习，充实自我，这是对一个教师最基本的要求。教师是常人，亦非常人。说是常人，教师和普通人一样有着喜怒哀乐；说非常人，是因为教师的工作面对的是一群天真烂漫的孩子，在工作中，教师常常需要调节自己的心情，给孩子们创造最有利的教育环境，这又是非常人所能做到的。所以人们才说，教师是太阳底下最光辉的职业！处在这个岗位上的教师，更应该讲究互相配合，取长补短，形成合力，共享成功。

教育需要理想，教师需要激情。期盼每一个站在教育岗位上的人都无愧于“教师”这个称号。

仪式感到底有多重要

在整理一年来的图片、文字时，我想简单地做一个总结，在翻看照片的过程中，发现这学期举行了几次有仪式感的活动课程："创造向未来，迎接新挑战"开学典礼、"厨房小当家"启动仪式、一年级"让成长看得见，让梦想更灿烂"入学100天庆典、"燃烧吧卡路里"体育节开幕式等。每一次组织者都进行精心设计，让学生有体验、有惊喜、有仪式感。

说起仪式感，人们最喜欢引用《小王子》里的那句话："仪式感，就是使某一天与其他日子不同，使某一时刻与其他时刻不同。"

仪式，是会让平凡日子发光的魔法，是我们对庸常生活的复仇。

比如婚礼，很多男人会不理解女人为了一个做给别人看的仪式去花费那么多心思和精力。其实，婚礼除了做给父母亲朋看，也是做给自己看的。当我们在婚后的一地鸡毛里摔门而出的时候，也许会想起婚礼那天他热辣诚挚的誓词，心中为之一动，转头买了他最爱吃的菜。我们需要一个仪式昭告天下也告诉自己：从此刻起，新的人生开始了！

小时候过年，是很有年味的：里里外外的大扫除，买来新衣服一定要到初一这天早晨才穿，贴春联用的都是现熬的糨糊，初一早晨早早起来去挨家挨户拜年……那时候对年的期盼让生活充满了滋味。

而现在，物质的丰富，让我们感受不到新衣裳、年夜饭带来的喜悦感，仪式的精简，让春节变成日历上沉闷而面目模糊的某一天。

但仪式感对孩子而言太重要了，那是他们热爱生活的动力，是他们成长中难忘的记忆，是他们获得幸福感的源泉。

所以，让我们花一点小心思，如同咖啡里加一点糖，给孩子一个更有色彩的童年——

发奖时，准备一段音乐、一段颁奖词，郑重地把奖状递到学生手里；

布置作业时，带一点神秘、一点趣味，让作业不再枯燥，让学习不再单调；

放学时，向同学们真诚地说一句祝福，也让全班同学给每一位老师送上真诚的祝福；

假期里，让学生参与特定节日的流程。比如，从“小年”开始，告诉他们糖瓜粘、扫房日、煮大肉、宰只鸡、把面发、蒸馒头，而后剪窗花、贴春联、放鞭炮、包饺子、守夜、团拜……提醒孩子完成这些，他们才会明白，原来，这就叫“过年”！

……

在孩子的年龄，就让他过得像个孩子吧。

如何评价学生

最近几年，一些社会舆论、教育理论总是在说“好孩子是夸出来的”“要赏识孩子”，这些观点没有错，但做得过了就对孩子没有好处。

孩子虽小，但也是一个独立的人。想一想，我们要评价一个成年朋友的行为时，我们会如何做？我们会首先尽可能客观地了解这个人的行为，然后真诚、真实地表达自己的观点。客观、真诚、中肯是好的评价要素，只有这样，朋友才能了解自己的行为在他人眼中是什么样，才能很好地调整自己将来的行为。为什么在面对孩子时，我们要对评价的事物、评价的态度进行选择？其实，是我们害怕负面评价会伤害到孩子，再往深处思考，这是一个如何让孩子接受负面评价的问题，而不是批评本身应不应该的问题。长期以来，教育一直都混淆了这两个问题，导致在教育中缺乏批评的声音。当错误发生时，批评当然是必要的，人从错误中学习的东西会更多。

近一二十年，我们教育界意识到了自己的问题，一些教育理论和教师都开始了批评技巧的探索，具体的做法千差万别，但原则是一样的：表扬时，要表扬孩子的行为，而不是孩子本人；批评也一样，要对事不对人，把人和事区分开来，孩子的行为不是他的本质，不需要否定整个人。这需要教师有强大的情绪控制能力和思辨能力，对这样的批评，孩子更易接受。而对孩子的惩戒是附属于批评的，对于惩戒的必要性，很多人是有争议的。其实这要因教师和学生需要而异。支持惩戒的一方也非常强调方式方法，其原则还是对事不对人，让孩子意识到自己错在哪里就可以了，不要打击孩子的自尊心、自信心这些本质的东西，主要的方法有承担错误后果式的惩罚，以及事后与反思相结合的惩罚等。

因此，在走出了一个个误区之后，我们今天的教育评价应该更客观、更真诚，批评与表扬都有说出来的必要，我们唯一的限制只是孩子的接受能力。随着成长，孩子的接受能力也会不断提升，我们的限制也要慢慢减少，直到可以完全像与成年人一样平等、理性地与孩子对话，能够把自己最想说的话直接说出来。

体育课也是进行德育教育的主阵地

今天看到《人民教育》上的一篇文章《办教育要明晰“根在哪里，走向何方”——访于漪老师》，文章比较长，12页，但每一句都值得反复咀嚼，每一个观点都那么朴实，又无比重要，比如：

“教师在教课的过程中，必须紧扣你的知识传授、智力发展、能力培养，同时播撒做人的良知。而且，播撒做人的良知，讲大道理没用。精神世界建设就是靠‘水滴石穿’，一点一点建设，真的是春风化雨、润物无声。”

“人的潜能是无穷的，教师要用敏锐的目光发现孩子身上的优点、特长和潜能。我们讲的‘个性发展’，是根据一个孩子的特点把其潜能变成发展的现实。”

……

其中于漪老师对体育课的观点和做法让我很有触动，以下是专访原文：

我非常重视体育，我带乱校、乱班，往往是从体育入手的。体育绝不只是体操课、体操技能。体育与德育一样，是一个很重要的领域。因为孩子身体的健康成长、心灵的健康成长，相当程度是靠体育的。

当年我带一个普通学校，3年就带成全国先进。原国家教委师范司副司长孟吉平带着6位同志在我们学校住了一个星期，想搞清楚为什么会有这么大的变化。

每天做广播操，我一定让学生每一个动作都做正确，既是锻炼身体，也是培养他们认真的习惯，真正要一丝不苟。学生一入校，体育教师第一个星期都是教广播操，立正就是立正，稍息就是稍息，一点都不能错。学校隔壁别的单位的同志对我说：“于老师，我们天天看你们的运动会。”他们把我们日常的体育教学视为运动会水平。全校20多个班级，要求做到“快、静、齐”，要培养他们的集体观念。

实际上做广播操、排队伍、走得像样子，是在培养学生一种集体主义观念，培养他们认真的精神，“身心健康”也会慢慢达成，孩子们精神面貌很快就不一样了。踢足球、打篮球，没有集体主义观念是踢不好、打不好的。这个阶段是孩子成长的黄金年代，离不开风吹日晒，不能整天坐在教室里刷题。现在许多小孩子包括年轻人骨质疏松，一碰就断掉了，所以我非常重视体育锻炼。在师范学校的时候，我就让全校学生长跑，一点一点地锻炼。个别学生还尿床，坚持长跑这点小毛病也好了。

我们真的要有全面培养的观念。你心中有学生，你就知道每个学生都是独一无二的生命体。

以前我们也谈过体育的重要性，也有了一些相应的措施保证学生的锻炼时间，但做得还不够，仅仅是有了一点手段，没有达到实质的目的，而且我们的重视程度依然不够，方法依然太少，没能让学生喜欢上锻炼。

其实，不仅仅是体育做得不够，还有很多地方都需要改进。这几天，读书群的老师们依然热火朝天地交流读书的体会、以后的做法。我相信：理念引导行动，行动促进研究，研究助力成长，当我们的老师都向着研究型、专家型教师努力的时候，我们的教学就会更科学，学生的学习就会更高效，幸福教育也就随之而至了。向着“做幸福教师”的目标出发吧！

让每朵花都尽情绽放

每朵花都有开放的理由

在一节公开课上，一个胖胖的小男孩引起了我的注意，这个小男孩正好坐在我的旁边。那天老师在讲《荷花》一课，当老师让学生汇报自己喜欢哪一段，并说说为什么喜欢时，这个小男孩马上举起了小手。他的小手不停地向老师摆动，想引起老师的注意，老师果然叫了他。可一听他发言，我才发现，这不是一个正常的孩子，他说话断断续续、含糊不清，看得出，他在努力把话说清楚，可是，他越着急越说不清楚，急得鼻尖上冒出许多汗。

也可能老师怕影响教学效果，没有让他说完，而是淡淡地对他说："听说你有病，你不要说了，先坐下吧。"虽然是借班上课，但听到这句话，我的心里还是一颤。这个孩子坐下了，后面他一次手也没举过，一直趴在桌子上。老师再也没叫过他，也没有再看他一眼。

后来，从孩子的班主任口中得知，这个孩子由于出生时大脑缺氧，影响到小脑发育，虽然他说话不清楚，但他上进心强，学习成绩也不落后。

不管这节课的设计多么巧妙，课件制作多么精良，这都不是一节成功的语文课，因为在课堂上，教师拥有的只是教书之激情，缺少的是育人之爱心。爱是一种重视、一种呵护。每个学生都是宇宙中独一无二的个体，他们都渴望得到别人的关注和赏识。不管是优秀的，还是发展有困难的，甚至是有缺陷的，每个人都应该得到发展。我曾到过一所特殊学校，目睹了特教老师是如何关爱那些有缺陷的孩子，如何在渺茫的可能性中无私地奉献。有一个孩子，眼睛看不见，耳朵听不见，四肢也不会动弹，但是他有感觉，仅仅因为他有感觉，所以我们的特教老师就几百次、几千次、无数次地重复一个抚摸的动作，重复一个帮助他在球上滚动的动作。老师说："他是一个活生生的人，他也在感觉。你们看，他对起身这个动作有点儿感觉了，感觉的面也越来越多了，他正在向越来越好的方向发展。”多么无私啊！多么无私的奉献！这是我们最伟大的老师，这是人类最伟大的爱。

冰心曾说过：“世界上没有一朵花不美丽，也没有一个孩子不可爱。”在任何一个孩子的心灵深处，都有着一个无限美好和丰富的世界等着我们去开发。从这一点上说，那些有生理缺陷的孩子和健全的孩子没有什么区别，其实他们更需要理解、爱护、帮助和赞赏。

我觉得这位语文教师确实应该好好反思。教育是培育生命的事业，生命的流程是痛苦还是快乐，是压抑还是提升，全由教师的手来翻阅。每个学生都是一朵含苞待放的花儿，每朵花都有开放的理由和权利。我们应该珍视眼中的每一朵花，在花枝下应自觉地低头，不要莽撞地碰落了她，给她浇水，给她阳光，对她微笑。如果盛开的花朵需要肥沃的土壤，让我们化为腐朽，伏在花的根下，当花儿绽放时，谁说这不是一种幸福？

阅读的姿态，最美

博尔赫斯说：“如果有天堂，天堂应该是图书馆的模样。”

苏霍姆林斯基说：“一所学校可以什么也没有，但只要有图书馆，就可以称之为学校。”

是的，一所学校必须给学生一个充满温馨的、散发童趣的、弥漫书香的图书馆，它随时对有需求的师生开放，在这里，可以自由地看书，可以开班级读书会，可以举行新书发布会，可以讲绘本故事，可以举办亲子活动……这里，一定是学生最喜欢、最迷恋的场所。

新校区建成投入使用后，我们首先寻找能够成为图书阅览室的地方，决定把一楼的两个大房间加上楼梯角落组成整体的阅读空间，从低段的绘本阅读到高段的名著阅读，从文学到科学、英语，打造全学科、全方位阅读体系。想象着孩子们在里面专心阅读的样子，就觉得美好且温暖。

今年化解大班额之后，教室的空间相对宽敞了，我们给每个教室购置了书橱，除了每班共读的书之外，又让各班到图书室选书，全部摆放到书架上。课间，学生们围着翻看，哪怕只是看看封面，读读简介，也会打开学生认识世界的另一扇窗。就像作家冯骥才在《摸书》一文中所说：“书，有时候不需要读，就是摸一摸都会感觉很美，很满足……”

有人问一位学者："如果教育只能做好一件事，你会选择做什么？"学者沉思了片刻，语重心长地说道："阅读，全部指向阅读。"

我特别赞同，一个人的精神发育史就是他的阅读史，一个民族的精神境界取决于这个民族的阅读水平，一所没有阅读的学校永远也不可能有真正的教育，无限相信书籍的力量是教育的真谛之一。

在一（3）班听课，文静老师设置了课前读书时间，每个学生人手一本拼音读物，读得特别认真。我旁边的一个男孩识字量不多，不时需要拼一下拼音，阅读速度很慢，但他一直坚持着。班级就是应该营造这样的读书氛围，把每个学生裹挟其中，得到浸染和熏陶，时间久了，阅读的习惯自然养成，阅读的兴趣自然保持。学校是培养学生读书习惯的最佳场所，教师是第一责任人，要给学生专属的阅读时间，要有促进阅读的策略和评价的手段。有很多班级要求学生每天阅读30分钟，除了在家里阅读，在学校也要有一定的阅读时间，老师要和学生一起读，这才有共同的话语体系。

五（7）班郭庆霞老师每天都很早到教室，哪怕只有几个学生，她也身体力行，影响他们。他们班读书的氛围就很浓厚，当其他班学生还在交流的时候，他们班已经进入了阅读状态，一个班级良好的班风学风就是在点滴细节中渐渐形成的。

成尚荣先生说："与阅读有关的话题，都与年龄无关，只要愿意，现在才是开始。"阅读，永远是进行时；阅读者的样子，永远是最美的。

第五章

合作之光

温润万千家庭

教育最美好的样子就是家校携手，家长与教师的理念同频共振，家庭、学校朝向一致、目标一致，共同助力孩子茁壮成长。

因孩子，携手；为孩子，成长

尊敬的家长朋友：

晚上好！时隔两个多月，我们又相聚在一起，共同交流孩子的教育、孩子的成长。我们学校成立了新父母课堂，刚刚开学的家长会上，我们的德育主任就给大家说了一些具体要求，孩子成为小学生，家长同时成为新父母课堂的学生。我认识几位孩子已经上了初中的家长，小学的每次家长会内容都记录得清清楚楚，孩子每个阶段的表现和进步也都记录下来，家长虚心学习、严谨认真的态度一定会潜移默化地影响到孩子。所以，接下来，请您放下手机，放下杂事，专心致志地听一节课，也体验一下孩子上课的情景。

今天跟大家交流三方面的内容：我们应该给予孩子什么、家长做什么、家校关系的最佳状态。

一、我们给予孩子什么

小学重要吗？我接触过一些家长，认为小学不如初中和高中重要，小学对孩子要求不是很高，管理也不是很严，认为孩子还小，不懂事，长大了就行了。殊不知，这种观点会影响孩子的发展。请大家看下面这组数据：

人的一生所用到的90%以上的基础知识，是在小学阶段掌握的；

人的性格形成在小学阶段完成了90%；

人的大脑开发在小学阶段完成了90%；

人的人生观、价值观在小学阶段80%已基本定型；

小学阶段，孩子学习生涯的提前准备期；

小学阶段，孩子智力和思维能力发展的关键期；

小学阶段，孩子个性习惯的塑型期；

小学阶段，亲子关系的“预热期”。

如果把孩子的一生比作一幢高楼大厦，小学阶段就可以看作“地基”，如果地基的质量出了问题，那么这幢大厦很容易成为豆腐渣工程。所以，我们务必要重视孩子在小学阶段的教育。

我们应该给予孩子什么呢？主要有这样三部分内容：

（1）良好的学习和行为习惯：学习习惯（认真听讲、书写、及时复习、认真纠错、会制订计划等）、行为习惯（穿戴整洁、讲究卫生、举止文明、遵守交通规则等）。

（2）扎实的学科基础知识：考试类科目（语文、数学、英语、科学、道德与法治）、考察类科目（音乐、体育、美术、计算机、传统文化、选修课）。

（3）美好的品质、较高的修养（诚信、善良、坚持、感恩、勤劳、认真、责任、奉献）。

第一部分中的学习习惯和第二部分中的考试类科目，每个家长都很重视，关注得也非常多，而对行为习惯、美好品质的培养、考察类科目相对重视不够，其实这些才是对孩子一生发展起重要作用的因素。

最近几年，教育界各大媒体频繁出现一个词：核心素养。它理论上指学生应具备的适应终身发展和社会发展需要的品格和关键能力，突出强调个人修养、社会关爱、家国情怀，更加注重自主发展、合作参与、创新实践。通俗地讲，核心素养就是那些一经习得便与个体生活、生命不可剥离，并且具有较高的稳定性、有可能伴随一生的习惯。比如，我们培养孩子爱读书的习惯，一经养成便终身相伴，他们就有了读书的素养；我们让孩子欣赏高雅音乐，理解什么是美的乐曲，他们一生都不会低俗。再通俗点讲，就是我们常说的“教养”，指的是礼貌、规矩、态度、风度、生活方式、习惯等。

我们先看一个真实的案例：某少年从小就是个学习尖子，不仅以全省第一名的成绩考上了北京某名牌高校，而且在大学毕业时顺利地通过了托福考试，如果签证顺利，他就可以实现他的留学梦了。可是，签证那天，发生了一件让人遗憾的事情。遗憾源自那个少年的一个小小的举动：当他听到签证官念到自己名字的时候，激动地站起来，同时，不自觉地咳了一声，并往墙角吐了一口痰。就是这个小小的举动打破了他的出国梦。签证官说：“我只能对您说遗憾了。虽然您的成绩和能力都非常优秀，综合素质方面却有些欠缺。我们认为一个能力强大的人，如果他的综合素质不过关，也是没用的。综合素质能体现出一个人的品质。我们非常注重这项考核。”签证结果可想而知。这让少年感到很意外，他因为吐了一口痰而惨遭淘汰，谁之过？少年随地吐痰的行为是偶然吗？肯定不是，这应该是他多年来的习惯行为，所以这怨不得别人。这也就能看出一个人成功的重要因素是良好的素养。尤其是一个人进入社会之后，什么才是决定他能走多远的关键因素呢？大家可以想一想自己周围的同事、朋友，那些踏实、善良、勤奋、彬彬有礼、有良好个人素养的人一定更有发展前景。

所以，我们在注重孩子的学习习惯和考试类科目成绩的同时，一定要在培养行为习惯、培养良好品质和修养上多下功夫，一定要多过考察科目的学习，更要在日常生活中处处以身作则，讲规矩，守秩序。

二、家长做什么

1. 给孩子制定规则和底线

曾经有实验追踪1970年4月出生的17000名婴儿，到2008年，这些婴儿已经38岁。研究结果显示：决定他们成败的关键因素是自制、正直和毅力。

成功的人不是最聪明的人，而是最有毅力的人。

举个例子：小提琴大师与生手大脑的构造不一样，这是由小提琴大师每天的反复练习造成的。

勤能补拙，著名的“一万小时原理”也就是这个道理。

如何才能培养孩子的自制力？最好的办法是给孩子制定规则和底线。

规则和底线不会让孩子感到难受，因为他需要知道什么情况是底线，会得到怎样的反馈，这样才会有安全感。

在规则以内，他的活动是自由的。但是如果没有规则，他就不知道什么时候会踩到底线。小孩子最害怕没有安全感。今天家长心情好，对孩子百依百顺；第二天，心情不好了，看孩子做什么都不顺眼，反复批评训斥。这种就太可怕了，因为家长的行为他无法预期，就会无所适从。

学校和班级也都会有一些统一的规定，您是否让孩子严格遵守了呢？

孩子是通过别人管理才能学会管理自己，没有外在的控制就不会有内在的自制。

学校和家庭制定的规矩和限制并不会让孩子感到难受，相反，这会形成一种规矩，让他们有安全感。

孩子最怕的是，今天和明天立的规矩不一样，或者孩子明明知道规矩，家长却不听孩子的，如上学放学到指定区域。

要特别表扬一位我们不知道姓名的家长，在一年级开学的第二天，一位妈妈专门带着孩子的爷爷到了学校南侧的接送点，告诉孩子爷爷，要送到这儿，接也是在这儿接，因为开家长会是妈妈来的，但接送孩子的是爷爷，妈妈专门带爷爷到现场确认，这样家庭的孩子是有秩序感和安全感的。还要表扬一位妈妈，10月下旬，因为有居民反映上学放学时间家长们停车位置不对，导致教体局院里的居民出行不便，我们建议家长在教体局门口北侧停车，让孩子走过来。通知发下去后，有很多家长立即执行，10月26日我拍到了一位妈妈，当时门口已经没有人了，但她还是在北侧平台停车。很多家庭也有一些规定，但总是执行不下去，原因是什么呢？各位家长思考一下，与自己不能执行有没有关系？

2. 和孩子一起运动

人在运动的时候，大脑会产生三种神经传导物质：多巴胺、血清素和正肾上腺素。

我们知道，医生给多动症孩子开的药叫利他林，是为了增加患儿大脑的多巴胺，增加自控能力。对忧郁症的患者，医生会开百忧解，是为了让患者大脑的血清素增加，因为血清素可以镇定情绪，有助于缓解焦虑。而正肾上腺素的作用就是使人比较专注。其实这些药物带给人的东西，通过运动就可以得到。

并且科学家通过实验发现，一直运动的老鼠的海马回比没有运动的老鼠的海马回大15%，其重量多了9%。在对老鼠的研究中，一直保持运动的2岁的老鼠——相当于人类90岁，它的大脑和6个月的老鼠一样年轻。

所以，孩子在运动后去做功课的效果是最好的，因为运动后，大脑会分泌营养素BNDF——可以促进神经细胞长出新的分支。

《运动改造大脑》首度公开革命性的大脑研究，运动能锻炼大脑，改造心智与智商，让孩子更聪明、更快乐、更幸福！我们学校一直强调运动锻炼的重要性，每天安排锻炼时间，接下来会有体育节的活动，有的班级每天会进行运动打卡。家长要和孩子一起把体育锻炼作为每天的必修科目，要让孩子结合自己的兴趣爱好自主选择运动项目，如跑步、踢毽子、跳绳、仰卧起坐、打球等，让健康的生活方式成为孩子每天的一大乐事。

3. 和孩子一起读书

脑科学研究发现，大脑的可塑性是终身的，人终其一生不停地因新的经验而重塑他的大脑。

阅读是最快的吸取信息的方式，眼睛一分钟看668个字，说话最快时一分钟250个字，阅读比说话快3倍。同时，阅读改变大脑。

大家知道，我们跟黑猩猩98.5%的基因是相同的，有1.5%的基因不同。曾经有一个博士班考试题目就是：从演化的观点来解释，为什么我们跟黑猩猩的基因只有1.5%是不同的，可是我们和黑猩猩的现状却有如此大的差异？

差异在于我们有文字的传承，我们有阅读的能力，我们是所有动物里面唯一能够享受到祖先智慧的动物。牛顿说，我们是站在巨人的肩膀上，这句话是有道理的。

研究表明，亲子阅读频率越高，孩子在阅读兴趣、阅读时间、阅读量、运用阅读策略能力等方面的表现越好。

数据也证明：一学期内读完9本及以上课外读物的学生，比读完2本及以下的学生阅读成绩高36分，这相当于多接受一学年的教育；从阅读时间来看，每天保证半小时以上兴趣阅读或与学习相关阅读的学生，其阅读成绩比基本不阅读的学生高出10分以上。

在我们学校的优秀学生身上，也发现了这个规律：

三年级（10）班宁写意的家长和孩子一起读书，她特意在图书馆里办了一张阅读卡，每隔几天就借两本书回家看。晚上，经常能看到她和孩子各捧一本书在读，刚上一年级的时候，宁写意就读了上百本书。

四年级（5）班韩子恩的家长注重孩子学习习惯的养成。放学回家第一件事，写作业；第二件事，读书；第三件事，弹古筝。读书的时候全家一起读。父母在她的书桌旁边放了一个大大的书架，营造出一种良好的学习氛围。家长的辛勤付出让韩子恩得到了全面发展，参演了很多影片，获得了多项荣誉。

一年级是培养孩子阅读习惯的最佳时期，而父母和孩子一起阅读又是最佳方式，所以请每一位家长从今天开始回到家，放下手机，拿起书，陪孩子阅读吧！

4. 给孩子温暖且有质量的陪伴

2018年全国家庭教育状况调查报告显示，“有温暖的家”排在学生认为的人生最重要事情的首位。孩子都将家庭作为生命中最重要的追求，反映了他们对家庭的重视、依赖和对温暖家庭的期望。

在调查学生最崇敬的榜样时，发现四年级小学生最崇敬的榜样前三位依次为父母、老师和科学家，选择的人数比例依次为25.8%、22.5%、14.2%；父母排在第一位，说明孩子对父母普遍持积极的认可和敬爱态度，能够发现父母身上的优秀品质。父母与孩子接触时间最长，孩子以父母为榜样，榜样是直观的、真实的、具体的、可亲近的，能使孩子在情感和心理上更容易接纳、更能引起共鸣。细微之处见精神，父母应该利用“榜样的力量”，从自身做起，从细节做起，给孩子树立良好的榜样，传递正确的价值观、积极的能量，为孩子创造良好的成长环境。

让孩子感受到家长的爱有多种方式，今天我主要强调一点：陪孩子吃饭。

美国明尼苏达州大学的营养学家兹泰尼研究发现，79%的青少年都喜欢跟父母在一起吃饭。经常和父母一起吃饭的孩子能获得较好的营养，也更容易取得较高的学业成绩；经常跟父母在一起吃饭的孩子，一般不会上网、抽烟、喝酒、吸毒、打架。即使父母双方只有一个人和孩子一起吃饭，也同样能达到以上效果。

2016年浙江省中小学教育质量综合评价监测结果显示：

每周吃早餐次数越多的学生，学业成绩越高，其中吃早餐7天的学生，比吃早餐在3天以下的学生平均成绩高出50~70分，相当于多接受1~1.5年的教育。

除了影响学习成绩，早餐还对改善亲子关系至关重要。数据显示，四年级和八年级学生每天吃早餐的比例每提高10%，亲子关系指数分别改善6.16%与5.98%。

所以请家长们不要小看跟孩子一起吃饭，要克服困难，不让孩子吃“小餐桌”，如果中午实在没时间，那早晨和晚上要保证孩子在家里吃饭。这对提高孩子的成绩非常重要，比你花钱请家教、送辅导班要见效得多。

5. 教孩子做家务

学习书本知识只是孩子生活的一部分。回到家里，孩子应该做他力所能及的事情，特别是做一些使用手指的细活。例如，让孩子剥圆白菜、洋葱皮，去掉豌豆荚的筋，洗自己的袜子，叠日常穿的衣服，吃过饭后擦擦桌子，等等，这些细微的手指运动可以刺激大脑。可以说手是头脑的一部分，手的神经与大脑中枢神经直接相连，孩子手的活动越灵活，其头脑的活动就越灵活，对手的刺激就是对头脑的刺激。动手做事是孩子成长的基础，是孩子手脑结合、身心和谐发展的过程。如果真正爱孩子，就要创造条件满足孩子"想自己做事"的需要，多让孩子动手，不要用自己的"过度好心"剥夺孩子的成长机会。面对现在日益激烈的社会竞争，培养孩子的自理、自立能力就变成了比学习成绩更为重要的当务之急。所以，做家务是培养孩子自理、自立能力的首要选择。

本学期结束前，我们会评选班级、校级书香家庭和劳动家庭，希望每个家庭从现在开始积极行动，期待在颁奖大会上看到你们的身影。

三、家校同频共振，达成共识

我们希望"湖滨北"的孩子能够通过六年小学生活决定他们的一生。所以我们的教育立足于对孩子的现在负责，更希望对孩子的将来负责。我们既要温润一米之内，更要面向千里之外。孩子在学校读书六年，在他们人生成长的过程中，只是短暂的一瞬，但是我想在六年当中能够为他们的一瞬留下深深的印记，在他们将来成长的过程中，"湖滨北"能够成为他们心中深深的、正向的烙印。

希望这样的用意能够成为我们的一种共识。我们的办学理念是"让教育之光点亮美好童年"，让每一个孩子"向光生长，生命绽放"。教育应是向着阳光，自然生长，遵循规律，润物无声。校舍也好，建筑也好，桌子也好，凳子也好，那是冷冰冰的东西，那是每个学校都有的东西，重要吗？重要！但不是最重要的。一所学校是人与人的对话，是人与人的交流，是师生之间的互动，师生关系将是推动学校发展的重要力量！

亲爱的家长朋友们，师生关系靠谁来维护？靠老师，靠学生，更靠您。很多教育专家反复强调，我们千万不要赢了孩子，输了老师。我们希望通过我们的努力，赢得孩子，赢得教育，赢得老师。老师的职业是神圣的，但老师也都是普通人，他食人间烟火，他有喜怒哀乐，您不能指望您对老师横眉冷对，老师对您的孩子喜笑颜开。在学校，教育是种温柔的东西，要让教育被温柔以待，让师生被慈善以怀。作为校长，我都不曾对老师们大声指责，大声呵斥，用心何在？我只希望老师们用心平气和来对待孩子。将心比心，心理学教会我们最重要的东西，我认为就三个字——"同理心"。当我们和老师在学校都能达成共识、互相理解、互相换位的时候，就不会有不好的东西存在了。所以自然生长里面强调的最重要的一点就是：师生关系的自然生长，家校关系的自然生长。

我们的办学愿景里有一条是“办一所有温度、有意思、有故事的学校”。当孩子送进来的时候，我们就是命运的共同体，学校有温度、有故事、有意思，每一位家长也要有温度、有故事。人生若只如初见，这样的美好我希望保持六年。温度、故事就是一亩方塘，在这里可以长出水草，可以长出小鱼，可以长出我们想要的东西。所以，我希望走“光润教育”的自然生长之路，办有温度、有故事的学校，可以成为我们所有“湖滨北”家人共同的认识。

每一位家长都是重要的链接，链接什么？链接的是家校，链接的是孩子。您把这个世界上最珍贵的人交到我们手里，甚至把他的未来托付给我们。我们不敢怠慢，我也希望在座的家长朋友们不要怠慢。

每一位老师都是珍贵的存在。在“湖滨北”，我们把每一位老师都捧在手心里，同样希望亲爱的家长朋友们，在我们六年的学习生活当中，能把我们的老师捧在手心。您把老师捧在手心，老师一定会把孩子捧在手心。

共识是了不起的东西，因为共识，我们同频共振、群策群力；因为共识，我们珍惜现在、相信未来。希望通过这次家长会，我们更能坚定教育的共识，只有教师和父母共同成长，才能建设美好的学校，营造美好的家庭，也才能培养美好的孩子。

培养有责任心的孩子

尊敬的各位家长：

晚上好！

今天利用家长会的时间，跟大家聊一个主题：如何培养有责任心的孩子。责任心是关系到孩子学习、生活、发展的关键因素。

什么是责任心？责任心是一个人对事情主动负责、敢于负责的态度。对小学生来说，就是对自己分内的事情非常清楚，知道应该做什么，不应该做什么，自己的事情自己做。

2019年10月24日，德州一中高一学生赵文睿的一张纸条引起了社会的关注和赞誉："对不起，我是德州一中2019级（15）班的学生，上学途中不小心碰坏了您的后视镜，我愿意承担责任，由于急于上学，留下此条。"

最近看到一则新闻，成都有个9岁男孩因为贪玩，乘坐电梯时将自家楼层以上的楼层键按了个遍，给邻居们带来了不便。

父母知道后，要求孩子写一封检讨书，并贴在电梯口向邻居们道歉。孩子的道歉信，赢得了邻居的谅解和点赞。

最近几年，类似勇于承担责任的事件很多，都得到了社会的广泛认可。对一个孩子来说，犯错不可怕，最重要的是告诉孩子要对自己的行为负责，特别是错误的行为。

丹尼斯·韦特利博士曾说："只有从小就具有责任意识，孩子将来才会成为一个对自己行为负责，对组织、社群尽职的人。"

责任心，决定了孩子对待人生的态度，也决定了他是否懂得爱人，是否能够做好本属于自己的事情。

我们常常看到有的孩子写作业需要家长催促完成；有的没有时间观念，做什么事都需要别人提醒；有的孩子从来没有承担过班里的额外工作，因为老师不放心交给他；有的孩子整天丢三落四，不会整理自己的物品……这些归根结底都是没有责任心造成的后果。

三、四年级与一、二年级有什么区别呢？

（1）学习科目增多，逐年增加了英语、科学，要求更高。

（2）学习内容难度加大。语文逐渐从拼音和字词转化为对文章的理解，增加了习作，不仅要写出一篇结构完整的文章，还要求立意准确，语句优美，字数达标。数学综合难度逐渐增加，很多题目考查孩子的概括能力、综合分析能力、空间想象能力。

（3）思维方式由形象思维过渡到抽象思维，有很多内容的学习需要下功夫，静下心去研究，课堂上必须紧跟老师的思路。

（4）孩子情感逐渐发生变化，从情感外露、浅显、不自觉向内控、深刻、自觉发展。孩子大脑发育此时正好处在内部结构和功能完善的关键期，是培养学习能力、情绪能力、意志能力和学习习惯的最佳时期。

三、四年级是让孩子从被动学习转为主动学习的最好阶段。

怎么才能培养出有责任心的孩子呢？

一、做有责任心的父母

1. 对自己的工作负责

父母一定要尽最大努力做好自己的工作，这是给孩子最直接的榜样。

2. 尽到做父母的责任和义务

（1）为孩子准备好一日三餐，这是做父母的底线。去年我讲过和孩子一起吃早餐的重要性，今年再次强调，是因为通过调查发现不和孩子一起吃、不给孩子准备早餐的现象依然存在。还有中午让孩子吃“小餐桌”的，一定给孩子选择正规的、能休息的场所。有的家长认为：我天天给你做饭吃，天天接送你，天天管你，我多么辛苦啊！这种观点是不对的，这些不是身为父母最基本的责任和义务吗？

（2）为孩子准备必需的学习用品。现在学校的教材内容和生活联系比较紧密，很多教学内容需要一些学具和辅助器材，如美术课上的各种颜料、彩泥，数学课上的图形、工具，科学课上的实验用品，等等。如果是老师要求必带的，一定要给孩子准备齐全，这是对孩子学习的支持，表明了家长的态度：关于你学习需要的，我全力支持。这会让孩子有安全感，有被认同感。当然，也需要跟孩子制定使用和保管规则，用规则约束孩子对物品爱惜和节约。

（3）经常跟孩子谈心。科学研究表明，不断跟父母进行对话的孩子，其智商和情商水平高于其他孩子。每天了解孩子在想些什么，才能真正领会孩子的思想意图，才能有针对性地给予孩子关心和帮助，同时也能分享孩子的烦恼和快乐。

（4）主动跟老师交流。去年10月份的一次问卷调查显示，有20%的家长从来不主动跟老师交流孩子情况，一学期联系一次的占到40%，这种情况不利于孩子的成长。老师的日常工作确实很忙，有时候无法及时回复家长的信息，但只要家长真诚地想了解孩子的情况，老师们还是非常愿意跟家长交流的。所以，不要等孩子有问题了，老师找了，才询问孩子的情况，每个月可以通过打电话、发微信、写字条或在接送孩子时通过交谈与老师沟通。

二、做“能狠下心”的父母

家长要认识到：舍不得让孩子承担责任是害，不是爱。

最近，电影《少年的你》引起社会关注，很多人对霸凌者魏莱的父母印象深刻。

魏莱在学校为非作歹，闹出人命，可她的父母很笃定地对警察说：“我们的孩子不会做出这样的事，是那孩子太脆弱。”

他们不仅在警察面前无条件包庇，事后也没有对女儿过多地询问和追究，哪怕是简单地叮咛和提醒。

看着父母为自己筑起的高高的保护墙，魏莱更是露出了坦然的神色，继续我行我素。

最后，魏莱虽然逃过了法律的制裁，却逃不过命运的安排，生命永远定格在了那如花般美好的年纪。

父母以为不让孩子承担责任，是替孩子挡住了危险，殊不知却葬送了孩子更长远的未来。

很多父母重视学习，却忽视了责任意识的培养。他们为孩子安排好一切，督促他吃饭穿衣，督促他写作业，督促他参加各种辅导班，该让孩子自己承担的，全都揽到了家长身上。与此同时，又忍不住替孩子推脱责任。

举个小例子，有的家长把孩子送到学校门口，执勤老师询问孩子，家长马上说："是我不知道，我第一次送。"有的孩子没写完作业，家长怕老师批评孩子，解释说孩子身体不舒服……

看似小事，但小事也能积累成孩子的坏毛病。

以后遇到挫折，孩子的第一反应不是反思自己，而是找其他人的毛病，甚至大发脾气。

培养孩子的责任感，必须养成让孩子对自己的行为负责的习惯。

有位妈妈跟我说，孩子总是爱赖床，每天早上都要叫半天，有天早上赖床迟到了，被班主任罚站，放学回家还冲妈妈发脾气："都怪你不叫我！"

妈妈也生气，明明是孩子自己的问题，最后还赖到自己头上。

第二天，她给孩子买了个闹钟，让他自己定好时间，告诉他：起不起来是你自己的问题，起晚了后果你自己承担。

前几次孩子还是一样起不来，后果迟到了被老师批评次数多了，他就不敢再赖床，每天闹钟一响，再不情愿也乖乖地起来了。

父母要舍得让孩子去承受不负责任带来的后果，如批评、惩罚、生病、成绩下降等，父母在这个过程中要给予监督和引导，如此这般，孩子对自己的事情就会越来越负责，因为他明白，每个人都应为自己的选择负责。

"狠下心"还有另一层意思，就是作为父母，为了让孩子养成一个好习惯，要能对自己"狠心"。比如，培养孩子读书的习惯，定下阅读计划后，父母要逼着自己天天跟孩子一起读。孩子不愿意解数学难题，父母就每天选一道题和孩子一起研究，让孩子体验到成功的快乐。孩子体育测试不达标，就每天锻炼，让孩子理解"功到自然成"。我一个原来同事的孩子今年也上三年级，她坚持每天和孩子一起练字，每天打卡，孩子的字写得越来越好。八九岁的孩子毕竟年龄还小，没有持久的毅力，但父母都是成年人，要帮助和陪伴孩子坚持去做，直到养成习惯。在这个陪伴的过程中，孩子感受到父母的爱，他的责任心自然就有了。

三、做前后规则一致的父母

鲁道夫·德雷克斯在《孩子：挑战》一书中曾指出："家长对孩子提出要求时应该前后一致，孩子才会尊重客观，清晰地知道自己应该做什么。"

在孩子的成长过程中，规矩是特别重要的。我们要告诉孩子什么是对的，什么是错的，而且一定要遵守对错之间的界限。

很多家长在心情大好的时候，孩子干什么都行；在心情不好的时候，孩子明明没做错事，也会对其进行语言或行为上的攻击。这样孩子就不知道什么是对错了，也就失去了遵守规矩的意义。

曾读过一段关于规矩的话，我觉得非常深刻："之所以让孩子学会规矩和原则，是因为当孩子走向社会的时候，他一定会有共同遵循的规矩和原则。如果一个孩子没有学会遵守规矩和原则，他走进社会就会处处碰壁。处处碰壁所带来的结果，要不就是他的情绪走上极端，要不就是最后自己对自己失去信心，而这两个结果都会给孩子带来终生的伤害。"

所以，从小到大让孩子守规矩这件事情是非常重要的。比如，规定写完作业后让孩子自己收拾所有用品，吃饭时不能看手机、看电视，每天读书半小时，每天锻炼10分钟，等等，从制定规则的那一天开始就要持之以恒地执行，不要随意破坏。

四、让孩子承担家务劳动

一项家庭调查显示，在孩子专门负责一两项家务活的家庭里，孩子成绩优秀的比例也相对较高。

家务劳动绝不是耽误孩子的学习时间，而是在给孩子发展积累优势，即：

更有独立性；促进手脑并用，促进智力发育；促进家庭关系和谐；对家庭更有主人翁意识，更有责任感。

所以，从小一定让孩子承担一到两项家务，就是说这个活就承包给孩子了，每天干或定期干，而不是偶尔干一次。为了让劳动意识扎根在孩子心中，我们学校也开展了劳动教育，家校要共同携手促进孩子劳动观念的形成、责任心的建立。每个年级必做的劳动内容如下：

每个年级必做的劳动内容

年级	内容	要求
一	扫地，整理书包	每周至少两次。学会用笤帚对家庭进行卫生清扫，养成爱清洁、爱劳动的好习惯
二	擦桌子，整理书包	每周至少两次。会用不同的抹布擦拭家里的不同区域，保持桌面整洁和物品摆放整齐；按类别、大小、使用频率等来整理和收纳学习用品

续表

年级	内容	要求
三	洗红领巾、袜子，整理书橱	观察家人手洗衣物的过程，学着用浸泡、揉搓、漂洗等方法手洗自己的袜子、红领巾等小衣物，亲历劳动过程；按照整齐、美观、方便的原则学会书籍整理的技巧
四	拖地，整理书橱	每周至少两次。会使用拖把有序拖地；按照整齐、美观、方便的原则学会书籍整理的技巧
五	周末洗碗，整理房间	正确使用洗洁精，将碗筷等洗干净，有序摆放；搜集物品收纳的技巧和方法，对自己的房间进行整理收纳，营造整洁的生活环境
六	擦鞋，整理房间	学习擦鞋的方法和技巧，周末为父母擦拭皮鞋；搜集物品收纳的技巧和方法，对自己的房间进行整理收纳，营造整洁的生活环境

培根曾说：“责任感是世界上最珍贵的种子，它若早早地播种在孩子的心田里，将会收获一生一世的幸福。”

培养“自我领导力”，实现“迭代自生长”

尊敬的各位家长朋友：

晚上好！

特殊的2020年，我们开一场特殊的云端家长会。虽然疫情隔断了孩子们上学的路，但隔不断学校老师对他们的牵挂，每天的信息摸排、学业指导、作业批改、阶段检测、活动督促，老师们转换着角色，更新着教学方式，迅速适应网上授课的节奏，成为新技术的拥抱者。孩子们也被迫运用一种新的学习方式——空中课堂；开启一种新的生活模样——居家生长；进行一种独特的交往方式——线上伙伴。时间是公平的，它赋予了每个人同样的时段、同样的空间、同样的学习，但是呈现出来的是不一样的学习、不一样的生活、不一样的成长。

先请家长们试着回答以下问题：

（1）您的孩子在手机的使用上能自我约束吗？

（2）您的孩子能合理安排每天的时间吗？

（3）您的孩子学习有效率吗？

（4）您的孩子有心理焦虑吗？

由于宅家时间较长，缺乏校园纪律约束，部分孩子自控能力又较差、作息时间不规律，没有制订自己的学习、锻炼、活动计划，导致部分孩子学习效率较低，表现为作业不能按时提交、书写马虎、错误率较高。我们很多时候只关注孩子的学习，没有关注孩子的心理健康，有的孩子出现了焦虑、恐惧等情绪，既盼着开学到学校见到老师和同学，又习惯了现在每天宅在家里的自在生活，对开学产生抵触。

以上学生出现的学习倦怠、行为偏差、心理焦虑等问题，究其原因，还是缺乏自我管理、自我调节的能力，即缺乏自我领导力。

提到“自我领导力”，很多人存在认识误区，觉得只有成人才具备，其实每个孩子都具有领导力。孩子的领导力和大人所理解的领导力有所不同。领导力不是对别人指手画脚，而是学习如何面对困难、解决问题，以及如何对他人起到积极的带动作用。领导力是自我管理的能力，是自我规划的能力。在《高效能人士的七个习惯》这本书中，美国著名作家史蒂芬·柯维把自我领导力描述为七个好习惯：主动积极、以终为始、要事第一、双赢思维、知彼解己、统合综效、不断更新。第一个好习惯就是“主动积极，当自己的主人”。

下面我从七个方面简要谈谈接下来老师和家长可以怎样做，主要是为了引起大家的思考，具体的做法要因家庭而异，因孩子而异。

一、复一复过去三个月的经验盘

请家长和孩子坐下来，对前面三个月进行总结：作息时间是否规律，学习态度是否端正，能否按照每日计划进行自我约束，很多科目的新课学习已经结束，知识掌握程度如何，学校开展了读书、劳动、体育锻炼等多项活动，每一项是否积极参加，促进了自己的全面发展；等等，另外，列一张成果清单，增强自信；列一张问题清单，找找差距。复盘是为了做到心中有数，是肯定孩子的成绩，指明努力的方向。

二、擦一擦前进方向的指明灯

每个人的成长都需要榜样的引领，要经常对孩子进行立志教育。古语有言：“立志而圣，则圣矣；立志而贤，则贤矣。”一个人的心是什么样子，生命就是什么样子；志向有多高，路就有多远。北京大学第一医院驰援武汉的护士李佳辰和她的妈妈让我们敬佩，更让人深思。2003年抗击非典，妈妈的行动让女儿确立了人生的规划，长大后“我”真的就成了“你”。当然，这次战役中的逆行者太多太多，有的甚至献出了生命。他们心中有信仰，眼中有方向，手中有力量，才会有如此的无惧和无畏。人生的高度取决于理想的高度，成功背后都有自我规划。我们可以让孩子汲取伙伴的力量，看看同学有哪些好的做法。我们的数学节、读书节都已闭幕，很多孩子积极参加，收获了知识，增长了能力，获得了荣誉。

三、见一见自主学习的新样态

无论家长还是老师，都期待孩子真正成为学习的主体，自己做主，不需要他人经常提醒督促，不受外界干扰，可以自由通过阅读、听讲、研究、观察、实践等手段，使自己得到持续成长。那么，我们首先得明确，自主学习有哪些特征。

（1）清晰的学习目标，知道朝哪个方向学。

（2）翔实的学习计划，知道学什么。

（3）灵活的学习方法，知道怎么学。

（4）自律的学习过程，提高学习效率。

（5）积极的学习评价，检验学习效果。

四、绘一绘自主学习的规划图

以近期学习规划为例，包括学习目标、学习时间（固定的时间+弹性的时间）、学习内容（预习、复习内容+学习兴趣爱好+家庭交流等）、进度安排（日程+完成的情况）、保证措施（自我打分+教师评价+家庭评价）等几个方面。只有综合考虑这几个方面，才能制订出切实可行的学习规划。制订计划要有“窄门思维”，强调减少选择，给生活做减法。自我管理、自我约束，并不意味着每天所有时间都用来学习，行动计划中可以包括自己的学习和运动，以及家务乃至玩游戏的时间安排。依据老师布置的学习任务，合理安排自己各科目的学习时间和阶段学习目标，在制订计划时分清主次、轻重、缓急，一些最重要、最紧急的事情一定要限期完成。且计划之中的事情，就要努力去完成，做到紧张而有序、松弛而有度。

五、学一学提高效率的新技能

自我管理、自主学习、制订计划等都需要借助科学的工具来实现，如用思维导图、鱼骨图列出每周、每日计划，用四象限表格列出重要且紧急的事情，用康奈尔笔记法做课堂笔记、阅读笔记等。家长可以和孩子一起研究这些学习工具，尝试使用。低年级的孩子也完全可以，自我领导力的培养就是从一年级开始的。

六、打一打每天锻炼的运动卡

《运动改造大脑》首度公开革命性的大脑研究，运动能锻炼大脑，能改造心智与智商，让人更聪明、更快乐、更幸福！我们学校一直强调运动锻炼的重要性，每天都安排了锻炼时间，4月份我们有云端运动会，有的班级每天会进行运动打卡。家长要和孩子一起把体育锻炼作为宅家的必修科目，让孩子结合自己的兴趣爱好自主选择，如跳健身操、踢毽子、跳绳、做仰卧起坐、打球等，健康的生活方式将会成为孩子每天的一大乐事。

七、养一养增强责任的劳动习惯

劳动是培养孩子家庭责任感的最好方式，爱劳动的孩子更有爱心。我们从2018年10月开始“厨房小当家”课程，一直开展丰富的劳动实践，“五一”期间发布了一份居家劳动清单，有“美食小厨神”“家庭小卫士”“小小改造家”等板块，家长要支持鼓励并和孩子一起参与各项劳动。

日本教育家小原国芳说：“劳动教育，能够培养孩子成为大胆而又小心、开朗而又恬静、快活而又谦恭、温和而又强悍、善于用功而又善于玩耍的人。”

家长正好可以利用这段超长的宅家时间培养孩子劳动的习惯。

“领导力就是让孩子从我们的眼中看见自己的好，以至于他们愿意为了自己而努力。”心理学有研究表明，“权威相信的力量”对孩子影响很大。对小学生来说，他们的权威在学校是老师，在家是家长，一旦他们能获得来自权威的信任，就能衍生出无限的生命力和潜能。

我教给大家一个小方法：准备一个小袋子，或者就是普通的茶叶盒，放在显眼的位置，把孩子身上表现出来的好的行为用小纸条记录下来，放到里面，当然，语言一定要具体，如今天你起床很准时，能在上课前几分钟就坐到书桌前；你今天吃过饭主动去洗碗了；这道题你写的格式很规范；你讲的这个故事我很愿意听，可以再给我讲一个吗？等等。要肯定孩子的行为，而不是抽象的品质，如你很有爱心、你很聪明、你很勤快等。还需要强调的是，假如我们开始这样的行动，就要坚持下去，直至孩子养成良好的习惯，具备了自我管理、自我规划的能力。一定要用家长的坚持成就孩子的优秀。

教育给予孩子的不仅仅是知识，更重要的是对知识的热情、对自我成长的自信、对生命的珍视及乐观积极的生活态度。没有一种模式是长存的，没有一种竞争力是永恒的；所有的经验和积累都随时可能被颠覆、被清零，世界唯一不变的就是变化。领导力的培养，首先要敢于挑战自我，只有敢于挑战，才能成就自己的梦想。

家长朋友，线上授课、宅家学习，老师和孩子都在积极地做着改变，家长是否也需要升级呢？培养自我领导力，实现迭代自生长，让我们和孩子一起行动！

合理规划假期，努力跑出“加速度”

尊敬的各位家长：

从6号开始，孩子们进入暑假，这个假期是实打实的50多天。这么长的时间足够他完成一件最想做的事情、养成一个好的习惯，作为家长，在假期里的作用至关重要。前几天高考成绩出来后，朋友圈都在传才女武亦姝的事迹，都在感叹怎么会有如此完美的天才。

武亦姝的妈妈却说：“天才是不存在的。”任何一个优秀的孩子，都不是横空出世的奇迹，而是有迹可寻的因果。它的因，在家庭；它的根，在父母。

武亦姝的妈妈是小学美术教师，爸爸在律所工作。2001年5月，武亦姝降生在这么一个普通的知识分子家庭。然而小时候的武亦姝很调皮，不愿意学习，于是，武亦姝的父母带着她去拜访一位朋友。

朋友家的小孩非常爱读书，涉猎广泛，连工具书都能看得津津有味。

夫妻俩问孩子是怎么培养的，结果朋友给出的答案却出人意料：根本没有培养过。

孩子的父亲是学者，母亲是作家，家中藏书众多。

客厅、书房、卧室、儿童房、卫生间，随处可见孩子父亲喜欢的历史、哲学、宗教类图书，母亲热爱的社科、文学、艺术类图书，孩子痴迷的绘本、寓言、童话。

只要你想读，随手就能拿到自己喜欢的读物。

闲来无事，全家人就聚在一起读书，相互讨论，共同提高。

这番谈话给武亦姝的妈妈触动很大。

成人心中有馨香，才能对儿童形成宜人的熏陶。

回家后，武爸武妈首先拿自己“开刀”。

棋牌室不去了，开始啃《二十四史》和《山海经》；手机不玩了，开始带着小亦姝一起角色扮演名著情节，改编故事结局。

家里出现频率最高的游戏是“诗词接龙”，谁输了谁就做家务。

从幼儿园到高中，武亦姝从未远离过诗词。如此数年，小时候顽皮厌学的亦姝，蜕变成了知礼尚学的高中生。

写得一手好字，吟得一首好诗，武亦姝成了名副其实的诗词才女。

宋庆龄曾说：“孩子们的性格和才能，归根结底是受到家庭、父母的影响。”

学校对孩子的发展起着重要的作用，但是在孩子身上留下不可磨灭的印记的是家庭。

父母如果以身作则，孩子自然会不断向父母靠近，无须每天耳提面命。

就像武亦姝妈妈说的：“真正的教育，其实就是拼爹妈！”

但教育语境下的拼爹，不是官二代、富二代的寄生和遗传，而是比拼父母的观念及生活方式、思维方式、处世方式。

与武亦姝同一时刻霸屏微博的，还有广西高考状元杨晨煜。

他以语文140分、数学150分、英语150分、理综290分，裸分730分的成绩获得了总分第 。

他还创下了广西自恢复高考以来，理科总分最高分的历史纪录。早在去年，杨晨煜已经在第35届全国中学生物理竞赛全国总决赛上，以广西第一名的成绩获得了广西唯一的一块银牌。

重点是学霸成绩好就罢了，文体爱好也很广泛。

杨晨煜是羽毛球社的副社长，参加过学校的足球联赛，对书法和画画也有浓厚的兴趣。

记者电话采访杨晨煜的妈妈，她谈到养育孩子的经验：

孩子肯定要从小培养，所有的习惯必须在他没有自主思考能力的时候，就开始培养。

监督孩子习惯养成的过程是很痛苦的，你得时时刻刻监督他、留意他。

只有小时候定型，后面的路才好走。

你自己也要自律，而不是像现在很多人，丢个孩子在那里拿着手机就OK了。

平和稳定的家庭，对孩子才是最好的。

乌克兰教育家马卡连柯曾说过这样一句话：“不要以为只有你们在教训

孩子、命令孩子的时候才是教育，你们在生活的每时每刻，甚至你们不在场的时候，也是在教育。”

深以为然。

这世上从没有毫无理由的横空出世，所有的教育方式都是寂寞的，只有耐得住寂寞坚定不移，才能看到一线曙光。

每一段脚踏实地的努力，都映射着更高一级的人生轨迹。

每一个创造出奇迹的孩子，背后都是父母的奋力托举。

一切看起来手到擒来的光鲜亮丽，背后都是不为人知的砥砺前行。

就像莫言那句：“孩子的优秀，都浸透着父母的汗水。”

要培养一个出类拔萃的孩子，不是通过父母的说教就能产生效果的，而是通过父母的行为刻画进孩子的血肉里。

生活里不存在从天而降的幸运，也没有突如其来的惊喜，有的只是千般投入、万般辛苦后的得偿所愿，苦尽甘来。

去年10月份在第一次家长会上，我曾经讲过家长要在家给孩子做早餐、陪孩子吃早餐，现在请大家回忆，做到的比例能占到多少，如果比例很高，我们为您点赞，为孩子有您这样的父母感到欣慰；如果比例很低，那请您在这个暑假补上，让孩子也看到您的实际行动。曾听到很多家长说：“你们当老师的孩子都很优秀，你们会教育啊。”其实没有人会用一种方法一成不变地教育每天都在成长的孩子，老师们也是在不断地学习，下面这些就是老师们假期要读的书，老师作为教育的专业人员，还要不断读书提高，家长们也应该给自己开一个书单，从一本感兴趣的书开始读起吧！

暑假是一个时间比较长的假期，给学生布置什么作业呢？我们下了一番功夫，首先明确布置作业的目的：让学生的综合素养得到提升，让学生在德智体美劳等各方面都有发展。所以作业就有了这样的几个板块：劳动、体育锻炼、安全、书写、阅读、观影。在这儿给大家推荐一本书——《运动改造大脑》。为什么有些人成绩好，人缘也好？为什么有些人会玩，也会念书？因为他们的大脑结构不一样。想改造失控的大脑吗？快系上你的慢跑鞋，就能工作顺利、学业进步、心情好！

哈佛医学院教授瑞迪说，《运动改造大脑》首度公开革命性的大脑研究，美国高中的体育改革计划、真实的案例与亲身经历、上百项科学研究证实，运动不只能健身、锻炼肌肉，还能锻炼大脑，改造心智与智商，让人更聪明、更快乐、更幸福！运动能刺激脑干，提供能量、热情和动机，还能调节脑内神经递质，改变既定的自我概念，稳定情绪，增进学习力。

所以这个暑假，请家长陪孩子、督促孩子完成好每一天的体育锻炼任务，增强体质的同时，让大脑更聪明。

尊敬的家长朋友，没有哪个孩子天生优秀，也没有哪个孩子天生愚笨，只要我们给予足够的耐心和帮助，有足够的付出，无论孩子现在处于什么样的水平，他们的明天都会比今天优秀，请给孩子营造一个和睦温馨的家庭氛围，请做一个不断进取能给孩子高质量陪伴的家长。“因”有了，“果”就会是甜的。

做孩子尊师的好榜样

《学记》中有一句话："亲其师，信其道；尊其师，奉其教；敬其师，效其行。"说的是孩子亲近老师，尊重老师，才会相信老师传授的知识和道理，才会效仿老师的行为。在尊师重教的环境里，孩子的学习效果会出奇地好；反之，孩子则会产生厌烦情绪，甚至是厌学情绪。

我身边就有一个这样的案例：

小尚是个活泼开朗的孩子，每天都笑呵呵的，可是这天他回来情绪很不好，还说："爸爸，我再也不喜欢马老师了。"看着孩子又委屈又生气又着急的样子，爸爸大吃一惊，马老师在孩子们心中一直是一个无所不能的女神姐姐，小尚怎么突然说出这样的话。追问之下才发现，不知道从哪儿流传出来一句话，"如果孩子们口算比赛得一等奖了，学校会给马老师奖励，一等奖50元，二等奖30元，三等奖10元"。孩子们认为马老师是为了得奖金才认真帮助他们练口算。每天的义务补课都是为了取得好成绩获得奖金，而偶尔被罚写、放学被留都成了马老师不惜一切代价获得好成绩的"证据"。小尚的爸爸赶紧跟孩子解释，老师严厉要求他们都是为了他们好……可是还没说完，小尚就反驳道："爸爸，你跟妈妈聊天的时候也说过，老师们都在意我们的成绩，我们考得好他们发的奖金就多。"小尚的爸爸愣住了，他也不知道什么时候和妻子说过这句话，应该只是开玩笑地调侃了一句，没想到现在却成了孩子不喜欢老师甚至不尊重老师的证据。小尚的爸爸很苦恼，不知道该怎么和孩子解释了……

案例中的小尚本来喜欢并尊重马老师，可是家长无心的几句话，孩子们之间似是而非的讨论，最终击溃了他，让他觉得原来他们只是马老师拿奖金的工具。

这样的案例并不少见，主要原因有以下几点。

1. 家长给孩子传递了负面信息

孩子们最信任和依赖的就是家长，家长有意无意说的话他们都会听到心里，有时没有当场发问，但也会在心里留下一个影子。更何况还有一些家长，出于一些私人原因，如“没有给孩子调座位”“孩子成绩下降”“孩子在学校和其他同学发生争执”“孩子的私人物品在学校损坏”等，在家里对老师妄下评论，乱扣帽子。即使孩子觉得父母说得不太对，但是年深日久，他们也会被他们信任的父母“洗脑”，从而不再信任、尊重老师。就如这个案例中小尚爸爸无意开的一个玩笑被小尚听到了，虽然他没有质疑也没有反驳，但当他又一次听到同学们这么议论的时候，父母的话就刚好“印证”了事实，让小尚不愿意再信任、尊重马老师。

2. 媒体的选择性宣传

当今社会自媒体发展迅猛，即使家长不让孩子看电视、上网，但是孩子从微博、抖音、朋友圈等地方还是可以接触到很多资讯。很多不负责任的自媒体为了吸引流量，总是用夸张的题目，片面地报道一些教师的负面新闻，有些甚至是故意歪曲事实。这些负面报道一开始可能不会影响孩子，可年深日久，总见到这类资讯就会让孩子产生怀疑。一个不友好的舆论环境，如何让尊师重教的良好传统继续发扬光大？

3. 孩子尚不具备分辨真相的能力

三年级的孩子尚不具备分辨真相的能力，面对众说纷纭的事情，更多的时候他们会选择跟从、听从权威者、亲密关系人的意见。比如，这个案例中小尚对马老师是非常喜爱并尊重的，但是因为偶尔听见爸爸（生活中的权威者）对妈妈说的话，心里便对老师产生了怀疑。出于对父母的爱和尊重，小尚并没有和父母辩驳，也没有完全相信，可当他听到同学们（亲密关系人）都在这么议论时，尽管他不愿意，但他还是相信了马老师所做的一些都是为了奖金。三年级的孩子大多数没有强大的意志坚持自己的看法，也没有十足的勇气去探寻真相，慢慢地就会被周围的声音同化。

如何打消孩子对老师的错误认识，如何帮助孩子重构与老师的和谐关系呢？在此给家长们几点建议。

1. 多给老师正面的评价

父母是孩子的第一任老师，孩子对父母的话有一种天然的信任和遵从。家长在孩子面前谈论老师的时候尽量多一些正面评价；在孩子抱怨老师的时候要引导孩子的情绪；在自己心存疑虑时不对孩子抱怨老师，给老师们多一些尊重，多一些支持。比如，孩子抱怨老师要求太严的时候，可以跟孩子讲一讲“严师出高徒”的故事；孩子说不喜欢老师的时候，可以跟孩子讲一讲“力的相互作用”的故事，给孩子塑造一种尊师的良好氛围，那么孩子自然也会对老师产生更多的亲近感、更多的尊重，良好的师生关系更能促进孩子的学习。

当然，在教育问题上家长难免和老师有分歧，在处理孩子的问题上有时候也会觉得老师有失偏颇。我们可以在孩子不在的时候释放自己的情绪，也可以直接打电话找老师咨询或者探讨，相信每一位老师都非常乐意解答家长的疑惑，也愿意采纳家长的合理建议。

2. 和孩子一起采访老师

很多时候，人和人之间有误会是因为不了解，不了解又不愿意去沟通，自己疑惑、猜测，最终让误会深植在心里了。纵然自媒体上有许多的负面新闻，纵然会有许多歪曲事实的恶搞视频，可是如果能亲自近距离地看一下老师们的日常工作，让孩子用自己的眼睛观察，很多偏见、误会自然会消除。所以不妨和孩子一起采访一下老师吧。可以是跟岗采访某一位老师，可以是访谈式地采访不同的老师，让孩子和自己都更了解老师这一职业，让孩子真正地看看老师在课堂之外的生活，让孩子听一听老师的心声。在跟岗的过程中，让孩子们详细地记录一下老师每一个时间段在做什么，让孩子们记录一下批完全班的作业要用多长时间，备课要多长时间，处理突发事件的频率是多少，他们自然能明白，老师不只是站在课堂讲课的时候才是在工作，自然就能真正地体会到老师的辛苦。访谈式采访的时候可以让孩子们自己想一些问题，把他们心中的疑惑，把他们心中想问又不敢问、想说又不敢说的都和老师们说一说，相信老师们会给他们满意的答复。老师不是超人，但每一位老师都是抱着一颗包容、理解、友善的心去对待每一个孩子的。

3. 带孩子听听往届学生的声音

要想知道一位老师怎么样，最好的办法是听一听他以前的学生怎么说。所以这个案例中只要带着小尚和马老师以前的学生聊一聊，让过来人告诉小尚，马老师是一位什么样的老师，自然会消除他对马老师的误会，也能恢复马老师在小尚心中的女神地位。当家长在和孩子一起追寻事情真相的时候，自然也给孩子树立了一个尊重事实、尊重老师的好榜样。

4. 培养孩子解决问题的能力

面对纷繁复杂的信息，成人有时候尚且应接不暇，更何况三年级的孩子。所以，当孩子面对各种问题的时候，家长要和孩子一起解决问题，要慢慢地教孩子如何解决问题，再放手让孩子独立分析并解决问题。

比如，这个案例中，小尚的爸爸首先要教孩子平复情绪，因为带着情绪分析问题的时候往往是不准确的、片面的。等孩子情绪平复之后，再教孩子回忆事情的经过，比如，那天爸爸对妈妈说的时候是什么语气？是开玩笑的，还是认真的、气愤的，通过回忆当时的语境来判断爸爸当时的话是不是对马老师表示不满，是不是真的在指责马老师只为拿奖金而工作。最后让孩子和他的同伴们一起回想一下马老师平时的工作态度是什么样的，马老师是不是一味地只让他们做题。

三年级的孩子虽然向往独立，可是情绪化很严重，独自判断事情的能力欠缺，仍需要家长的引导，需要家长以身示范。所以做一个尊重老师的好家长吧，这样才能促进孩子和老师的和谐关系。

与孩子共沐校园书香

书籍是人类进步的阶梯，读书可以涵养性情，高尚情操，培养直面人生的心态，形成成熟的性格。要想让孩子真正爱上读书，与书成为一生一世的好朋友，家长必须一路同行。对于学龄期的孩子，亲子共读是培养阅读兴趣最有效的方法。如果家长还能和孩子一起积极地参与学校的各项读书活动，会起到事半功倍的效果。

我们看一个案例：周五晚上吃过晚饭，刚刚读一年级的李星拿出一架飞机模型，准备模拟国庆阅兵式上的飞行表演。正在擦桌子的妈妈看到了，大声喊："李星，先别玩，把上周六给你买的书拿出来读一会儿。给你买了那么多书，你都不主动读，下次不给你买了。"李星只好拿出故事书《坐飞箱来的蜜儿》，他已经读了几页，也觉得这本书很有趣，恨不得一下子读完。但他刚刚上一年级，还不认识太多字，所以要很长时间才能读完一页。李星见妈妈已经把家务做完了，正坐在沙发上看电视，他叫道："妈妈，你给我讲这本书的故事吧！"妈妈不同意，觉得李星已经认识字了，应该自己读，不认识的可以看拼音，不能总是像小时候那样让父母讲故事。李星只好自己读，磕磕绊绊的，故事的趣味性减少了很多。看了一会儿，他就不愿意看了，偷偷玩起了飞机模型。妈妈很生气，责怪他不爱读书，只知道玩。李星觉得很委屈，对读书更抵触了。

案例中李星妈妈认为孩子上了一年级，认字了，就不应该让父母讲故事了，过早地放手不仅没有培养孩子的独立性，还让李星觉得委屈并开始抵触读书。

1. 家长高估了一年级孩子的阅读能力

一年级孩子的识字量在四五百字，一本书的常用字数量在两千字左右，孩子读书时有1/4的字不认识，需要再读拼音，句子很难读通顺，意思就更难理解了，这样读书怎么能有乐趣可言？如果孩子在读书的过程中体验的都是困难，就会产生畏难情绪。有个三年级的孩子听语文老师讲《钢铁是怎样炼成的》，特别感兴趣，让父母也买了这本书，可是看了几页就不看了。因为老师形象生动的讲解引发了孩子的读书兴趣，但自己读的时候，书中描述的环境、语言与孩子的文化基础和生活环境距离较大，他读起来费劲，就不愿意读了。所以，家长要充分考虑到孩子的年龄特点，让孩子完成能够胜任的学习任务。

2. 家长的态度影响孩子的读书兴趣

总有家长抱怨孩子不喜欢读书，总是指责孩子，却没有从自身找原因。其实，没有孩子天生就不爱读书，当孩子遇到困难时，家长一定要及时给予帮助，千万不能袖手旁观，甚至给予冷言冷语，如果你对孩子说："自己看去，这么大了还让家长讲？"那就会使孩子刚刚燃起的读书热情熄灭。案例中的家长如果在孩子求助时很愉快地答应，给孩子讲书中的内容，遇到简单的段落让孩子读一读，一定能使孩子感受到家长对自己读书的重视和肯定，从而对读书产生较高的积极性。

3. 家长没有认识到亲子共读的重要意义

亲子共读是最感人、最温馨的家庭生活场景，也是亲子间最好的沟通桥梁，更是帮助孩子爱上阅读的最佳途径。与爸爸妈妈共读的亲密感，会使孩子产生安全和信任感，并且给孩子带来喜悦和满足。家长利用自己丰富的阅读经验，与孩子一起读书，促进孩子认知发展，会使孩子的语言表达能力更强、想象力更丰富，从而打下良好的学习基础，而父母也能重拾童心，感受阅读的知性与感性。所以亲子共读最能营造家庭学习气氛，有利于孩子阅读的推进。

既然"亲子共读"对低年级孩子体验读书乐趣、养成阅读习惯如此重要，那么如何让"共读"产生最大效益呢？

1. 了解共读方式，注意共读细节

亲子共读的方式众多，主要有两大方向：一是"原汁原味地读"，一是"加油添醋地读"。原汁原味地读就是照书念，它的好处是可以让孩子认识作品的原貌，同时因为在共读的过程中，家长没有添加自己的解释与想法，孩子可以自由感受所听到的故事，完完全全地成为故事的诠释者。此外，在这种共读的方式里，因为孩子也可以照着书念，尤其是遇到重复的句子时，对他们来说更容易。所以，家长可以请孩子自己念出来，或是和家长轮流读，让孩子在共读的过程中更有参与感。加油添醋地读就是用自己的话说故事，还可以边说边提问题，跟孩子讨论。这种方式孩子可以“听”见家长那个的想法，可以与家长互动与讨论，从而增进阅读理解，孩子的疑问也可以得到实时地响应。

在共读时还需注意以下几点：

（1）开始阶段，读书时间只要20分钟就够了，等到孩子注意力的持续时间延长后，再逐渐增加。

（2）多让孩子自己翻书，书中的图画对了解故事情节很有帮助。

（3）采用生动活泼且较为夸张的语音语调朗读，提高孩子的读书兴趣。

（4）鼓励孩子和你一起“阅读”。一旦他记住了一本书，就让他替你说一个词语或句子。

（5）在阅读的时候加上一些预测性的言语，如“接下来会怎样呢”“后来会有什么事情发生呢”等。

（6）偶尔可以运用幽默的方式，如故意把一个东西说成另一个相似的东西，观察孩子的反应。

（7）结束时，要有简单的结束语，如“这是一本多有趣的书啊”“这本书太有意思了”等，然后把书放回书架。

2. 定期光顾书店，精选共读书籍

要让孩子成为小书迷，就应该经常带孩子去逛书店。因为到了书店，发现自己看过的书籍是多么的少时，他就会开始更勤奋地阅读。至圣先师孔子说过：“知之为知之，不知为不知，是知也。”书籍的购买可以是家长带着孩子到书店去挑，也可以是作为奖品或礼物送给孩子，还可以由家长买了，然后悄悄地给老师，让老师在适当的时机奖励给孩子，因为是老师奖励的，孩子会倍加珍惜，读起来也会更用心。

低中年级的孩子以读童话、寓言、民间故事、较薄的文学作品为主，《一只想飞的猫》《稻草人》《安徒生童话》《格林童话》《小王子》《吹牛大王历险记》《木偶奇遇记》，以及“我们爱阅读”系列丛书都是非常优秀的作品。高年级的孩子知识面较广，阅历也比较丰富，可以阅读一些中外名著、名人传记、科幻小说等，像四大名著、百年百部爱国文学作品、国际大将小说系列、冰心奖获奖作家书系等。

3. 赞美读书行为，适当使用奖惩

孩子需要大人的爱和注意，特别是来自父母的，所以常常口头上嘉许孩子读书的行为，或亲亲他、拍拍他、搂搂他，能点点滴滴地表示父母对他的感情和鼓励，从而使孩子建立自信。

有时候家长也可以用点小心思，如以书为惩罚或奖励。在生活中有种现象，就是有的家长把零食当奖励或惩罚，结果虽然这是些不健康食品，但是孩子仍然偏爱。把奖惩行为移到培养阅读兴趣上也是一样的，有意无意地把陪孩子讲故事或是看书当作奖励，有加强动机的效果。我曾经以阅读为奖惩，孩子吃饭时若掉饭多，就没有故事听或者取消看喜爱的书的权利，掉饭少则少讲少看，不掉则多讲多看。这样一来孩子觉得好像少了种特权，想看书的话似乎没有那么便利，阅读或书籍在他心目中的地位就变得更重要了。

4. 创造良好环境，营造浓厚氛围

阅读环境包括物质的和精神的两个方面：

首先谈物质环境。家庭要努力营造阅读氛围。家长首先要保证孩子有喜欢的书可读，在他们伸手可及的地方都可以拿到书，随时都可以看书。同时，家庭内约定一段固定的专为读书安排的安静时间。有条件的家庭尽可能给孩子提供一个小书房，有专门的书橱，创造一种安静的读书氛围。

一位年轻的妈妈在自己不足30平方米的房子里，为六岁的孩子开辟出一块3平方米左右的读书空间，她把能拼插的软垫子铺在地上，靠墙的地方用做家具的下脚料打制了造型美观的小书橱，立在地上，便于孩子取放书籍。空闲的时间，她经常和儿子在这里翻看一本本童书，渐渐地，孩子被有趣的故事和彩色的图画所吸引，在妈妈忙着做家务的时候，他自己或蹲或坐，一看就是大半天。

再说精神环境。读书习惯的培养也是需要潜移默化地影响的。孩子的模仿能力很强，如果家长喜欢阅读，家庭中有良好的阅读氛围，久而久之，孩子就会受到影响，养成热爱阅读的良好习惯。表率作用永远大于说教的影响。

一位同事是语文老师，她老公是律师，为了不断“充电”，他们除了常常逛书店买书，每年还要订一些专业刊物和各人喜欢的杂志。他们的阅读习惯很自然地影响了孩子。晚饭后，或者节假日，他们家大多数时候都是一人守着一本书，屋子里安安静静的，邻居老奶奶说：“常常以为你家人都不在家呢。”这位老师的儿子因此养成了少看电视多读书的习惯。

吉姆·崔利斯在《朗读手册》中说："你或许拥有无限的财富，一箱箱的珠宝与一柜柜的黄金，但你永远不会比我富有——我有一位给我读书的妈妈。"亲子阅读，是一种学习手段，更是一种美丽的休闲方式。放下手机，远离电视，和孩子一起读书吧，那幽幽的书香最是沁人心脾，悠远绵长。

参考文献

［1］亨利·明茨伯格.卓有成效的组织［M］.魏青江，译.北京：中国人民大学出版社，2007.

［2］徐金海，郑锡军.多方提升校长领导力［N］.中国教育报，2015-01-15.

［3］窦桂梅.对校长领导力的思考与实践［N］.中国教育报，2019-08-06.

［4］李希贵.学校如何运转［M］.北京：教育科学出版社，2019.

［5］詹姆斯·M.库泽斯，巴里·Z.波斯纳.领导力［M］.徐中，周政，王俊杰，译.北京：电子工业出版社，2013.

［6］林伟贤.决策力［M］.北京：北京大学出版社，2013.

［7］陶行知.陶行知文集［M］.南京：江苏教育出版社，2017.

［8］张延明.建设卓越学校［M］.北京：北京大学出版社，2008.

［9］高树军.管理心理学［M］.北京：科学出版社，2005.

［10］彼得·德鲁克.卓有成效的管理者［M］.许是祥，译.北京：机械工业出版社，2009.

［11］王文锦.大学中庸译注［M］.北京：中华书局，2008.

［12］中国科学院领导力课题组.战略领导力模式研究［J］.领导科学，2009.

［13］侯中太.校长领导力：推动学校“良治”与“善治”［D］.名校长工作室公众号，2020.

［14］余世维.思考力、决策力和执行力的重要性［D］.余世维说公众号，2019.

［15］汪正贵.从5点入手，讲好学校管理故事［D］.校长高参公众号，2019.

［16］苏霍姆林斯基.和青年校长的谈话［M］.赵玮，译.北京：教育科学出版社，2009.

［17］郑金洲.校长教学领导力初探［N］.名校长工作室公众号，2019.

［18］彼得·圣吉.第五项修炼［M］.张成林，译.北京：中信出版社，2009.

[19] 王世民.思维力：高效的系统思维［M］. 北京：电子工业出版社，2017.
[20] 陈学冬.谁来做校长：中小学校长更替的挑战［J］. 中小学管理，2017（7）.
[21] 刘雪梅.现代教育报九大校长谈改革：教育转型期，未来校长应直面这4大挑战［N］. 现代教育报，2017-10-31.
[22] 特雷弗·沃多克，席纳兹·凯利-罗拉.领导力的18项挑战［M］. 李毅，黄昊宇，译. 北京：经济管理出版社，2007.
[23] 张延明.《教育领导学》讲义［J］. 教育领导学，2020.
[24] 申素平.教育惩戒立法研究［J］. 中国教育学刊，2020（3）.
[25] 秦鑫鑫.英国学校支持教师实施教育惩戒的举措与借鉴［J］. 中国教师，2020（4）.
[26] 劳凯声，蔡春，寇彧，等.教育惩戒：价值、边界与规制（笔谈）［J］. 教育科学，2019（4）.
[27] 秦鑫鑫，刘竑波.教师惩戒权的校本工作原则与保障机制构建［J］. 中国教育学刊，2020（1）.
[28] 罗朝猛，张洁.美国中小学教育惩戒制度探究及对我国的启示［J］. 中国教师，2020（5）.

后 记

心之所向，因梦而往

这本书中的文章写于不同时期，都是我走上校长岗位后的所思、所悟、所行，每一篇都记载着一段岁月、一个故事、一个梦想，重新阅读、修改这些文字的时候，我好像看到了自己一步步向着理想中的教育攀登的身影。一直有这样的愿望，把记录自己并不成熟的思考和做法的文字整理出来，却总是下不了决心，主要是觉得这些文字太过浅显，无法给读者以启迪。让我改变想法的是在新加坡南洋理工大学学习的经历，难得的短暂的校园生活使我静下来重新梳理要办什么样的学校，要过怎样的教育生活。

往前走先要回头看，我自1993年参加工作至今已27年，从普通教师到校长，再到齐鲁名校长，星霜屡变、人事万千。变的是岁月，不变的是行止有梦的初心。

一路前行一路歌

从小受当教师的母亲影响，我对老师这个职业充满了向往，所以报考了师范学校，1993年毕业后顺利分到新湖南路小学，开始了教师生涯。我是一个做事认真，凡事追求极致的人，对任何一项工作都竭尽全力，第二年就主动申请当班主任，从一年级开始带一个班，每天早来晚走，和学生泡在一起。虽然在20世纪90年代还没有提素质教育，但我不愿意让学生死读书、读死书，就自己买名著、买儿童文学书带着学生一起读，给学生开朗诵会、辩论会，周日一个人带着学生去郊游，学生特别喜欢我，上我的课也很带劲。虽然那时候班里学生多，家长也不怎么重视学习，但我不放弃任何一个学习困难的学生，放学后完全无偿地给他们补课，天晚了家长不来接，我就一个个送回家去。就这样，全部的时间、心思都放在了学生身上。所以我带的班各项活动突出，语文、教学成绩始终名列前茅，每次公开课都受到好评，学校安排的其他工作我也全部欣然接受，并努力做到最好。

校长看到了我的踏实肯干，全力培养我，1998年破格提拔我为副校长。当时我只有23岁，并没有意识到职务的重要性，依然用心当班主任、教语文，同时带领老师们进行课题研究，在全校范围内推广阅读考级和剪纸艺术，逐渐形成了学校的办学特色，学生的综合素质大大提升，得到了家长的认可，学校有了知名度，我也在全区小有名气。但现在回想，当时自己就是愿意做一些事情，在做事中能体验到成功的愉悦，所以，并不追求政治上的进步，也不贪图其他名利，就这样开开心心跟着老校长干了九年。

2007年，老校长退休，她极力推荐我接任校长的职务。我自己并不积极，主要是感觉自己的性格比较柔弱，与老校长的雷厉风行、果断、霸气相差太远。在我的认知里，只有强势的性格才可以做校长，而我恰恰相反，所以不适合。但老校长坚持推荐我，就这样，2007年2月，我走上了校长岗位。

攻坚克难守初心

既然接受了任命，就要全力以赴。初期还是遇到了很多的困难，如为了修建综合楼，要面对手拿菜刀阻拦的居民，要成为规划师、建筑师跑规划盯现场；为了修改车棚、建好暖气泵房，要到旁边居民家做工作，进行一轮轮谈判；为了带领老师们提高教育教学能力，走专业化发展之路，我们一起研究教材、磨课、外出学习，度过了无数个不眠之夜。

开弓没有回头箭，事在人为，遇到困难，只有自强不息，才能登上峰顶，看到美丽的风景。“人必须在事情上磨炼自己，才能站得稳，达到‘无论静守还是做事，都能够保持内心的安定’的境界。”

凭着做事认真、不遗余力、力争卓越的精神，学校越办越好，2011年合并了附近的另一所小学，一校两址，规模扩大，人员增多，管理难度也随之提升。我和领导班子团结一心，重视中层干部和骨干教师的培养，借助教师个性化成长工作室，助推一批青年教师脱颖而出。同时开始探索学校课程体系建设，开发了丰富多彩的校本课程，让每个学生享受成功的快乐，学校发展为区域名校。

2018年8月，我调到湖滨北路小学，这所学校地处德城区政治经济中心，社会关注度更高，压力更大。我变压力为动力，全面分析新学校的办学历史、教师队伍特点，刚刚到学校的一个月内，我认识了所有教师，两个月内，听完了所有年轻教师的课，参加了每一个学科组的教研活动，让自己快速融入新的集体。我把青年教师的培养放在首要位置，共读书籍，分享收获。同时制定发展规划，建构课程体系，建设智慧校园，带领学校树立品牌，走向优质。

2019年5月，我非常荣幸加入齐鲁名校长建设人选的队伍中，并有机会到新加坡南洋理工大学攻读教育管理硕士，这是我职业生涯中极其重要的事件，决定了我今后的奋斗方向和发展规划，起到了里程碑的作用。

无论多么艰难的过程，只要当成历史，就会觉得一切都是对人的历练。每当遇到困难彷徨时、遇到挫折迷茫时，我都一遍遍地问自己："你依靠什么引领学校发展？用什么促进教师成长、学生成才？"著名教育家陶行知先生的话给我指点了迷津，他说："国家把整个的学校交给你，要你用整个的心思去做整个的学校。"

这些年，我自认为真的做到了"用整个的心办学校"。这要感谢家人对我全力的支持，无论多晚回到家，家人都会做好可口的饭菜等着我，家里的一些生活琐事也从不用我操心，双休日、节假日的大多数时间我也在学习、工作，家人从无埋怨之词，反而给予我更多的关心。正是因为有坚强的后盾，我才能全身心扑在工作上，唯有培养更多优秀的学生，才是对他们最好的回报。

现在的我，生命早已和学校发展水乳交融，今后的我也注定要为教育事业耕耘一生。我常常想：校长，只是一个岗位；做人，才是一切。人生的意义就在平凡之中，做校长的快乐在于成就教师、造就学生的同时也成就了自己。在每天的忙碌中，我体味到了平凡的充实，听到了自己的心声：有一种生活，你只要用心，就能享受真正的快乐；有一种人生，你只要有梦，就能精彩纷呈。

马瑞娟